ZEITEN UND VERBFORMEN

WICHTIGE VERBEN IM PRÄSENS

	aller	boire	connaîtr[illegible]	[illegible]
je	vais	bois	connais	[illegible]
tu	vas	bois	connais	[illegible]
il/elle/on	va	boit	connaît	[illegible]
nous	allons	buvons	connaissons	courons
vous	allez	buvez	connaissez	courez
ils/elles	vont	boivent	connaissent	courent
Passé composé:	je suis allé(e)	j'ai bu	j'ai connu	j'ai couru

	craindre	devoir	dire	écrire
je/j'	crains	dois	dis	écris
tu	crains	dois	dis	écris
il/elle/on	craint	doit	dit	écrit
nous	craignons	devons	disons	écrivons
vous	craignez	devez	dites	écrivez
ils/elles	craignent	doivent	disent	écrivent
Passé composé:	j'ai craint	j'ai dû	j'ai dit	j'ai écrit

	faire	lire	mettre	mourir
je	fais	lis	mets	meurs
tu	fais	lis	mets	meurs
il/elle/on	fait	lit	met	meurt
nous	faisons	lisons	mettons	mourons
vous	faites	lisez	mettez	mourez
ils/elles	font	lisent	mettent	meurent
Passé composé:	j'ai fait	j'ai lu	j'ai mis	je suis mort(e)

	ouvrir	pouvoir	préférer	prendre
je/j'	ouvre	peux	préfère	prends
tu	ouvres	peux	préfères	prends
il/elle/on	ouvre	peut	préfère	prend
nous	ouvrons	pouvons	préférons	prenons
vous	ouvrez	pouvez	préférez	prenez
ils/elles	ouvrent	peuvent	préfèrent	prennent
Passé composé:	j'ai ouvert	j'ai pu	j'ai préféré	j'ai pris

	recevoir	répéter	savoir	sortir
je	reçois	répète	sais	sors
tu	reçois	répètes	sais	sors
il/elle/on	reçoit	répète	sait	sort
nous	recevons	répétons	savons	sortons
vous	recevez	répétez	savez	sortez
ils/elles	reçoivent	répètent	savent	sortent
Passé composé:	j'ai reçu	j'ai répété	j'ai su	je suis sorti(e)

	venir	vivre	voir	vouloir
je/j'	viens	vis	vois	veux
tu	viens	vis	vois	veux
il/elle/on	vient	vit	voit	veut
nous	venons	vivons	voyons	voulons
vous	venez	vivez	voyez	voulez
ils/elles	viennent	vivent	voient	veulent
Passé composé:	je suis venu(e)	j'ai vécu	j'ai vu	j'ai voulu

Dieser Titel basiert in Teilen auf ISBN: 978-3-12-561386-7,
978-3-12-561387-4, 978-3-12-561388-1, 978-3-12-561421-5

3. Auflage 2025

Logoentwurf: Erwin Poell, Heidelberg
Logoüberarbeitung: Sabine Redlin, Ludwigsburg
Umschlagfoto: Getty Images, München (SDI Productions)
Layout: Petra Michel Gestaltung & Typografie, Bamberg
Layoutanpassung: Satzkasten Dollenbacher & Müller, Stuttgart
Satz: Digraf.pl – dtp services; DTP-Studio Andrea Eckhardt, Göppingen
Druck und Bindung: Multiprint Ltd., Kostinbrod

Printed in Bulgaria
ISBN 978-3-12-562587-7

PONS

Das große Übungsbuch
FRANZÖSISCH

1.–4. Lernjahr

von
Ilga Bliek
Isabelle Langenbach
Wolfgang Oestreicher
Prof. Dr. Daniel Reimann

unter Mitarbeit von Fabienne Schreitmüller

Vorwort

„PONS Das große Übungsbuch Französisch" ist wie ein Fitnessprogramm, das dich jede Klassenarbeit locker schaffen lässt.

Für die Lernjahre 1 bis 4 sind alle wichtigen Disziplinen, die im Französischunterricht vorkommen, in thematische Übungseinheiten gepackt, die leicht zu verstehen und abwechslungsreich sind. Wie in einem sportlichen Wettkampf werden die Übungen langsam immer anspruchsvoller - das heißt trainieren, trainieren, trainieren!

Und so sieht dein Training aus:

• Aufwärmen

Mit der Aufwärmübung zu Beginn jeden Kapitels kannst du ganz leicht ins Thema einsteigen.

BOXENSTOPP

Im Boxenstopp werden die wichtigsten Regeln des Kapitels erklärt. Hier kannst du immer wieder nachschauen und Regeln selbst entdecken.

• • Pflicht

Nach dem Aufwärmen folgen die Pflichtübungen. Hier trainierst du die Grundlagen, die dich sicher ins Ziel führen.

• • • Kür

Die Kürübungen sind anspruchsvoller. Wenn du die Pflichtübungen gut durchgearbeitet hast, schaffst du sie ganz bestimmt!

Zusätzlich zu den Übungen findest du immer wieder wichtige Tipps, die dir das Lernen erleichtern.

Und nun – viel Spaß & viel Erfolg!

Hier siehst du die Lernjahre im Überblick. Zu Beginn eines jeden Lernjahres findest du ein detailliertes Inhaltsverzeichnis mit allen Einzelthemen.

1. Lernjahr

2. Lernjahr

3. Lernjahr

4. Lernjahr

Nomen und ihre Begleiter

Hilfsverben im Präsens

Präsens: regelmäßige Verben

Präsens: unregelmäßige Verben

Verben und ihr Anschluss

Zeiten

Pronomen

Adjektive

Satzbau

Zahlen, Daten, Mengen

1. LERNJAHR

1 Nomen und Artikel

- **Lies diese Postkarte von Patrick. Unterstreiche die Artikel (Begleiter) der Nomen mit verschiedenen Farben. Ergänze dann die Übersicht der Artikel.**

Cher papie,
Regarde la carte postale. C'est une carte avec des photos de la ville. Sur une photo, il y a un collège. C'est le collège Alphonse Karr. Et regarde la tour. Elle est dans le château de Mondoubleau. Tu aimes les châteaux ? Moi, oui. Voilà l'hôtel de Mondoubleau. C'est un hôtel connu.
À bientôt,
Patrick

Pierre Luc Bertrand
Route de Murviel
34 500 BEZIERS

Die Artikel	bestimmt		unbestimmt	
	männlich	weiblich	männlich	weiblich
Singular	le/____'	____/____'	________	une
Plural	________		________	

Vor Vokalen wird der bestimmte Artikel le oder la zu l' verkürzt.

Im Deutschen gibt es keinen unbestimmten Artikel im Plural, im Französischen steht bis auf wenige Ausnahmefälle immer ein Artikel. Vergleiche z.B. il y a **des** photos – *es gibt Fotos*.

Nach dem Verb aimer folgt der bestimmte Artikel: aimer **le** coca / **la** limonade.

Im Französischen sind die Nomen entweder weiblich oder männlich. Teilweise helfen die Endungen, das Geschlecht zu erkennen:

- Oft ist die Endung -e weiblich, aber nicht immer!
- Die Endung -eau ist männlich.
- Manchmal gibt es für jedes Geschlecht eine eigene Form: l'acteur / l'actrice, le vendeur / la vendeuse, le voisin / la voisine
- Einige wenige Wörter haben je nach Bedeutung ein anderes Geschlecht: **le** tour (de France) – *die Tour, der Rundgang*, aber **la** tour – *der Turm*.
- Immer weiblich ist: la star, immer männlich dagegen: le professeur.

•• **Ordne die Nomen in die richtige Spalte ein und schreibe den passenden bestimmten Artikel (le, l' oder la) dazu.**

ordinateur porte rue cahier lettre amie hôtel chien cadeau pantalon

1. männlich	2. weiblich

••• **Patrick erzählt von seiner neuen Umgebung. Vervollständige den Text mit den bestimmten oder unbestimmten Artikeln. Weißt du vielleicht, wie man den Turm nennt, den Patrick beschreibt?**

Chère grand-mère,
Ça va ? Moi, ça va. Je suis dans ______ (1) internat à
Mondoubleau. Avec ______ (2) petit Samuël, ______ (3)
appartement est trop petit pour ______ (4) famille. Tu fais
______ (5) tour de Mondoubleau avec moi ? Dans ______ (6)
ville, il y a ______ (7) château avec ______ (8) tour. Et regarde
______ (9) maison sur ______ (10) carte. C'est ______ (11) très
jolie maison. J'aime le plus ______ (12) château avec ______ (13)
tour. Tu sais comment on appelle ______ (14) tour comme ça ?
J'aime ______ (15) vie à ______ (16) internat : À la maison, j'ai
______ (17) chien et ici, je suis seul. Mais ici, j'ai aussi ______ (18)
copain et ______ (19) copines sympas. ______ (20) professeurs ne
sont pas mal. Avec ______ (21)
prof d'allemand, on rigole beaucoup.
À bientôt.
Bises, Patrick

2 Nomen - Singular und Plural

- **Wie lauten diese Nomen im Singular bzw. im Plural? Vervollständige die Tabelle.**

Singular	______	le livre	le cadeau
Plural	les DVD	______	les cadeaux

		perchenature1@wanadoo.fr
Singular	l'ours en peluche	______
Plural	______	les adresses e-mail

BOXENSTOPP

Hier findest du einige Regeln zur Pluralbildung. Zu welcher Regel gehören die oben genannten Wörter? Vervollständige die Regel mit den Beispielen aus der Tabelle.

- Die normale Pluralendung erfolgt mit einem -s: les ______ (1).
- Wörter, die bereits im Singular auf -s enden, haben keine weitere Kennzeichnung: le bus - les bus, l'ours - les ours.
- Wichtig ist diese besondere Pluralbildung: le bateau - les bateau**x**, le ______ - les ______ (2).
- Abkürzungen haben keine Pluralkennzeichen: les ______ (3).
- Immer im Plural gebraucht werden les maths, les vacances, immer im Singular Wörter wie: l'éducation, la nourriture.
- Wörter, die aus zwei Nomen zusammengesetzt sind: Das Hauptnomen wird in den Plural gesetzt. Das andere ist - je nach Sinn - im Singular oder Plural: les ______ (4), les ______ (5), les emploi**s** du temps, les explication**s** de texte, les film**s** d'horreur, les pomme**s** de terre, trois quart**s** d'heure, les salle**s** de classe / de séjour, les marché**s** aux puces, les salle**s** de bains.
- Bei zusammengesetzten Wörtern mit Adjektiven erhalten beide Wörter ein Pluralkennzeichen: les grand**s**-parents, les carte**s** postale**s**, les bande**s** dessinée**s**, les étude**s** dirigée**s**, les petit**s**-déjeuner**s**.

Die Pluralendung -s wird nur gesprochen, wenn ein Wort folgt, das mit einem Vokal beginnt: les‿étagères.

•• **Patrick n'est pas content. Patrick ist unzufrieden, weil alle anderen mehr Dinge haben als er. Vervollständige seine Sätze.**

1. Maman, moi, j'ai un jean, mais les copains ont trois jeans.
2. Maman, j'ai une BD, mais les copains ont cinq ______.
3. Maman, moi, j'ai un stylo, mais les copains ont deux ______.
4. Maman, j'ai un ours en peluche, mais les copains ont deux ______.
5. Maman, j'ai un DVD, mais les copains ont dix ______.
6. Maman, j'ai un pull super, mais les copains ont trois ______.
7. J'ai un euro d'argent de poche par semaine, mais les copains ont cinq ______.
8. J'ai un magazine de sport, mais les copains ont deux ______.

••• **Des rimes pour les poètes. Suche die Reimwörter und vervollständige das Gedicht. Du musst die Wörter auch anpassen, je nachdem, ob Singular oder Plural gebraucht wird.**

une pomme de terre
les vacances
une bande dessinée
~~un vœu~~
un bonheur
~~une étude dirigée~~
un verre
un jeu
une chance
un film d' horreur

Mon anniversaire

Aujourd'hui, je lis des b______ (1)

et j'oublie les études dirigées (2).

J'ai de la c______ (3):

C'est pendant les v______ (4).

Les amis apportent des j______ (5),

ils disent « meilleurs vœux » (6).

Maman fait des p______ (7)

et on boit du coca, au moins trois v______ (8).

Je dis : Que du b______ (9) !

À la fin, on regarde un f______ (10).

3 Präpositionen und Verschmelzungen

- **Der bestimmte Artikel wird vor Vokalen zu l' verkürzt. Manchmal verschmilzt er mit einer Präposition. Im Text sind solche Fälle unterstrichen. Lies den Text und fülle dann die Tabelle aus.**

Aujourd'hui, les élèves de l'internat font une excursion au château. Laetitia, une fille sympa, aime parler aux garçons. Et ... voilà : Elle parle avec Patrick. Tous sortent en groupes et se retrouvent à l'église dans la cour du château. L'ami de Patrick, Aurélien, dit : « Salut Patrick ! Elle t'aime bien, n'est-ce pas ? »
Patrick : « Imbécile ! »

Bsp. im Text	steht für
de l'	de + le
au	

Die Präpositionen à und de gehen mit dem männlichen bestimmten Artikeln le bzw. les eine enge Verbindung ein, sie verschmelzen:

à + le = au und de + le = du
à + les = aux de + les = des

Mit la und l' findet keine Verschmelzung statt!

- - **Patrick schreibt Laetitia einen kleinen Zettel. Er hat einige Präpositionen darauf schon unterstrichen. Kannst du ihre Bedeutung aus dem Text erschließen? Unterstreiche die übrigen Präpositionen.**

Toi, Laetitia, tu es devant la fenêtre, à côté de moi. Sous la table, j'ai un cadeau pour toi. Mais derrière moi, il y a Aurélien. Il raconte toujours des bêtises sur nous.
Donc, je te donne le cadeau après le cours, avant le déjeuner !
Tu viens manger avec moi ?
Patrick

Es gibt Ortspräpositionen, die beschreiben, wo etwas ist: devant (*vor*), derrière (*hinter*), à côté de (*neben*), sur (*auf, über*), sous (*unter*), dans (*in, im, auf*). Andere Präpositionen sind zeitlicher Art: après (*nach*), avant (*vor*). Und hier noch einige weitere Präpositionen: avec (*mit*), pour (*für*) und en (*auf, in, ...*) sowie de und à, die verschiedene Bedeutungen haben können.

••• **Laetitia antwortet Patrick, aber in der Aufregung hat sie ein paar wichtige Wörter, die Artikel mit oder ohne Präpositionen, vergessen. Wo müssen sie hin? Ordne sie richtig zu, manche bleiben übrig.**

au à l' à la **à la** au aux **à la** du des de la

Un cadeau ? C'est pour mon anniversaire !? Je ne peux pas aller ________ (1) cantine avec toi. Le mercredi je vais ________ (2) restaurant avec ma mère. Mais on peut aller ________ (3) cinéma à 17 heures. D'accord ? Dis, qu'est-ce que tu fais le mercredi après-midi ? Moi, je fais ________ (4) sport et j'aime jouer ________ (5) guitare.
À 16h30, j'attends ________ (6) station de métro, ________ (7) escalier de droite.
Laetitia

••• **M. Saitou hat Hunger, aber sein** éclair **(*Liebesknochen, ein französisches Gebäck*) ist verschwunden. Wo ist er? Setze die richtigen Präpositionen ein, die deutschen Begriffe helfen dir.**

auf dem Tisch, im Mülleimer, mit mir, vor dem Kurs, unter dem Stuhl, vor der Bank, in der Tasche, vor der Schultür, mit Appetit, im Klassenzimmer, auf dem Hof, neben dem Mülleimer

M. Saitou a un problème : Il cherche son éclair. Il n'est pas ____________ (1) la table. Il regarde ____________ (2) la chaise : Non. Et ____________ (3) la poubelle … il y a un crayon, du papier, … mais pas d'éclair. Voilà Patrick, son assistant …

M. Saitou : Bonjour, Patrick. Où est mon éclair ? Tu cherches ____________ (4) moi ?

Patrick : D'accord. J'ai encore 5 minutes ____________ (5) le cours de maths.

Patrick cherche ____________ (6) la salle de classe. Non. Alors, il cherche ____________ (7) la cour. Oh, mais il y a le chien Nougat ____________ (8) le banc ____________ (9) la poubelle.

M. Saitou : Peut-être l'éclair est ____________ (10) le sac ? Non.

Patrick : Mais regardez Nougat : Il a trouvé l'éclair ____________ (11) la porte du collège – et il mange l'éclair ____________ (12) appétit !

4 Das Verb *être* im Präsens

Das weißt du schon aus dem Deutschen und dem Englischen: Viele Verben sind unregelmäßig. Hier lernst du eines der häufigsten Verben, das Verb être – *sein*. Sieh dir die Tabelle an und übertrage die fehlenden französischen Formen aus den Sprechblasen in die Tabelle.

BOXENSTOPP

Englisch: to be	Deutsch: sein	Französisch: être
I am	ich bin	___
you are	du bist	___
he / she / it is	er / sie / es ist	il / elle / on ___
we are	wir sind	nous sommes
you are	ihr seid	vous êtes
they are	sie sind	ils / elles sont

Patrick verwendet bei der 3. Person Singular weder il, elle noch on, sondern c', die Verkürzung von ce: « ... c'est Nougat. » Diese Form verwendet man, um jemanden vorzustellen: **C'**est mon copain Yves. – *Das ist mein Freund Yves.*

Bei der Aussprache der Verbformen gibt es zu beachten:

- Singularendungen und Endungen der dritten Person Plural werden wie immer nicht gesprochen: je suis [ʒəsɥis], tu es [tyɛ], il est [ilɛ].
- Die Endungen der 1. und 2. Person Plural werden normalerweise gesprochen. Das Verb être ist hier aber eine Ausnahme, da die Endungen von nous sommes, vous êtes nicht gesprochen werden.

Damit du dir die Formen besser merken kannst, sprich sie dir mehrmals laut vor. Du kannst dich dabei auch aufnehmen und dir die Konjugation dann öfters anhören.

• **Suche die Formen des Verbs être in der Wortschlange und schreibe sie mit dem passenden Pronomen auf die Schreiblinie.**

1. ______________________ 4. ______________________

2. ______________________ 5. ______________________

3. ______________________ 6. ______________________

•• **Setze die passende Form von être in die Lücke ein.**

« Bonjour, je __________ (1) Saitou. Je __________ (2) détective et je __________ (3) à Mondoubleau. Et voilà le collège. C' __________ (4) le collège Alphonse Karr à Mondoubleau. Et toi, tu __________ (5) … ? »

« Bonjour M. Saitou. Je __________ (6) Patrick. Ça, c' __________ (7) mon chien Nougat. »

« Tu __________ (8) Nougat ? Bonjour, Nougat. »

••• **Bilde aus folgenden Wörtern sinnvolle Sätze, indem du das Verb être in der richtigen Form verwendest.**

1. être | Nathalie | je

   ____

2. ma copine | être | ça, c' | Julie

   ____

3. dans | être | la même | nous | classe

   ____

4. prof d'allemand | sympa | être | notre

   ____

5. être | les cours d'allemand | mais | difficiles

   ____

6. on | après les cours | toujours | être | fatigué

   ____

5 Das Verb *avoir* im Präsens

Ils sont fous, les poètes. Lies dieses Gedicht laut vor und achte auf die hervorgehobenen Formen.

J'ai un bon ami
et il aime les souris.
Mais, toi, **tu as** un chat,
il a un grand appétit.

Nous avons des chiens,
c'est toujours très bien :
parce que **vous avez** des rats,
et **les rats ont** peur des chiens – tiens !

Das Verb avoir wird sehr häufig verwendet und ist leider unregelmäßig. Aber du wirst es auch leicht lernen – man braucht es ja ständig.
Das Verb avoir ist wie être auch ein Hilfsverb, d.h. du wirst es auch beim Bilden der Vergangenheitszeiten brauchen.

- **Vervollständige nun die Konjugationstabelle von avoir.**

avoir	
j' ______	nous ______
tu ______	vous ______
il / elle / on ______	ils / elles ______

- **Ils sont** [ilsɔ̃] (*sie sind*) mit scharfem s (stimmloses s) und ils‿ont [ilzɔ̃] (*sie haben*) mit weichem s (stimmhaftes s) sehen fast gleich aus und klingen sehr ähnlich. Hör genau hin, sprich deutlich und denk beim Schreiben genau nach.
- Anders als im Deutschen gibst du auf Französisch dein Alter mit dem Verb avoir an:
  Tu **as** quel âge ? – J'**ai** douze ans.
  Wie alt bist du? – Ich bin 12 Jahre alt. (wörtl.: *Ich habe 12 Jahre.*)

Du wirst später sehen: Avoir und être helfen beim Bilden einer Vergangenheitszeit, fast wie im Deutschen, lerne ihre Formen daher gut.

•• **Suche aus dieser Wortschlange die Formen von avoir heraus und schreibe sie mit dem passenden Pronomen in die Lücke. Achtung, die Wortschlange enthält auch unnötige Buchstaben.**

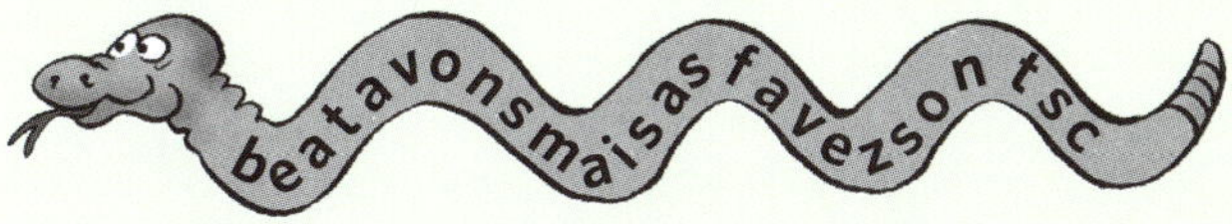

1. ______________________ 4. ______________________

2. ______________________ 5. ______________________

3. ______________________ 6. ______________________

••• **Verbinde die französischen Ausdrücke links mit ihrer deutschen Übersetzung rechts.**

1.	Il a peur des souris.	a.	Habt ihr Hunger?
2.	Nous avons envie de manger des crêpes.	b.	Er hat Angst vor Mäusen.
3.	Tu as rendez-vous avec Marc ?	c.	Wir haben Lust, Crêpes zu essen.
4.	Tu as quel âge ?	d.	Sie hat Bauchweh.
5.	Vous avez faim ?	e.	Ich brauche einen Bleistift.
6.	J'ai besoin d'un crayon.	f.	Wie alt bist du?
7.	Elle a mal au ventre.	g.	Hast du ein Treffen mit Marc?

••• **Setze die richtige Form von avoir in die kleinen Dialoge ein.**

1. Tu ________ quel âge? – J'________ 13 ans.
2. Tu ________ des frères et sœurs. – Oui, j'________ un frère.
3. Vous ________ aussi des animaux ? – Nous ________ un chien et mon frère ________ un lapin.
4. Vous ________ une maison ? – Non, mes parents ________ un appartement, mais mes grand-parents ________ une grande maison à la campagne. Ils ________ beaucoup d'animaux : des chiens, des chats, des poules et un cochon.
5. Tu ________ beaucoup de BD ? – Ah oui, j'________ beaucoup des BD : Astérix, Tintin, Titeuf ... Tu ________ envie de venir chez moi regarder les BD ?

6 Präsens: regelmäßige Verben auf *-er*

- **Unterstreiche die Verbformen der regelmäßigen Verben in der Anzeige. Ergänze dann die fehlenden Formen in der Tabelle.**

Collège et internat cherche **surveillant***

Nous cherchons un surveillant pour le collège. Il travaille avec les élèves, il corrige leurs devoirs etc. Il habite à l'internat et surveille les jeunes. Nous sommes un collège avec un internat. Nous travaillons beaucoup avec les clubs. Les externes arrivent tous les jours à 7:30 heures. Nous organisons aussi des excursions le week-end pour nos élèves de l'internat. Vous parlez anglais et vous cherchez un travail intéressant ?

Téléphonez au 02.54.78.33.54

* Aufsichtsperson

	chercher	travailler	habiter	arriver
je / j'	cherche	travaille	habite	arrive
tu	cherches	travailles	habites	arrives
il / elle / on	______	______	______	arrive
nous	______	______	habitons	arrivons
vous	______	travaillez	habitez	arrivez
ils / elles	cherchent	travaillent	habitent	______

Um ein Verb richtig zu konjugieren, brauchst du den **Stamm** und die **Endungen**.
Bilde den **Stamm** der regelmäßigen Verben auf -er aus dem Infinitiv ohne die Endung -er, z.B. regarder → regard … . Zu jeder Person gehört eine eigene **Endung**, diese wird an den Stamm angehängt. Merke dir diese Endungen gut: -e, -es, -e, -ons, -ez, -ent.

Der Imperativ (die Befehlsform) leitet sich im Französischen von der 1. Person Singular bzw. der 1. und 2. Person Plural ab.
Mit dem Imperativ kannst du jemanden auffordern, etwas zu tun:

Singular: Regarde ! *Sieh (mal)!*
Plural: Regardons ! *Sehen wir (mal)!*
Regardez ! *Seht (mal) / Sehen Sie (mal)!*

Denk an die Regeln zur Aussprache der Verbformen:

- Singularendungen und Endungen der 3. Person Pl. werden nicht gesprochen: je regarde, tu regard**es**, il regarde, ils regard**ent** klingt immer gleich: [ʀəgaʀd].
- Wenn nach nous, vous oder ils ein Vokal folgt, wird gebunden. So hört man dann den Unterschied zwischen Singular und Plural: il arrive [ilaʀiv] aber ils‿arrivent [ilzaʀiv].

• • Setze in das Kreuzworträtsel die passende Form des Verbs ein.

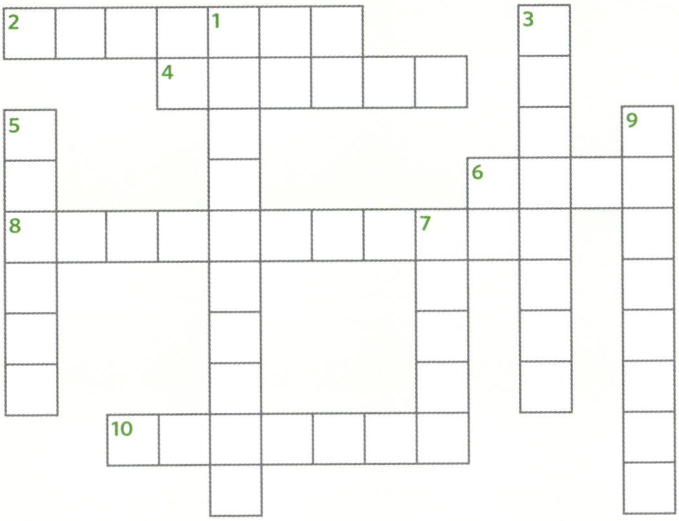

Waagrecht:
2 vous (quitter)
4 j' (arriver)
6 il (aider)
8 ils (travailler)
10 je (chercher)

Senkrecht:
1 tu (travailler)
3 nous (visiter)
5 vous (entrer)
7 il (entrer)
9 tu (regarder)

• • • Der neue surveillant hilft Patrick. Passe die Verbformen an.

Le surveillant ________________ **(1 entrer)** : « Patrick, tu ________________ **(2 oublier)** souvent tes devoirs, non ? Pourquoi ? Mais, on ne ________________ **(3 trouver)** rien sur ce bureau ! Alors, tu me ________________ **(4 montrer)** tes devoirs de maths. Tu ________________ **(5 chercher)** ton livre et ton cahier, s'il te plaît. » Patrick : « Je ________________ **(6 regarder)** où il est. Voilà le cahier, mais, je ne ________________ **(7 trouver)** pas mon livre. » Surveillant : « Nous ________________ **(8 chercher)** ensemble, d'accord ? Et après, je t' ________________ **(9 aider)** avec tes devoirs. »

• • • Ordne den Sätzen links die Aufforderungen rechts zu und unterstreiche die Imperative.

1.	Je ne trouve pas mon livre de français ...	**a.**	Oui, entre, il est dans sa chambre.
2.	Au voleur !*	**b.**	Regardons la télé !
3.	Qu'est-ce qu'on fait maintenant ?	**c.**	Cherche sur l'étagère !
4.	Bonjour Mme Pigaut, Pierre est là ?	**d.**	Aidez-moi !

* Haltet den Dieb !

7 Präsens: Verben auf -*er* mit Besonderheiten

- **Ordne diese Verbformen in die Tabellen ein.**

préférez, paie, mangez, achètent, commencez, appelle, paient, mangeons, payons, commençons, appelons, commences, achetez, préfère

	commencer	manger	appeler
je/j'	commence	mange	appelle
tu	________	manges	appelles
il/elle/on	commence	mange	________
nous	________	________	________
vous	________	________	appelez
ils/elles	commencent	mangent	appellent

	préférer	acheter	payer
je/j'	préfère	achète	________
tu	préfères	achètes	paies
il/elle/on	________	achète	paie
nous	préférons	achetons	________
vous	________	________	payez
ils/elles	préfèrent	________	________

Manche regelmäßige Verben auf -er verändern ihren Stamm wegen der Aussprache.

- Vor a und o werden g [g] und c [k] ausgesprochen, vor e und i dagegen g als [ʒ] und c als [s]. Damit aber die Aussprache des g als [g] und die des c als [s] erhalten bleibt, fügt man ein e ein bzw. schreibt c mit Cédille, z.B. manger – nous mang**e**ons und commencer – nous commen**ç**ons. Wie manger werden auch z.B. changer, bouger, nager, ranger gebildet. Wie commencer wird auch z.B. prononcer gebildet.
- Einige Verben haben zwei Stämme: einen für **Singular** und die **3. Person Plural** und einen anderen Stamm für die **1. und 2. Person Plural**.
- Wo Endungen nicht gesprochen werden (sog. stammbetonte Formen), muss manchmal ein Akzent gesetzt werden, wie bei acheter im Singular und in der 3. Person Plural, oder der Akzent muss geändert werden, wie bei préférer. Wie préférer werden auch z.B. compléter, espérer, répéter gebildet. Wie acheter wird auch z.B. promener gebildet.
- Die gleiche Wirkung hat die Verdopplung des l bei appeler. In der 1. und 2. Person Plural ist die Bildung dagegen regelmäßig. Auch das Verb payer hat diese Unterscheidung. Wie appeler werden auch z.B. jeter, se rappeler gebildet. Wie payer wird auch z.B. essayer gebildet.

•• **Bilde zu diesen Verbformen die entsprechende Form im Plural. Also 2. Pers. Singular wird 2. Pers. Plural etc., z.B. tu manges – vous mangez.**

1. j'achète - nous ______________________
2. je commence - nous ______________________
3. tu achètes - vous ______________________
4. je nage - nous ______________________
5. tu appelles - vous ______________________
6. je paie - nous ______________________

••• **Patrick schreibt seinem Brieffreund in Deutschland eine E-Mail. Vervollständige die E-Mail mit der richtigen Form der in Klammern angegebenen Verben.**

Salut Marten

Salut Marten,

Comment je passe ma journée ? Eh bien, le matin, je me ______________ **(1 lever)** à six heures, parce que je ______________ **(2 préférer)** prendre ma douche tranquillement.

Les cours ______________ **(3 commencer)** à 8 heures et quart.

Je n' ______________ **(4 aimer)** pas les lundis : Le lundi, nous ______________ **(5 commencer)** avec les maths !

À midi, nous ______________ **(6 manger)** toujours ensemble. Ce n'est pas toujours bon, mais on ne ______________ **(7 payer)** pas beaucoup pour les repas, les parents ______________ **(8 acheter)** des tickets. Après le repas, nous ______________ **(9 promener)** un peu dans la cour. Notre prof de français dit toujours : « Vous ______________ **(10 bouger)** trop pendant le cours sinon. » Les cours ______________ **(11 recommencer)** à 2 heures.

Ici, les élèves ______________ **(12 changer)** souvent de salle de classe. Le mardi, nous ______________ **(13 changer)** 7 fois par jour.

Le soir, je ______________ **(14 recommencer)** les études : Il y a les devoirs à faire. Puis on ______________ **(15 manger)**.

Et toi ? Comment est-ce que tu passes la journée ?

À bientôt, Patrick

8 Präsens: regelmäßige Verben auf -(*d*)*re*

- **Lies diesen kurzen Text und vervollständige dann die Tabelle unten.**

Les élèves de la 3ᵉB **attendent** leur prof de chimie, M. Totalis.
Isabelle dit : « Je ne veux plus **attendre**. Ah ! Voilà M. Grand.
M. Grand, nous **attendons** M. Totalis. »
M. Grand **répond** : « Vous **attendez** M. Totalis ? Le voilà ! »

BOXENSTOPP

		répondre
je / j'		réponds
tu	attends	réponds
il / elle / on	attend	
nous		répondons
vous		répondez
ils / elles		répondent

Imperativ: Attends ! Réponds !
Attendons ! Répondons !
Attendez ! Répondez !

Die Verben auf -(d)re haben die Endungen: -s, -s, / , -ons, -ez, -ent.
Genauso gebildet werden z.B. entendre, perdre, rendre, vendre.

Achte wieder auf die Aussprache:

- Endungen werden nur bei nous und vous gesprochen.
- Das -d- des Stammes ist nur im Plural hörbar und wird sonst nicht ausgesprochen.
- Denke daran vor Vokalen das Plural-s des Personalpronomens mitzusprechen: ils‿attendent.

Bei dem Verb mettre (*setzen, stellen, legen*) aus der Gruppe der Verben auf -re musst du auf die Konsonantenverdopplung achten:
je me**t**s, tu me**t**s, il me**t**, nous me**tt**ons, vous me**tt**ez, ils me**tt**ent.

Verben wie prendre, comprendre, apprendre (vgl. Kap. 12, S. 30) sind keine regelmäßigen Verben!

•• **Welche Sätze gehören zusammen? Ordne zu.**

1.	Je veux acheter un nouveau stylo.	a.	Il répond : « Je ne connais pas cette rue. »
2.	Tu entends les garçons ?	b.	Oui, ils crient toujours.
3.	Ils attendent le car.	c.	Je veux les corriger.
4.	Je demande le chemin à un monsieur.	d.	Il n'arrive pas.
5.	Le prof : Vous me rendez les cahiers.	e.	Vous vendez des stylos ?

••• **Mémé appelle. Patricks Oma ruft ihn im Internat an. Vervollständige den Text mit der richtigen Form von attendre (*warten*), répondre (*antworten*) oder entendre (*hören, verstehen*).**

● Internat Mondoubleau, bonjour.

● Bonjour, ici Mme Lanoue. Je voudrais parler à Patrick.

● ______________________ (1). ... Vous ______________________ (2) ?

Il ne ______________________ (3) pas ... Ah, si ... Je vous le passe.

● Allô ?

● Salut Patrick, c'est toi ? C'est mémé ici. Comment ça va ?

● Ça ne va plus du tout ... Je suis si seul ici.

● Mais tu t' ______________________ (4) bien avec tes copains de classe, non ?

● Si, nous nous ______________________ (5) bien. Mais ils rentrent toujours le week-end. Et moi pas. Tout le week-end, j' ______________________ (6) leur retour.

● Patrick, écoute : Tu ______________________ (7) ce week-end.

Tu ______________________ (8) ? Je prépare une petite surprise ...

Le week-end, Patrick ______________________ (9) la surprise. Tout à coup, il ______________________ (10) quelque chose : C'est Nougat ! Il sort dans la cour. Voilà mémé. Nougat et la grand-mère ______________________ (11). La grand-mère demande :

● Patrick, tu es content ? ______________________ (12) !

Patrick et Nougat n' ______________________ (13) rien : Ils jouent dans la cour.

9 Präsens: regelmäßige Verben auf -*ir*

- **Lies den folgenden Dialog. Achte besonders auf die fettgedruckten Endungen. Vervollständige dann die Erklärung und die Tabelle.**

Patrick : Monsieur, je cherche la salle des profs, s.v.p.
Le prof : C'est facile. Tu sor**s** de la salle de classe et tu tournes à droite.
Patrick : Attendez : je sor**s** et je tourne à gauche ?
Amélie : Monsieur, je peux sortir avec lui pour montrer où c'est.
Aurélien : Hi, hi, hi. Vous sort**ez** … ? Patrick et Amélie sort**ent** ensemble …
Amélie : Bah ! Imbécile. Patrick, on par**t** ?

BOXENSTOPP

Die Verben sortir und partir sind regelmäßige Verben auf -ir.
Es gibt mehrere Gruppen von Verben auf -ir. Sie werden deshalb nach einem Standardverb genannt, hier ist dies die Gruppe partir.
Wie sortir und partir wird auch dormir gebildet.
Wie du an den fettgedruckten Endungen oben sehen kannst, erinnern diese an die Konjugation auf -dre.

Was ist bei sortir und partir anders? Der Stamm im Singular heißt ________ / ________ **(1)**, dagegen heißt der Stamm im Plural ________ / ________ **(2)**. Im Singular fällt also der letzte Konsonant des Stammes weg.

Die Verben auf -ir haben im Präsens die Endungen: -s, -s, -t, -ons, -ez, -ent.

	________	**partir**
je / j'	________	pars
tu	________	pars
il / elle / on	sort	________
nous	sortons	partons
vous	________	partez
ils / elles	________	partent

Imperativ: Sors ! Pars !
Sortons ! Partons !
Sortez ! Partez !

Achte wieder auf die Aussprache: Endungen werden nur bei nous und vous gesprochen. Allerdings klingt die 3. Person Plural bei diesen Verben anders als der Singular, denn hier hört man den vollen Stamm: ils sortent [ilsɔʀt].

•• **Ergänze in diesem kurzen Märchen die richtigen Verbformen. Wenn du die Verben in der richtigen Reihenfolge verwendet hast, ergeben die schwarzen Buchstaben die Lösung auf die Frage 8.**

partent · part · sortent · repart · partez · pars · sortons

1. La belle-mère et deux belles-sœurs ______________ souvent.
2. Mais elles ______________ toujours sans elle.
3. Son père ______________ souvent en voyage.
4. Un jour il dit : « Je ______________ aujourd'hui. Tu veux un cadeau ? »
5. Le soir, la belle-mère et les deux belles-sœurs disent : « Nous ______________ au bal du prince et tu restes à la maison. »
6. Mais la jeune fille va au bal aussi, danse avec le prince et ______________ sans rien dire à minuit.
7. Puis le prince dit : « Mes hommes, vous ______________ chercher cette jeune fille du bal. Je l'aime. »
8. Qui aide la jeune fille ? ☐☐ ☐☐☐☐☐
9. Wie heißt dieses Märchen wohl auf Französisch?

   a. Blanche Neige b. Le Chat botté c. Cendrillon

••• **Vervollständige die Sätze mit der passenden Form von dormir, sortir oder partir.**

1. Les élèves de l'internat ______________ le dimanche jusqu'à 9 heures.
2. Anne et Lisa ______________ souvent ensemble.
3. « Je ______________ dans les Vosges. Tu ______________ avec moi ? »
4. « Vous ______________ en discothèque avec nous ? »
5. Patrick, réponds ! Tu ______________ déjà ?
6. Patrick : « Nous ______________ de l'école à 17 heures. »
7. M. Totalis : « Vous ______________ où pendant les vacances ? »

10 *aller* und *faire* im Präsens

- **Patrick hat eine geheimnisvolle Karte gefunden und zeigt sie Ayméric und Sébastien. Lies den Text und trage anschließend die fehlenden Verbformen in die Tabelle ein.**

Patrick : Tiens, regarde cette carte ! On y **va** ?
Ayméric : Nous **allons** où ?
Patrick : Moi, je **vais** au château chercher le secret. Et toi ? Qu'est-ce que tu **fais** ?
Sébastien : Salut, les copains. Qu'est-ce que vous **faites** ?
Ayméric : On regarde une carte. Nous **faisons** ça, parce que c'est une carte mystérieuse.
Sébastien : Vous y **allez** ?

BOXENSTOPP

	aller	faire
je / j'	______	fais
tu	vas	______
il / elle / on	______	fait
nous	______	______
vous	______	______
ils / elles	vont	font

Der Imperativ von faire wird regelmäßig von der ersten Person für den Singular und von der ersten bzw. zweiten Person für den Plural abgeleitet:
Fais l'exercice ! *Mach die Übung!*
Faisons une promenade ! *Lass uns einen Spaziergang machen!*
Faites vos devoirs ! *Macht eure Hausaufgaben!*

Bei aller ist dagegen der Imperativ im Singular unregelmäßig:
Va chez le principal ! *Geh zum Direktor!*
Im Plural ist der Imperativ von aller regelmäßig:
Allons dehors ! *Lass uns rausgehen!* **Allez** dans la cour ! *Geht in den Hof!*

Nach faire folgt oft die Präposition **de**, nach aller **à**. Hier musst du auf die Kontraktion (Verschmelzung) achten: aller **au** cinéma, aller **à l'**école – faire **de l'**équitation, faire **du** jogging.

Die dritte Person Plural von aller oder von faire kann leicht verwechselt werden, da sie sich nur in einem Buchstaben unterscheidet (**v**ont – **f**ont).

Bei faire musst du auf die Aussprache des -ai- achten: Die Aussprache ist in der 1. Person Plural anders, vergleiche: je fais [ʒəfɛ] – nous faisons [nufəzɔ̃].

•• **Faire oder aller? Bilde sinnvolle Sätze aus den vorgegebenen Satzteilen mit einer Form von aller oder faire.**

1. ça | comment | ? Comment ça va ?
2. il | beau ______
3. je | un jeu ______
4. tu | à l'école ______
5. vous | les devoirs ______
6. tu | au cinéma | ce soir | ? ______
7. Stéphanie | le mercredi | du sport ______
8. Benjamin | à la mer | en vacances ______

••• **Ayméric hat Geburtstag und will mit Patrick und Sébastien mal etwas ganz Anderes spielen, ein Roulette-Spiel. Fülle die Lücken mit der richtigen Form von faire und aller aus.**

Ayméric : Nous ______ (1) un super jeu aujourd'hui : la roulette.

Sébastien : Si tu veux. Nous ______ (2) où ?

Ayméric : Vous ______ (3) dans la salle des élèves et moi, je cherche le jeu.

Sébastien : D'accord, nous ______ (4) dans la salle.

Ils ______ (5) *dans la salle des élèves et Ayméric va chercher le carton avec le jeu.*

Franck, Sébastien et Patrick arrangent tout.

Ayméric : Alors, qui ______ (6) le croupier ?

Patrick : Moi, je ______ (7) le croupier. ______ (8) vos jeux !

Ils ______ (9) *leurs jeux. Et Ayméric met tout son argent sur ... le zéro.*

Patrick : Rien ne ______ (10) plus : 33, impair ...

Ayméric : Mais qu'est-ce que tu ______ (11) ? ... Sébastien et Patrick, ils ont de la chance. Et moi ? Mais c'est mon anniversaire. Je veux gagner, moi !

11 *pouvoir, vouloir, savoir* im Präsens

- **Lies den Text und trage anschließend die fehlenden Verbformen in die Tabelle ein.**

Marie : Qu'est-ce qu'on fait aujourd'hui ? Vous **voulez** aller au cinéma ?
Isabelle : Bof ... je ne **sais** pas ...
Emma : Moi, je ne **peux** pas, je n'ai pas d'argent ... Mais on **peut** jouer au foot avec les garçons ...
Marie : Vous **savez** jouer au foot ?
Isabelle : Non, moi, je ne **sais** pas jouer au foot. Mais nous **pouvons** aller en ville.
Marie et Emma : Bonne idée !

BOXENSTOPP

	savoir	pouvoir	vouloir
je / j'	________	________	veux
tu	sais	peux	veux
il / elle / on	sait	________	veut
nous	savons	________	voulons
vous	________	pouvez	________
ils / elles	savent	peuvent	veulent

Diese Verben sind unregelmäßig. Aber dennoch kann man hier wieder kleine Regelmäßigkeiten entdecken, die das Lernen erleichtern:

- savoir hat zwei Stämme, einen Stamm für Singular und einen Stamm für Plural.
- pouvoir und vouloir werden analog gebildet und haben im Singular die Endungen: -x, -x, -t.

Auf diese drei Verben kann, wie im Deutschen auch, ein anderes Verb im Infinitiv folgen:
Tu veux aller au cinéma cet après-midi ? *Möchtest du heute Nachmittag ins Kino gehen?*

Achte auf die Verneinung, die dabei wie immer das konjugierte (= an die Person angepasste) Verb umschließt (vgl. Kap. 25, S. 56): Non, je **ne** veux **pas** aller au cinéma.

Das deutsche Wort *können* kann man entweder mit pouvoir oder mit savoir übersetzen. Man verwendet savoir, wenn man von einer erlernten Fähigkeit spricht:
Il ne **peut** pas jouer au foot aujourd'hui. (Kann nicht, ist z.B. krank, hat keine Zeit.)
Il ne **sait** pas jouer au foot. (Kann nicht, hat es **nicht gelernt**.)

Unterscheide genau: nous avons [nuzavɔ̃] und nous savons [nusavɔ̃], vous avez [vuzave] und vous savez [vusave].

•• **Vouloir, savoir und pouvoir. Finde die Verbfomen in den Verbschlangen und schreibe sie mit dem dazu gehörigen Pronomen auf die Schreiblinie. Achtung: Manchmal sind mehrere Pronomen für eine Form möglich!**

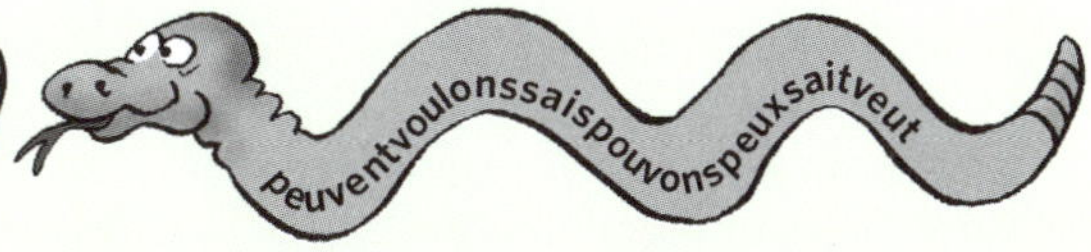

1. vous ______ 8. ______
2. ______ 9. ______
3. ______ 10. ______
4. ______ 11. ______
5. ______ 12. ______
6. ______ 13. ______
7. ______ 14. ______

••• **Qui est-ce ? Wer hat sich diese Ausreden ausgedacht? Ergänze jeden Satz mit einer Form von pouvoir, vouloir und savoir. Wähle dann die Person aus, die diese Ausreden erfunden hat.**

~~le clown~~ – les enfants pas sympas – les garçons – le bon élève

1. Le clown ______ : Je ne veux ______ pas rester ici, parce que je sais ______ faire des grimaces et je peux ______ être très drôle.
2. ______ : Tu ______ copier mes devoirs ? Tu ne ______ pas avoir les devoirs, parce que je ne ______ pas où ils sont.
3. ______ : Nous ne ______ pas faire les courses, parce que nous ne ______ pas où sont les chaussures et nous ne ______ pas sortir comme ça.
4. ______ : Elles ______ sortir avec nous ? Elles ne ______ pas sortir avec nous, parce qu'elles ne ______ pas danser.

12 *prendre, comprendre, apprendre* im Präsens

- **Ordne die Sätze links den passenden Sätzen rechts zu.**

1. Je **prends** un café.
2. **Prenez** vos livres, sur la page 105 vous trouvez le vocabulaire.
3. Qu'est-ce que vous ne **comprenez** pas ?
4. Julien **prend** le bus pour aller à l'école.
5. **Apprends** cette strophe par cœur.

a. Michèle et Julie **prennent** le métro tous les jours.
b. Nous **apprenons** le reste de la chanson demain.
c. **Apprenez** le vocabulaire de la leçon 3 pour lundi !
d. Et toi, tu **prends** un coca ?
e. Nous ne **comprenons** pas l'exercice numéro 2.

BOXENSTOPP

Die Verben prendre, comprendre und apprendre sind unregelmäßige Verben. Sie haben zwar die gleichen Endungen wie die Verben auf -dre, also: -s, -s, / , -ons, -ez, -ent, doch ändert sich der Stamm im Plural. Die Personen im Singular sind regelmäßig, aber im Plural entfällt das -d- des Stamms. Achte außerdem darauf: ein -n- in der 1. und 2. Person Plural, aber zwei -n- in der 3. Person Plural.

Vervollständige nun die Konjugation von prendre, die Sätze in der Übung oben können dir dabei helfen.

	vendre	prendre
je	vends	______
tu	vends	______
il / elle	vend	______
nous	vendons	______
vous	vendez	______
ils / elles	vendent	______

Hier gibt es einige Besonderheiten bei der Aussprache des e in prendre:

- Im Singular wird das e mit dem n zu einem Nasal zusammengezogen: je prends [ʒəpʀɑ̃]
- In der ersten und zweiten Person Plural, wo es keine Betonung hat, hört man es kaum: vous prenez [vupʀənɛ], nous prenons [nupʀənɔ̃]
- In der dritten Person Plural bekommt es eine Betonung, wird aber nicht mit dem nachfolgenden n zu einem Nasal: ils prennent [ilpʀɛn]

•• **Hier fehlen bei den Formen von apprendre, comprendre und reprendre die richtigen Endungen. Schreibe die Endungen in die Lücken.**

1. Je com prends ____ le devoir.
2. Vous le com____ aussi?
3. Tu ap____ le texte par cœur.
4. Après le travail, il a très faim - il re____ du fromage.
5. Nous re____ le texte d'hier.
6. Ils ap____ l'allemand et vous ?
7. Nous ap____ le français.
8. Il ap____ à faire du volley, mais il ne com____ pas les règles du jeu.

••• **Bon marché ? Günstig oder nur Billigware? Setze die Formen von prendre, reprendre oder vendre ein.**

Patrick und sein Vater sind auf einem Markt, sie sehen einen fliegenden Händler mit Handys.

Commerçant : Venez ici. Je ____ (1) des super portables !

C'est bon marché !

Patrick : Vous ____ (2) des portables ? Mais je

____ (3) seulement des portables de marque.

Commerçant : Alors, ____ (4) ce portable. Il est super. 10€.

Tu le ____ (5) ?

Patricks Vater sieht sich das Handy an, doch es ist kaputt!

Père: Regardez ça. Vous ____ (6) de la mauvaise qualité.

Nous ne ____ (7) pas ce portable.

____ (8)-le.

Le commerçant ____ (9) le portable et le casse !

Patrick et son père ____ (10) la route.

Commerçant : Venez ici. On ____ (11) des super portables !

Bon marché !

13 *dire, lire, écrire* im Präsens

- **So viele Hausaufgaben ... Lies den Dialog und unterstreiche die Formen von dire, lire und écrire. Vervollständige anschließend die Tabelle mit den richtigen Formen.**

Le prof : Aïcha, qu'est-ce que tu écris là ? Ahhh ... une petite lettre. Lis la lettre, s'il te plaît !
Aïcha : Je suis désolée, Monsieur ... Je n'écris plus.
Le prof : Bon, d'accord. Alors, les devoirs pour demain : Lisez le texte sur la page 46 et écrivez le résumé dans vos cahiers. Apprenez aussi le vocabulaire de la leçon.
La classe : Ahhhh ... non ...
Le prof : Qu'est-ce que vous dites ?
Julien : C'est beaucoup, Monsieur. Notre match est cette après-midi.
Le prof : Bon, d'accord. Alors, seulement le vocabulaire. Vous savez, nous avons une interrogation la semaine prochaine ...

BOXENSTOPP

	écrire	dire	lire
je/j'	______	dis	lis
tu	______	dis	______
il/elle/on	écrit	dit	lit
nous	______	disons	lisons
vous	______	______	______
ils/elles	écrivent	disent	lisent

Wie du siehst, sind diese drei Verben unregelmäßig. Im Singular haben sie jedoch die gleichen Endungen: -s, -s, -t.
Im Plural dagegen haben diese Verben einen anderen Stamm: ecrire hat ein ______ im Stamm und lire und dire haben ein ______ im Stamm der 1. und 3. Person Plural.
Nur bei der 2. Person Plural von dire musst du aufpassen, sie ist völlig unregelmäßig: vous dites.

Der Imperativ dieser Verben wird regelmäßig von den Formen der ersten Person Singular, ersten und zweiten Person Plural gebildet, wie du schon oben im Text sehen konntest.

Faire, dire und être haben in der zweiten Person Plural nicht die Endung -ez, sondern -tes: vous êtes, vous dites, vous faites. Man hört hier nur das -t, die Endung -es wird nicht gesprochen!

•• **Vervollständige das Kreuzworträtsel mit den angegebenen Formen.**
Die Nummern 2, 9 und 11 sagen dir, was dir beim Lernen von Sprachen hilft.

Waagrecht:
1 ils (écrire)
3 nous (dire)
5 ils (lire)
7 schreiben – Lösung
9 lernen – Lösung
11 vous (lire)

Senkrecht:
2 zuhören – Lösung
4 je (lire)
6 vous (dire)
8 elles (dire)
10 vous (écrire)
12 elle (écrire)

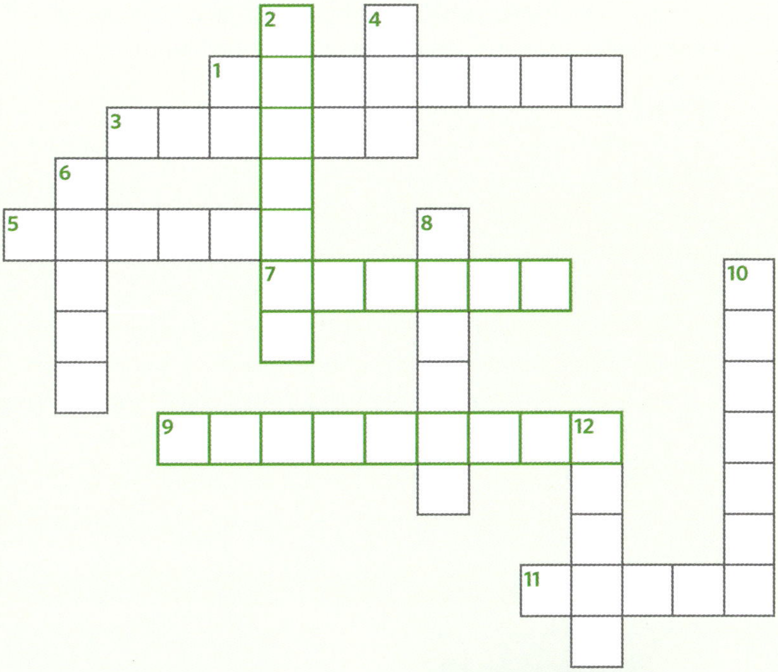

••• **Lies die Inschrift des Ritters Nob. In seinem Namen steckt ein Rätsel. Ergänze zuerst die Sätze mit der richtigen Verbform. Wenn du anschließend die Anweisung dieser Sätze befolgst und den Lösungssatz herausfindest, wirst du merken, was der Ritter eigentlich mag… Tipp: à l'envers heißt *verkehrt herum*.**

Je vous ______________ (1 dire) alors le secret du seigneur : ______________ (2 lire) le nom sur la porte du château et ______________ (3 écrire) ce nom à l'envers. Maintenant vous ______________ (4 lire) déjà une partie du secret.

______________ (5 dire) la partie deux fois. ______________ (6 écrire) aussi un article devant cette partie et derrière, ______________ (7 écrire) une forme d'être.

Et pour finir, ______________ (8 écrire) le nom à l'envers une troisième fois.

Le secret de Nob: □□ □□□□□□, c'□□□ □□□!

14 *boire, voir, ouvrir, venir* im Präsens

Patrick ist in Deutschland. Mit seinem Austauschpartner sieht er sich ein Fußballspiel im Fernsehen an. Lies den kurzen Dialog.

Julius: Tu **vois** ce footballeur ? Il **vient** de France, c'est un footballeur super chez Werder Bremen.
Patrick: Où ça ?
Julius: Là. Maintenant il **ouvre** une bouteille et il **boit** de l'eau minérale.
Patrick: Ah oui, je **vois**.

- **Du kennst schon einige Verben, regelmäßige und unregelmäßige. So weißt du, dass es Verben gibt, die im Singular die Endungen -e,-es,-e haben, andere -s,-s,-t und kannst dir schon einiges erschließen. Vervollständige die Tabelle mit den passenden vorgegebenen Verbformen.**

boit | ouvrez | boivent | buvez | vois (2 x) | ouvre (2 x) | ouvrent | bois (2 x)
ouvrons | voient | viennent | ouvres | viens | buvons | vient | voit

	ouvrir	boire	voir	venir
je / j'	______	______	______	viens
tu	______	______	______	______
il / elle / on	______	______	______	______
nous	______	______	voyons	venons
vous	______	______	voyez	venez
ils / elles	______	______	______	______

BOXENSTOPP

Das Verb ouvrir ist zwar unregelmäßig, jedoch kannst du es dir leicht merken, da die Konjugation sich im Präsens und Imperativ nicht von den regelmäßigen Verben auf -er unterscheidet. Die Endungen -e, -es, -e, -ons, -ez, -ent werden an den Stamm ouv- angehängt.

Die Verben boire, voir und venir haben dagegen die Endungen -s, -s, -t, -ons, -ez, -ent, die jedoch an unterschiedliche Stämme angehängt werden. Es gibt einen Stamm für den Singular und einen für die erste und zweite Person Plural. Außerdem hat auch die 3. Person Plural von boire und venir eine Besonderheit. Der Stamm ähnelt dem Stamm im Singular, enthält aber einen weiteren Buchstaben: il boit – ils boi**v**ent, il vient – ils vie**nn**ent.
Der Imperativ entspricht den Formen von 1. Person Singular, 1. und 2. Person Plural.

Achte besonders auf die Aussprache: il vient [ilvjɛ̃], aber ils viennent [ilvjɛn].

•• **Ouvrir und boire. Ordne zu: Wer macht was, warum?**

1. J'ouvre la bouteille, parce que j'ai soif et je
2. Ils ouvrent les fenêtres, parce qu'ils ont chaud. Puis ils
3. Nous buvons du café et
4. Vous êtes malades ?
5. Ils mangent des bananes et
6. Elle ouvre la valise,
7. Ouvre la boîte, parce que tu as soif.
8. On boit du champagne, parce que c'est l'anniversaire de maman. Puis elle

a. boivent une limonade froide.
b. ouvre des paquets avec les cadeaux.
c. boivent de l'eau, quand ils font du vélo.
d. ouvrons ce paquet de biscuits !
e. Buvez une tisane !
f. parce qu'elle cherche sa veste.
g. Bois le coca.
h. bois l'orangina.

••• **Il était une fois : Les fées. *Es war einmal:* die Feen. Eine böse Fee hat diese Märchen verhext. Es fehlen Zwischenräume und Satzzeichen. Rekonstruiere das französische Märchen, indem du einen Schrägstrich zwischen die Wörter machst und die Satzzeichen einfügst.**

C ' e s t / u n / c o n t e / s u r / d e u x / s œ u r s .

Q u a n d l e s g e n s v o i e n t l a p r e m i è r e i l s n e l a

t r o u v e n t p a s s y m p a E l l e o u v r e l a b o u c h e e t e s t

m é c h a n t e U n e f o i s u n e f e m m e v i e n t e t d e m a n d e

D o n n e - m o i à b o i r e E l l e r é p o n d s e u l e m e n t

B u v e z s i v o u s v o u l e z

L a s e c o n d e e s t s y m p a E l l e a u s s i v a a u p u i t s e t v o i t

u n e v i e i l l e f e m m e - u n e f é e L a f e m m e d i t J e v i e n s p o u r

c h e r c h e r d e l ' e a u L a f i l l e r é p o n d J e b o i s a p r è s

v o u s E t l a f e m m e b o i t M a i s c ' e s t p o u r q u o i l a j e u n e

f i l l e r e v i e n t t r o p t a r d d u p u i t s E l l e o u v r e l a

p o r t e e t s a m è r e c r i e Q u ' e s t - c e q u ' e l l e v o i t

Q u a n d s a f i l l e o u v r e l a b o u c h e o n v o i t s o r t i r d e s

f l e u r s e t d e s d i a m a n t s L e s g e n s a i m e n t v o i r l a

s e c o n d e f i l l e E t à l a f i n c ' e s t u n p r i n c e q u i v i e n t e t

d i t à l a j e u n e f i l l e V i e n s v o i r m o n c h â t e a u

15 Verben mit und ohne Präpositionen

- **Lies die folgenden beiden Dialoge. Schreibe dann die unterstrichenen Verben des zweiten Dialogs mit ihrem Objekt, so wie in den Beispielen, auf die Vokabelkärtchen.**

Marie: Je cherche la rue Charles de Gaulle. Qu'est-ce que je fais ?
Léo : Tu demandes la rue au monsieur.
Marie: Mais il parle à la dame ...

Jules: Tu joues au foot avec moi ?
Louis : Non, je joue du piano avant. Je rêve de devenir un grand pianiste.

demander qc à qn

chercher qc

parler à qn

______ (Fußball spielen)

______ (Klavier spielen)

______ (von etwas träumen)

BOXENSTOPP

Auf manche Verben folgt im Französischen keine Präposition, auf andere folgt die Präposition de oder die Präposition à:

- donner **qc à qn** – *jemandem etwas geben*
- téléphoner **à qn** – *jemanden anrufen*
- regarder **qn** – *jemanden sehen*

Lerne ein Verb stets mit seiner Präposition.
Übrigens bedeutet die Abkürzung qc = quelque chose (*etwas*) und qn = quelqu'un (*jemand*).

Man nennt Objekte, die ohne Präpositionen an die Verben angeschlossen werden, **direkte Objekte** (sie stehen **direkt hinter dem Verb**). Objekte mit Präposition nennt man **indirekte Objekte** (sie stehen **nicht gleich** hinter dem Verb).

In manchen Fällen, wie z.B. bei jouer, gibt es zwei mögliche Verbanschlüsse, je nach Bedeutung (jouer à qc = etw. spielen, z.B. ein Spiel; jouer de qc = etw. spielen, bezogen auf ein Musikinstrument).

Denke auch daran, dass die Präpositionen ggf. mit den Artikeln zu au, aux, d', du oder des verschmelzen oder abgekürzt werden!

Wenn du Vokabelkarten für Verben anlegst, vergiss nicht die Objekte und die evtl. nötigen Präpositionen. Achte beim Lernen der Vokabeln immer auf die dazu angegebenen Ausdrücke.

•• **Fülle die Lücken aus mit dem in der Klammer angegebenen Artikel und à, de oder** ohne Präposition. **Denke dabei auch an mögliche Verschmelzungen oder Verkürzungen.**

1. Tu fais _________ (les) devoirs de toute la classe ? – Non, monsieur. Je ne donne pas mes devoirs _________ tout le monde ! Mais j'explique _________ (les) devoirs _________ mes copains.
2. Vous avez envie _________ aller au cinéma ? – Non, j'ai mal _________ (le) ventre.
3. Tu peux donner _________ (le) CD à Marc ? – Oui, bien sûr !
4. Regardez _________ (le) plan. Vous changez _________ train _________ Lille. Et téléphonez _________ vos parents quand vous arrivez.
5. Tu adores _________ (les) footballeurs ? – Non, je préfère _________ (les) cyclistes.
6. On demande _________ (le) chemin _________ (le) monsieur ? – Non, il regarde _________ (le) plan, aussi.
7. Je vais chercher _________ (le) livre et puis j'apprends _________ (le) vocabulaire par cœur.
8. Tu es amoureux _________ Amélie ? – Eh bien ! Je ne réponds pas _________ (la) question.

••• **Bilde Sätze aus den vorgegebenen Bruchstücken in der angegebenen Reihenfolge. Ergänze, wo nötig, mit à oder de und einem Artikel.**

1. Patrick | rêver | Amélie.

   ____

2. Il | vouloir aller | cinéma | avec elle.

   ____

3. Je | demander | Amélie | sortir avec moi.

   ____

4. Il | écrire | petit message | Amélie

   ____

5. Et | elle | répondre | sa question : elle | dire | oui.

   ____

16 Verben gefolgt von Infinitiven

- **Das kennst du aus dem Deutschen: Einige Verben ziehen einen Infinitiv nach sich. Das gibt es auch im Französischen. Ordne den deutschen Sätzen die französischen Entsprechungen zu.**

1.	Ich will fernsehen.	a.	Je **dois faire** les devoirs.
2.	Ich muss aber Hausaufgaben machen.	b.	Je **veux regarder** la télé.
3.	Ich soll sie am Schreibtisch machen.	c.	Je ne **peux** pas **travailler** quand je regarde la télé.
4.	Ich gehe in mein Zimmer um zu arbeiten.	d.	Je **vais** dans ma chambre **pour travailler**.
5.	Ich werde mir die Serie später ansehen.	e.	Je **dois** les **faire** au bureau.
6.	Wenn ich fernsehe, kann ich nicht arbeiten.	f.	Je **vais regarder** la série plus tard.

BOXENSTOPP

Hier einige wichtige Verben, die einen Infinitiv nach sich ziehen:
pouvoir faire qc (*etw. tun können*), savoir faire qc (*etw. tun können*), vouloir faire qc (*etw. tun wollen*), devoir faire qc (*etw. tun sollen / müssen*), aller faire qc (*etw. tun werden*), aller à qc pour faire qc (*irgendwohin gehen, um etw. zu tun*), venir faire qc (*kommen, um etw. zu tun*)

Bei aller gibt es zwei Möglichkeiten:

- aller **+ Infinitiv** wird zur Bildung des *Futur composé* benutzt:
  Je **vais regarder** la télé plus tard. (vgl. Kap. 17, S. 40)
- aller pour **+ Infinitiv** entspricht im Deutschen einem Nebensatz mit „zu“:
  Je **vais** dans ma chambre **pour travailler**.

Denk daran, venir **+ Infinitiv** steht ohne Präposition: Je viens chercher un livre.
Die Wendung **venir chercher qn** bedeutet *jdn. abholen*!

Achte auf den Unterschied zwischen **pouvoir faire qc** (ich kann etwas tun, weil ich die Möglichkeiten dazu habe) und **savoir faire qc** (ich kann etw. tun, weil ich weiß, wie es geht):
Je **sais jouer** au piano, mais je ne **peux** pas **jouer** souvent, je n'ai pas le temps.

Die Stellung der Infinitive ist anders als im Deutschen: Sie stehen zusammen mit dem konjugierten Verb, höchstens getrennt von der Verneinung oder den Pronomen.
Die Verneinung umschließt wie immer das konjugierte Verb – nicht den Infinitiv:
Je ne **peux** pas travailler.
Direkte Objektpronomen stehen vor dem Infinitiv: Je dois **les** faire au bureau.

•• Übersetze die Botschaften mithilfe der Emoticons in ganze Sätze.

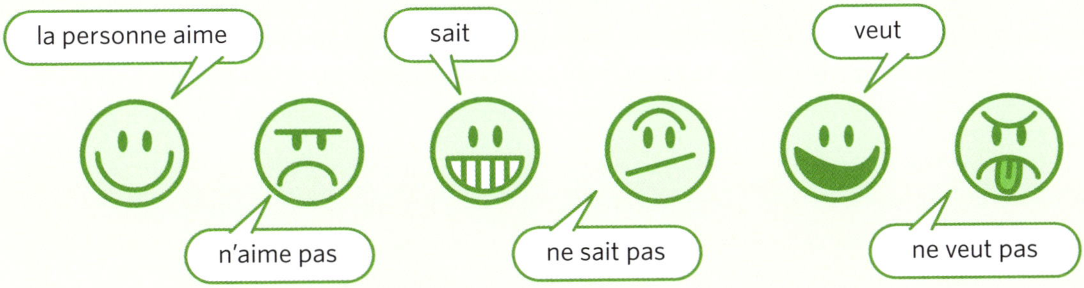

1. On travaille toute la journée. *On n'aime pas travailler toute la journée.*
2. On fait les courses. ______
3. Nous faisons des calculs en maths. ______
4. Nous parlons anglais. ______
5. Tu fais une promenade. ______
6. Tu joues au foot. ______

••• Bilde Sätze aus den vorgegebenen Bruchstücken.

1. Le nouveau, Ibrahim | savoir raconter | des histoires drôles.

   ______

2. Franck | vouloir voir | la ville de son ami Ibrahim en Algérie.

   ______

3. Ibrahim et Franck | vouloir visiter | le Sahara.

   ______

4. Mais pour aller | en Algérie, il | apprendre | l'arabe | devoir.

   ______

5. Ibrahim | dire : « Tant pis. Je | chercher | te | venir. »

   ______

6. savoir | français. | Et en Algérie | on | parler | aussi

   ______

17 Futur composé

• **Diese Sätze beziehen sich alle darauf, was man zukünftig machen wird. Lies die Sätze durch, und unterstreiche die Konstruktionen des Futur composé in jedem Satz. Du bildest das Futur composé aus einer konjugierten Form des Verbs aller und einem Infinitiv.**

1. Tu _vas venir_ à la bibliothèque avec moi après le cours.
2. Vous regardez d'abord la photo et puis vous allez la décrire.
3. Nous allons écrire un test la semaine prochaine.
4. Demain, tu vas chercher un morceau de craie avant le cours.
5. Demain, on va utiliser les livres.
6. Tu vas donner tes devoirs demain au surveillant !
7. Vous allez apprendre le vocabulaire sur la page 23 pour la prochaine fois.
8. Fais tes devoirs et tu vas être fort en maths.

BOXENSTOPP

Das Futur composé, auch Futur proche genannt, besteht aus dem Verb aller (vgl. Kap. 10, S. 26) in konjugierter Form und einem Infinitiv:
Demain, je **vais aller** au cinéma. *Morgen werde ich ins Kino gehen.*
In verneinten Sätzen umschließt ne ...pas das konjugierte Verb, also das Verb aller:
Vous **allez** faire du vélo demain ? Nous n'**allons** pas faire du vélo.

•• **Manchmal ist es knifflig, die Zeiten zu unterscheiden. Kreuze an, welche Form im jeweiligen Satz verwendet wurde.**

	Imperativ	Futur composé	Präsens
1. On ouvre le livre.	☐	☐	☐
2. Je ne vais pas comprendre le texte ...	☐	☐	☐
3. Fais tes devoirs !	☐	☐	☐
4. Tu vas au cinéma avec moi ?	☐	☐	☐
5. Je vais être à Paris dimanche.	☐	☐	☐
6. Ne rêve pas !	☐	☐	☐
7. Maman va m'acheter un portable.	☐	☐	☐
8. Je vais à l'école en bus.	☐	☐	☐

••• Marten schreibt eine Mail. Setze die in Klammern angegebenen Präsensformen ins Futur.

Salut

Salut,

Ça va ? Moi ça va bien. Je rêve toujours des vacances. Pendant les vacances je ______________ (1 vais) en France avec mes parents. Ils ______________ (2 ne travaillent pas) pendant trois semaines pour ça ! Je ______________ (3 visite) Paris, la tour Eiffel et Euro-Disney. Mais imagine : Maman dit que nous ______________ (4 passons) dans ta ville. Est-ce qu'on ______________ (5 se voit) ? Est-ce que vous ______________ (6 restez) chez vous pendant les vacances ? J'espère que tu ______________ (7 réponds) vite.

Amicalement Marten

••• Apprendre à faire ses devoirs. ***Seine Hausaufgaben richtig organisieren.***
Bilde Sätze im Futur aus den Antwortfetzen.

1. **Patrick :** Je vais alors faire mes devoirs tout de suite après les cours ?

   Surveillant : Non, ______________
   (vas | une petite pause | tu | de 5 minutes avant | faire)

2. **Patrick :** Avec mon équipe, nous allons jouer au foot après les cours ?

   Surveillant : Mais, non, Patrick, ______________
   (jouer | allez | le soir après les devoirs | vous)

3. **Patrick :** Est-ce que je peux regarder la télé pendant le travail ?

   Surveillant : Non, ______________
   (pas | ne | vas | tu | faire | deux choses en même temps)

4. **Patrick :** Franck peut m'aider ?

   Surveillant : Non, ______________
   (tes devoirs | d'abord seul | faire | vas | tu)
   Il peut corriger tes réponses après !

18 Passé composé

- **Ergänze die Tabelle.**

Infinitiv	Passé composé	Deutsch	Englisch
chercher	j'ai cherché	______	I have searched
être	tu as été	du bist gewesen	you have been
avoir	il a eu	du hast gehabt	you have had
______	nous sommes allé(e)s	______	we have gone
______	vous êtes venu(e)s	______	you have come
______	ils ont répondu	______	they have answered

BOXENSTOPP

Das Passé composé besteht aus einer konjugierten Form von avoir oder être und dem sog. **Partizip** des Verbs.
Die Bildung der Partizipien ist bei den meisten Verben regelmäßig:

- Verben auf -er bilden das Partizip auf -é: chercher → cherch**é**
- Verben auf -dre bilden das Partizip auf -u: répondre → répond**u**
- Verben auf -ir bilden das Partizip auf -i: dormir → dorm**i**

Einige häufige Verben haben jedoch unregelmäßige Partizipien:
avoir – j'ai eu | être – j'ai été | dire – j'ai di**t** | écrire – j'ai écri**t** | faire – j'ai fai**t** | savoir – j'ai s**u** | pouvoir – j'ai p**u** | vouloir – j'ai voul**u** | boire – j'ai b**u** | lire – j'ai l**u** | ouvrir – j'ai ouv**ert** | offrir – j'ai off**ert** | (com-/ap-)prendre – j'ai (com-/ap-)pr**is** | mettre – j'ai m**is**

Die meisten Verben bilden das Passé composé mit avoir, die Verben der Bewegung und des Verbleibs, die du auf dem Bild siehst, bilden das Passé composé mit être.

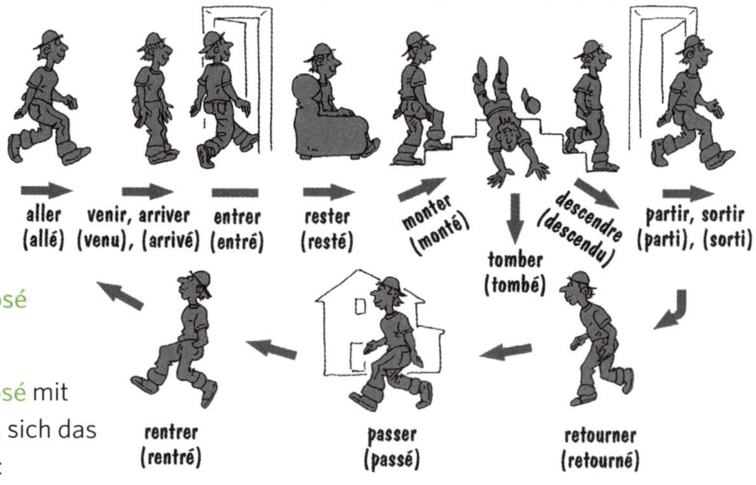

Wenn das Passé composé mit être gebildet wird, passt sich das Partizip dem Subjekt an:

- bei **weiblichen** Subjekten erhält das Partizip ein -e am Ende: elle est sorti**e**.
- bei **männlichen** Subjekten im Plural erhält das Partizip ein -s, bei weiblichen Subjekten im Plural ein -es: ils sont sorti**s**, elles sont sorti**es**.

•• **Links liest du Sätze im Präsens. Wie lauten sie im Passé composé? Verbinde die zusammengehörenden Sätze. Wenn du die fett hervorgehobenen Buchstaben in der richtigen Reihenfolge in die Lücken von Satz 12 schreibst, weißt du, mit wem Amélie unterwegs ist.**

1.	Nous allons au château.	a.	Nous sommes **e**ntrés.
2.	On voit.	b.	Nous sommes **a**llés au château.
3.	Nous entrons.	c.	La lampe n'a plus mar**c**hé.
4.	Elle ne marche plus.	d.	On a **vu** le donjon.
5.	Nous allons où ?	e.	Franck n'a pas **t**rouvé la sortie.
6.	J'ai peur.	f.	Nous sommes allé**s** où ?
7.	Il ne trouve pas.	g.	J'**ai** eu peur.
8.	Je cherche.	h.	Nous avons a**t**tendu.
9.	Nous avons peur.	i.	J'**ai** cherché la sortie aussi.
10.	Nous attendons.	j.	Nous avons **eu** faim et soif.
11.	Nous avons faim et soif.	k.	Nous avo**n**s eu peur.

12. Enfin sauvé : On voit Amélie ☐☐☐☐ ☐☐ ☐☐☐☐☐.

••• **Wie lautet die richtige Form des Passé composés? Setze das angegebene Verb richtig konjugiert ein.**

1. La tante est arrivée ______ . (arriver)
2. Nous ______ (partir) et nous ______ (aller) au château.
3. Nous ______ (arriver) et nous ______ (entendre) quelque chose :
4. Patrick et Franck ______ . (crier)
5. J' ______ . (écouter)
6. Puis j' ______ (montrer) le donjon*. C'est là, que j' ______ (entendre) les garçons.
7. Nous ______ (chercher). Enfin, nous ______ (trouver) les garçons.

* der Bergfried

19 Subjektpronomen

- **Pronomen (Fürwörter) stehen als „Platzhalter" für andere Nomen. Sind sie das Subjekt eines Satzes, nennt man sie Subjektpronomen. Unterstreiche die Pronomen im Dialog und ergänze dann die Tabelle. Die fehlenden Formen findest du im Text.**

Surveillant : Amélie, qu'est-ce que tu fais ?
Amélie : Je ne fais rien. C'est Ayméric.
Surveillant : Alors, Ayméric ?
Ayméric : Je ne fais rien. Je veux seulement jouer. C'est Amélie. Elle prend toujours mon ballon.
Surveillant : Vous arrêtez, tous les deux !

	Singular	Plural
1. Person	______	nous
2. Person	tu	______
3. Person	il/ ______ /on	ils/ elles

BOXENSTOPP

Du hast in die Tabelle die sogenannten **unbetonten (verbundenen) Subjektpronomen** geschrieben.

Die unbetonten Subjektpronomen sind diejenigen, die in Verbindung mit Verbformen vorkommen: **je** cherche, **tu** cherches usw.

- Je wird vor Vokalen abgekürzt zu j': **je** travaille, aber **j'**aime jouer.
- Il(s) und elle(s) können sowohl Personen als auch Sachen bezeichnen. Sie zeigen nur an, welches Geschlecht das Nomen oder die Person hat: il(s) für männliche Wörter, elle(s) für weibliche.
- Werden in der 3. Person Plural mehrere Personen / Dinge ersetzt und mindestens eine(s) davon ist männlich, benutzt man die männliche Form: Sébastien, Julie et Amélie vont au cinéma. → **Ils** vont au cinéma.
- On steht für das unpersönliche „man", oft auch an Stelle der ersten Person Plural. Dann steht die Verbform natürlich auch in der dritten Person Singular: on travaille, aber nous travaillons.
- Um jemanden zu siezen, verwendet man die zweite Person Plural vous: **Vous** êtes la nouvelle prof d'allemand ? *Sind Sie die neue Deutschlehrerin?*

Außer den **unbetonten (verbundenen) Pronomen** gibt es im Französischen noch **betonte (unverbundene) Pronomen**: moi, toi, lui / elle, nous, vous, eux / elles.
Will man besonders darauf hinweisen, um wen es geht, setzt man ein betontes Subjektpronomen vor den Satz. Es wird mit einem Komma vom Hauptsatz abgetrennt oder bildet sogar einen Kurzsatz: **Moi, je** travaille. Et **toi** ? Qu'est-ce que tu fais ?
Die betonten Pronomen moi und toi können nie allein vor einem Verb stehen: Moi, je travaille.

•• **Patrick zeigt seiner Familie Fotos vom Internatsleben und erzählt. Ergänze mit den fehlenden Pronomen.**

Elle Il ils j' je Nous Tu

1. Voilà. Ici, ______________ joue au foot avec Sébastien. ______________ jouons toujours ensemble.
2. Ici, Ayméric fait le clown. ______________ est rigolo. ______________ ne trouves pas ?
3. Voilà Laëtitia. ______________ sort du collège.
4. Voilà les garçons de ma chambre, ______________ rangent leur bureau.
5. Voilà, c'est moi, ______________ aime jouer au théâtre.

••• **On joue au théâtre.** **Die Jugendlichen wollen ein Theaterstück einüben und überlegen nun die Rollenverteilung. Setze die fehlenden betonten und unbetonten Subjektpronomen ein.**

M. Molière : __________ (1) ai une pièce pour 4 garçons et 3 filles. Mais, __________ (2) a seulement 2 garçons dans le groupe.

Franck : __________ (3) vais demander à Patrick. __________ (4), __________ (5) pense __________ (6) joue bien. __________ (7) peut venir aussi. __________ (8) êtes d'accord ?

Laëtitia : __________ (9), __________ (10) peux jouer un garçon. __________ (11) ai les cheveux courts de toute façon.

M. Molière : __________ (12) ? Mais __________ (13) trouve que __________ (14) dois jouer Marie dans la pièce. Lisa, __________ (15) peut jouer Fanny. Mais, Julie et Nathalie, __________ (16) jouez des garçons ?

Amélie : Les rôles des garçons, __________ (17) sont difficiles ? __________ (18), __________ (19) peux faire un garçon aussi.

Patrick arrive.

M. Molière : Voilà. __________ (20) pouvons commencer alors. __________ (21) allez dans vos salles pour apprendre les textes.

20 Possessivbegleiter

- **Patrick hat eine E-Mail an Marten geschrieben. Marten muss erst einmal sortieren: Zu wem gehört was? Kreuze den „Besitzer“ des unterstrichenen Nomens an. Ergänze anschließend die Tabelle unten mit den fett hervorgehobenen Possessivpronomen.**

	Patrick	Hund	Patricks Eltern	Patrick und Familie	Marten	Marten und Familie
Voilà une photo de **mon** chien Nougat.	☐	☐	☐	☐	☐	☐
Nougat aime **son** repas !	☐	☐	☐	☐	☐	☐
Comment va **ta** famille ?	☐	☐	☐	☐	☐	☐
Voilà **mes** parents ...	☐	☐	☐	☐	☐	☐
... et **leur** chat.	☐	☐	☐	☐	☐	☐
Voilà **notre** maison.	☐	☐	☐	☐	☐	☐
Comment est **votre** maison ?	☐	☐	☐	☐	☐	☐

BOXENSTOPP

Possessivbegleiter zeigen an, wem etwas gehört. Sie richten sich in Genus (Geschlecht) und Numerus (Zahl) immer nach dem Nomen, vor dem sie stehen.

	Nomen		
	männlich Singular	**weiblich Singular**	**Plural**
ein Besitzer	________ chat	ma souris	________ chats
	ton chat	________ souris	tes chats
	________ chat	sa souris	ses chats
mehrere Besitzer	________ chat / souris		nos chats
	________ chat / souris		vos chats
	________ chat / souris		leurs chats

Votre und vos kannst du auch benutzen, wenn es sich um **einen** Besitzer handelt, du diesen aber siezt: C'est **votre** voiture ? *Ist das* Ihr *Auto?*

Achte wie immer darauf, dass vor Vokal oder stummem „h“ eine besondere Form steht: Sie entspricht der männlichen Form, auch wenn es sich um ein weibliches Wort im Singular handelt, z.B. **mon** étagère, **ton** histoire, **son** amie.

•• **Ergänze die passenden französischen Possessivbegleiter.**

1. meine Katze - __________ chat
2. mein Hund - __________ chien
3. seine Schwester - __________ sœur
4. sein Bruder - __________ frère
5. deine Bücher - __________ livres
6. ihre Comics - __________ BD
7. unser Auto - __________ voiture
8. euer Freund - __________ ami

••• Amélie et sa famille. **Vervollständige den Text mit den richtigen Possessivbegleitern.**

Franck : C'est __________ (1) album de photo ? Alors, Amélie, s'il te plaît, parle de __________ (2) famille, de __________ (3) parents et de __________ (4) frères et sœurs.

Amélie : Ça, c'est moi, avec __________ (5) frères et sœurs : __________ (6) sœur, __________ (7) frère et __________ (8) petite demi-sœur. Voilà __________ (9) mère et __________ (10) père avec __________ (11) nouvelle femme. Là, ce sont __________ (12) grands-parents.

Franck : __________ (13) grands-parents sont sympa ? Et ce n'est pas triste sans __________ (14) père ?

Amélie : Ah non, on voit notre père très souvent, il habite avec sa petite famille près de chez nous. Et __________ (15) demi-sœur est très mignonne.

••• **Fülle die Lücken aus und kreuze die Antworten an, die auf dich zutreffen.**

1. Et toi ? Est-ce que tu as des frères et sœurs ?
   - a. Oui, j'ai des frères et sœurs.
   - b. Non, je n'ai pas des frères et sœurs.

2. Ton frère, il est plus grand ou plus petit ?
   - a. ________ frère, il est plus grand.
   - b. ________ frère, il est plus petit.
   - c. Je n'ai pas de frère.

3. Et ________ sœurs ?
   - a. ________ sœur est plus grande.
   - b. ________ sœur est plus petite.
   - c. Je n'ai pas de sœur.

4. Est-ce que ________ parents travaillent ?
   - a. Oui, ______________________ .
   - b. Non, seulement ______________________ ________ travaille.
   - c. Non, ________ parents ne travaillent pas.

21 Demonstrativbegleiter

• **Ordne die kleinen Dialoge links den passenden Fotos zu.**

a. Tu aimes ce livre ?
- Oui, il très intéressant!

b. Tu aimes cette école ?
- Non, elle est trop vieille !

c. Tu aimes cet hôtel ?
- Oui, il est super.

d. Tu aimes ces livres sur ces étagères ?
- Oui, ils sont drôles.

1.

2.

3.

4.

BOXENSTOPP

Ein Demonstrativbegleiter ist ein Begleiter, mit dem du auf Personen oder Gegenstände hinweisen kannst. Er richtet sich nach dem Nomen, auf das er sich bezieht und hat daher vier Formen: Im Singular eine für männliche Nomen und eine für weibliche, dazu noch eine für Nomen mit vokalischem Anlaut. Im Plural gibt es wieder nur eine einzige Form.

	maskulin	feminin
Singular	ce / cet	cette
Plural	ces	

Wie lautet die Form für männliche Nomen, die mit einem Vokal oder stummem h beginnen?
__________ (1).

Denke hier auch wieder an die Liaison bei cet, cette oder ces: cet ami [sɛtami], cette amie [sɛtami], ces amis [sɛzami].

Demonstrativbegleiter sind kurz und können leicht verwechselt werden, z.B. klingen c'est und ces ähnlich oder auch sept und cette. Verwechsle vor allem ces (*diese*) nicht mit ses (*seine*)!

Wenn ein Demonstrativbegleiter vor einer Zeitangabe steht, wird immer ein Zeitabschnitt angegeben: cette année - *dieses Jahr*, ce matin - *heute Morgen*.

•• Bilde aus diesen Wortfetzen Sätze.

1. tu | aller | au | peux | cet | après-midi | cinéma ?

   ______________________________ ?

2. Non. J'ai un exercice à faire. Et : | ce | trop dur | est | travail

   ______________________________ .

3. Moi, je trouve : | devoirs | ces | faciles | sont

   ______________________________ .

4. On va les faire ensemble. | qu'est-ce que | cette | penses | tu | de | idée

   ______________________________ ?

5. Super ! est | sympa, | copine | elle | cette

   ____

••• Forme nach dem Beispiel um.

1. Je cherche mon livre de maths. Je cherche ce livre.
2. Je fais l'exercice de maths d'abord. ______________
3. Où est mon crayon, alors ? ______________
4. Tu as cherché sous la table ? ______________

Enfin. J'ai tout. Je peux commencer !

••• Heinrich Schliemann. **Nun geht es um Geschichte. Was passt in die Lücke? Achte vor allem auf den Sinn, damit du weißt, was fehlt. Ein Wort bleibt übrig.**

ce – cet – cette – ces – c'est – c'est – ses

________ (1) une histoire intéressante. ________ (2) monsieur a cherché Troyes.

________ (3) ville est en Grèce. Et il a parlé huit (ou treize ... ou 35) langues. ________ (4)

super, non ? On raconte : Il a appris ________ (5) langues sans prof, seulement avec

________ (6) livres.

7. *Hast du eine Idee, wie Troyes auf Deutsch heißt?* ● a. Troyes ● b. Troja ● c. Trois

22 Direkte Objektpronomen

- **Tu es bon élève ? *Bist du ein guter Schüler?* Kreuze die Antwort an, die auf dich zutrifft. Lies dir anschließend im Lösungsteil deine Auswertung durch.**

1. Tu aimes les devoirs ?
- a. Non, je ne **les** aime pas.
- b. Oui, je **les** adore.
- c. Bof, il faut **les** faire.
- d. Eh bien, je **les** fais pour avoir de bonnes notes.

2. Tu es bon élève ?
- a. Je **le** suis assez.
- b. Non, je ne **le** suis pas, mais je travaille.
- c. Demandez aux profs. C'est leur devoir de **le** savoir.
- d. Je ne **le** sais pas. Bof.

3. Tu apprends ton vocabulaire tous les jours ?
- a. Je **l'**apprends tous les jours.
- b. Je ne **le** sais pas.
- c. Je **l'**apprends seulement le samedi.
- d. Je **l'**apprends pour les contrôles.

4. Tu révises ta grammaire tous les jours ?
- a. Je ne **la** révise jamais.
- b. Je **la** révise quand le prof nous fait réviser la grammaire.
- c. Cela ne vous regarde pas.
- d. Je **la** révise 4 fois par semaine.

BOXENSTOPP

Dieser Satz hat zwei Objekte: Je demande une information à Patrick.
Das erste steht genau hinter dem Verb (direktes Objekt), das zweite wird durch eine Präposition davon getrennt (indirektes Objekt). Oben hast du gesehen, wie man die direkten Objekte durch Pronomen ersetzt. Hier die direkten Objektpronomen in der Übersicht.

Subjekt	je	tu	il	elle	nous	vous	ils / elles
direktes Objekt	me / m'	te / t'	le / l'	la / l'	nous	vous	les

Die Pronomen me, te und le, la werden vor Vokal oder stummem h zu m', t' und l'.

Die direkten Objektpronomen stehen vor dem Verb, auf das sie sich beziehen:
Oui, je **les** adore.
Bei Verben, die einen Infinitiv verlangen (z.B. il faut faire qc, vouloir, pouvoir, aller faire qc etc.), steht es direkt vor dem Infinitiv: Bof, il faut **les** faire.
Das Pronomen le / l' kann sich auch auf einen ganzen Satz beziehen:
Je ne **le** sais pas. *Ich weiß es nicht.*

Die Verneinung umschließt immer das konjugierte Verb. Steht vor diesem ein Objektpronomen, so wird es auch umschlossen:
Non, je ne **les** aime pas.
aber Je ne peux plus **le** voir.

Kreuze an, ob das unterstrichene Objekt ein direktes oder indirektes Objekt ist.

	direktes Objekt	indirektes Objekt
1. Patrick demande <u>les devoirs</u> de Français.	☐	☐
2. Il parle <u>à Amélie</u>.	☐	☐
3. Surveillant : Je veux le voir ici tout de suite, Patrick.	☐	☐
4. Amélie, tu aides <u>Patrick</u> à faire les devoirs ?	☐	☐
5. Patrick, tu as trouvé <u>ton livre</u> ?	☐	☐
6. Le surveillant demande le résultat du contrôle <u>au prof</u>.	☐	☐

Oui, maman. Beantworte die Fragen. Denke an die Stellung der Pronomen.

1. Tu fais les devoirs ? - Oui, maman, je les fais.
2. Tu prépares la table avec moi ? - Oui, maman, ______________.
3. Tu ranges ta chambre ? - Oui, maman, ______________.
4. Tu n'oublies pas le cours de piano ? - Non, maman, ______________.
5. Quelle horreur ! Tu aimes cette musique ? - Oui, maman, ______________.
6. Tu veux finir le dessert ? - Oui, maman, ______________.

Rekonstruiere die Gespräche.

1. Tu viens chez moi ? - Oui, | veux venir | te | je | voir | demain

   ______________.

2. Tu cherches notre rue sur la carte ? - je | cherche | oui | la

   ______________.

3. Tu connais ce livre ? - pas | connais | je | non | le | ne

   ______________.

4. Tu veux lire ce livre ? - je | lire | le | ne | merci | veux | pas | non

   ______________.

23 Farbadjektive

- **Amélie erzählt über ihr Zimmer. Ordne die Sätze einander zu.**

1. J'aime les couleurs ! Regarde ce mur :
2. Voilà ma table.
3. Tu vois l'étagère ?
4. Sur la table sont toujours des fruits :

a. J'aime les pommes rouges et vertes.
b. Ma table et ma chaise sont rouges.
c. Les livres vont bien avec cette étagère verte.
d. Il est vert.

BOXENSTOPP

Bei den Farbadjektiven gibt es zwei Gruppen. Die meisten passen sich an das Bezugswort an, die anderen sind unveränderlich. Ergänze die Tabelle mit den veränderlichen Farbadjektiven.

Sg. m.	Sg. f.	Pl. m.	Pl. f.
noir	noire	noirs	noires
______	verte	verts	______
blanc	blanche	blancs	blanches
rouge		______	
jaune		jaunes	

Wie du siehst, bekommen die Farbadjektive in der weiblichen Form ein -e und im Plural ein -s angehängt. (Farb-)Adjektive, die bereits auf -e enden (jaune, rouge) habe für männlich und weiblich Singular die gleiche Form.
Manche Adjektive haben Sonderformen, wie z.B. blanc, blanche.

Unveränderlich sind die Farben, die von Pflanzen oder Früchten abgeleitet sind, z.B. marron (von le marron, *die Marone*), lilas (von les lilas, *der Flieder*) oder orange (von l'orange, *die Orange*).

Die Farbadjektive stehen im Französischen, wie die meisten anderen Adjektive auch, hinter dem Nomen.

Nicht alle Unterschiede in der Schreibung sind auch hörbar! Man hört den Unterschied zwischen männlichen und weiblichen Adjektivformen, aber nicht den zwischen Singular und Plural.

Schreibe dir auf Karteikarten immer die männliche und die weibliche Form und gewöhne dir an, sie laut und deutlich zu sprechen. Dann wirst du auch weniger Fehler beim Schreiben machen.

•• **Patrick malt ein Bild. Setze die vorgegebenen Farben in der richtigen Form in die Lücken ein. Wenn du möchtest, kannst du anschließend auch das Bild selbst malen.**

J'ai seulement quatre crayons, un crayon ______________ **(1 jaune)**, ______________ **(2 rouge)**, ______________ **(3 bleu)** et un crayon normal, ______________ **(4 gris)**.

Je dessine une maison ______________ **(5 rouge)** avec des fenêtres ______________ **(6 bleu)**.

Devant la maison, il y a un banc ______________ **(7 jaune)**. À côté de la maison, il y a un jardin ______________ **(8 vert)** avec des fleurs ______________ **(9 jaune)**, ______________ **(10 rouge)** et ______________ **(11 orange)**. La rue devant la maison est ______________ **(12 gris)**.

Pour la couleur ______________ **(13 vert)** du jardin, je prends le crayon ______________ **(14 jaune)** et le crayon ______________ **(15 bleu)**. Et pour l'orange le crayon ______________ **(16 jaune)** et le crayon ______________ **(17 rouge)**. Et alors, je peux aussi faire la partie ______________ **(18 brun)** et ______________ **(19 marron)** de l'arbre.

Mais attention, il doit rester un espace ______________ **(20 blanc)** sur le dessin. Un dessin sans une partie ______________ **(21 blanc)**, est comme un dessin ______________ **(22 noir)** : triste et pas joli.

••• **Histoire-géo. Setze die zum Bild passenden Farbadjektive ein. Wenn du die verdrehten Buchstaben richtig sortierst, erfährst du etwas über den beschriebenen Gegenstand.**

1. Ce drapeau est bleu ______________ , ______________ et ______________ .
C'est la France ______________ (*reFnca*).

2. Voilà un soleil ______________ , le symbole pour ______________ (*siLou IVX*).

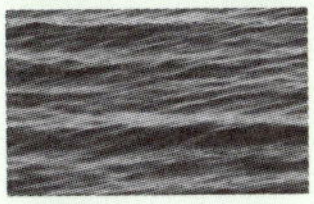

3. Les T-shirts des footballeurs de l'équipe nationale française sont ______________ . On leur dit : « ______________ (*zelleA*), les bleus ! »

4. Ce drapeau est noir ______________ , ______________ et ______________ .
Là, on parle aussi français, c'est la ______________ (*quegiBel*).

24 Adjektive - Formen und Stellung im Satz

- **Was gehört zusammen? Verbinde die passenden Puzzelteile miteinander.**

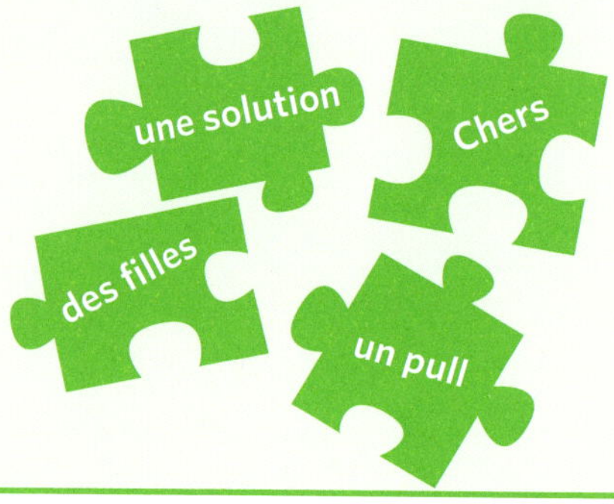

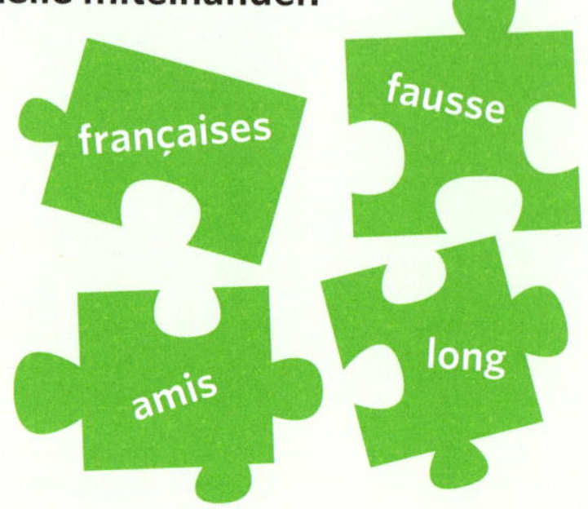

BOXENSTOPP

Adjektive richten sich in Geschlecht und Zahl nach dem Nomen, das sie beschreiben:
le grand garçon - la grand**e** fille - les grand**s** garçons - les grand**es** filles.
Adjektive können über das Hilfsverb être (sein) mit dem Nomen verbunden werden. Auch dann passen sie sich an das Nomen an:
Cette fille est joli**e**. - C'est une joli**e** fille.

Allerdings bilden viele Adjektive die weibliche Form oder den Plural unregelmäßig:
blanc - blanc**he**, bon - bon**ne**, cher - ch**è**re, faux - fau**sse**, fou - fo**lle**,
long [lɔ̃] - long**ue** [lɔ̃g], sportif [spɔʀtif] - sporti**ve** [spɔʀtiv].
Adjektive, die in der männlichen Form bereits auf -e enden, haben im Singular nur eine Form, z.B.: autre, bête, bizarre, facile, rouge, sale, triste, vide.
Adjektive, die auf -s oder -x enden, haben in der männlichen Form keinen Unterschied zwischen Singular und Plural, z.B. gris, français, faux.
Unveränderlich sind nur ganz wenige Adjektive: marron, lilas, orange und super. Sympa (*sympathisch*) bekommt nur im Plural ein -s, die männliche und weibliche Form sind unveränderlich.

Die Adjektive stehen, bis auf wenige Ausnahmen, **hinter** dem zugehörigen Nomen.
Vor dem Nomen stehen dagegen: petit - grand, mauvais - bon, autre, joli und cher.

Lerne dieses kleine Gedicht auswendig. Damit hast du gleich die wichtigsten dir bekannten Adjektive gelernt, die **vor** dem Nomen stehen.

Un **petit** garçon
a un très **grand** rêve :
Il est **mauvais** élève,
mais il va être **bon**.

Et avec une **autre** fille -
il la trouve si **jolie** -
ils vont être **chers** amis.

•• **Laëtitia schreibt ihrer Freundin. Setze die passenden Adjektive in die Lücken – achte auf die Endungen!**

gut
klein
gut
sportlich
groß
gut
klein
hübsch
verrückt
gut
schmutzig
super
nett
verrückt

Chère Manou,

Ça va ? Moi, ça va. J'aime la vie ici : Nous avons une ________ (1) ambiance à l'internat. J'ai un ________ (2) groupe de ________ (3) amis. Ils sont ________ (4). Et mercredi, on va faire un ________ (5) tournoi de volley. Je suis ________ (6) en volley …

En ville, il y a un ________ (7) château très ________ (8). Le week-end, nous avons eu une situation ________ (9) : Les garçons sont montés dans le donjon. Et puis ils n'ont plus trouvé le ________ (10) chemin pour sortir. Finalement, ils sont sorti avec des vêtements ________ (11). Des types ________ (12) ! Ils sont ________ (13) … mais ________ (14).

Et toi, est-ce que tu as des nouvelles intéressantes ? Réponds vite.

Je t'embrasse,

Laëtitia

••• **Un rêve bizarre. Setze das Nomen und das Adjektiv in der richtigen Form und in der richtigen Reihenfolge in die Lücke.**

C'est au ______________________ (1 matin – petit) : Je dors et j'entends un ______________________ (2 bruit – fort). J'ouvre les ______________________ (3 yeux – petit) et je vois un ______________________ (4 monstre – grand). Il a les ______________________ (5 yeux – rouge) et les ______________________ (6 dents – bleu). J'ai une ______________________ (7 peur – grand) : Il n'est pas ______________________ (8 sympa). Je pense : Il va me manger ! Je dis : « Reste ______________________ (9 sympa) ! » Il fait une ______________________ (10 tête – bizarre). Le monstre dit : « Tu es ______________________ (11 joli). » Je pense : Tout ça n'est pas ______________________ (12 bon). Je crie. Et voilà maman. Elle dit : « Philippe, arrête ! Tu as fais un ______________________ (13 rêve – mauvais). »

25 Verneinung

- **In der Klasse wird eifrig getuschelt. Verbinde die Antworten rechts mit den passenden Fragen bzw. Aussagen links.**

1. Dis ... Tu veux copier ma réponse ?
2. Qu'est-ce que vous dites ?
3. Rends ta copie tout de suite !
4. Ouf ! Le contrôle est fini. Tu me donnes un peu de chocolat ?
5. Tu es contente de ton résultat ?

a. Désolé, je n'ai plus de chocolat.
b. Non, mais je n'ai pas assez travaillé !
c. Non. Je ne veux jamais faire ça.
d. Mais monsieur, je n'ai pas fini !
e. Je ne dis rien, je travaille.

BOXENSTOPP

Im Französischen besteht die Verneinung aus **zwei Teilen**:
ne ... pas - *nicht*
ne ... plus (de) - *nicht mehr / kein(e) mehr*
ne ... rien - *nichts*
ne ... jamais - *niemals*
Ne wird vor Vokal und stummem h verkürzt zu n': Je **n'**aime pas la soupe.

Die Verneinung umschließt immer das konjugierte Verb:
Je ne joue pas au foot.
Je ne peux pas aller à l'école, parce que je suis malade.
Je n'ai pas travaillé hier. Je ne vais pas travailler demain.
Steht ein Objektpronomen vor dem konjugierten Verb, so wird es auch von der Verneinung umschlossen: Je ne **le** vois pas.

In der gesprochenen Sprache wird das ne oft weggelassen oder man hört es kaum. Statt « Je **ne** sais **pas**. » hört man oft nur « Je sais **pas**. » Beim Schreiben solltest du das ne jedoch nie weglassen.

Vor einem Nomen wird bei der Verneinung der unbestimmte Artikel durch de ersetzt:
J'ai **des** livres de science-fiction. - Je n'ai pas **de** livres de science-fiction.
Ausnahmen sind hier Sätze mit être oder aimer: Bei être steht derselbe Artikel wie im bejahten Satz, bei aimer steht wie immer der bestimmte Artikel:
Ce n'est pas **un** chien, c'est **un** chat. Je n'aime pas **les** chats.

•• Amélie beantwortet den Brief der Mutter. Hilf ihr, indem du die Fragen der Mutter verneinst.

Chère Amélie,

1. Ça va ?
2. Tu a froid dans ta chambre ?
3. Tu manges des légumes tous les jours ?
4. Tu as encore les chocolats de ton anniversaire ?
5. Et les livres ? Tu lis tout ?
6. Tu vas venir dans quinze jours ?

Bises

maman

Chère maman, cher papa,

1. ______________________________ , parce que je suis malade.
2. ______________________________ .
3. ______________________________ , je mange seulement de la soupe.
4. ______________________________ - Patrick les aime trop.
5. ______________________________ . Demain je dois commencer à préparer un concert avec les autres élèves.
6. ______________________________ , parce que je vais avoir une répétition.

Vous allez venir écouter notre concert ?

À bientôt. Amélie

••• Anna aus Deutschland besucht Amélie. Sie versuchen ein erstes Gespräch zu führen. Anna muss manchmal genau nachdenken. Hilf ihr beim Übersetzen.

1. Tu as lu pendant le voyage dans le car ? - Nein, ich lese nie im Bus.

   ____

2. Tu as vu la tour Eiffel du car ? - Nein, ich habe den Eiffelturm nicht gesehen.

   ____

3. Tu as faim ? - Nein, ich habe keinen Hunger mehr.

   ____

4. Tu veux boire quelque chose ? - Nein danke, ich möchte nichts trinken.

   ____

26 Entscheidungs- und Ergänzungsfrage

- **Hat da jemand falsch gemauert oder ist das wieder eine Geheimbotschaft? Rekonstruiere das kurze Gespräch.**

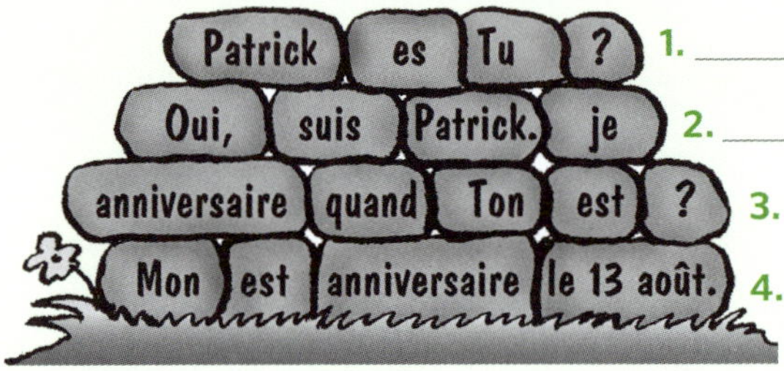

1. ______________________________
2. ______________________________
3. ______________________________
4. ______________________________

BOXENSTOPP

Eine **Entscheidungsfrage** ist eine Frage, die man nur mit **ja** oder **nein** beantworten kann. Im Beispiel oben lautet die Entscheidungsfrage:

a. ______________________________

Die einfachste Art von Entscheidungsfragen bildet man, indem man die Satzmelodie verändert. Statt am Ende des Satzes mit der Stimme nach unten zu gehen, geht man einfach fragend nach oben. Da man diese Frage nur mit der Intonation bildet, nennt man sie auch Intonationsfrage.

Tu aimes les maths. ↘ Tu aimes les maths ? ↗

Wird eine Frage mit einem Fragewort gebildet, nennt man sie **Ergänzungsfrage**. Hier wird immer das Fragewort mit der Stimme etwas höher gesprochen.
Im Beispiel oben lautet die Ergänzungsfrage:

b. ______________________________

Merke dir folgende Fragewörter, sie werden häufig verwendet:

Qui ? – *Wer?*	Quand ? – *Wann?*	Comment ? – *Wie?*
Que ? / Qu' ? – *Was?*	Où ? – *Wo?*	Pourquoi ? – *Warum?*

Que wird vor Vokal zu qu'.

Fragewörter können an unterschiedlichen Stellen im Satz stehen: Entweder hinter dem Verb oder am Anfang des Satzes: C'est **qui** ? oder **Qui** est-ce ?
In der Umgangssprache werden sie meistens hinter das Verb gestellt (vgl. Kap. 27, S. 60).

•• **Ordne den Fragen links die richtige Antwort rechts zu.**

1.	Tu dors ?	a.	Non, je ne travaille pas. Je regarde la télé.
2.	Tu travailles ?	b.	Mais, toi !
3.	Tu rêves ?	c.	Oui, donne-moi le crayon, s'il te plaît.
4.	Je peux t'aider ?	d.	Oui, je rêve ... d'une vie sans grammaire.
5.	C'est qui ?	e.	Oui, je t'aime.
6.	Tu m'aimes ?	f.	Non, je ne peux pas dormir quand tu parles.
7.	Tu cherches qui ?	g.	Elle est super !
8.	Tu trouves la BD comment ?	h.	C'est ma grande sœur Sylvie.

••• **Das Märchenprojekt geht zu Ende. Du sollst den französischen Schülern ein paar Fragen zu den behandelten Märchen stellen. Finde die Fragen zu den Antworten.**

où comment pourquoi où pourquoi qui qui où quand

1. Blanche-Neige, c'est ____________ ? – C'est une fille blanche, avec les cheveux noirs et une bouche rouge.

2. Elle se cache dans la forêt ____________ ? – Parce que la femme de son père ne l'aime pas.

3. Elle habite ____________ ? – Elle habite chez 7 petits hommes, on les appelle des nains.

4. Le conte se termine ____________ ? – À la fin, elle trouve son prince charmant.

5. C'est ____________ ? – Ce sont une fille et un garçon.

6. Ils sont ____________ ? – Ils sont dans la forêt.

7. Les parents les oublient dans la forêt ____________ ? – Parce qu'ils n'ont pas assez à manger pour quatre.

8. Ils mangent ____________ ? – Dans la forêt : Ils trouvent une petite maison qui est fait de gâteau.

9. Ils rentrent à la maison ____________ ? – Ils rentrent chez le père à la fin – après la mort de la belle-mère.

27 Fragen mit *est-ce que*

- **Ergänze die Fragewörter in dem kleinen Gespräch zwischen Patrick und seiner Mutter.**

1. ● ______________ **est-ce que** c'est ?
● C'est mon livre de maths.

2. ● ______________ **est-ce qu**'il est sale ?
● Parce que mon chien a joué avec le livre.

3. ● ______________ **est-ce que** le chien est maintenant ?
● Il est dans la cour.

4. ● ______________ **est-ce que** tu fais tes devoirs alors ?
● Je vais demander à Frank de me donner une photocopie des exercices.

BOXENSTOPP

In Kapitel 26 hast du gelernt, was Entscheidungs- und Ergänzungsfragen sind und wie man sie mithilfe von Intonation und Fragewort bildet. Beide Fragen können aber auch mit est-ce que gebildet werden.

Bei der **Entscheidungsfrage** wird einfach est-ce que **vorangestellt**:
Tu aimes les maths ? → **Est-ce que** tu aimes les maths ?

Bei der **Ergänzungsfrage** wird est-ce que an das Fragewort **angehängt**:
Pourquoi est-ce qu'il est sale ?

Die Fragewörter stehen im Zusammenhang mit est-ce que **immer** am Anfang des Satzes:
Qu'est-ce que c'est ?
Wenn nach einem Objekt gefragt wird, das mit einer Präposition angeschlossen wird, so steht diese Präposition noch vor dem Fragewort:
Avec qui est-ce que Pierre va au cinéma ? – Ce soir, il va au cinéma avec Magalie et Patrick.
Fragen mit est-ce que haben also immer dieselbe Wortstellung wie die dazugehörigen Aussagesätze.

Merke dir außerdem:
- Que + est-ce que wird zu **qu'**est-ce que, aber qui + est-ce que bleibt **qui** est-ce que.
- Das que von est-ce **que** wird vor Vokal und stummen h zu est-ce qu':
  Où est-ce qu'il part en vacances ?

• • Bilde aus den Wörtern Fragen. Vielleicht kannst du dir auch überlegen, was eine passende Antwort wäre!?

1. est | tu | -ce | dors | que

   ____ ?

2. que | est | -ce | tu | où | as | tes | fait | devoirs

   ____ ?

3. tu | est | -ce | que | veux | chez tes parents | toujours | vivre

   ____ ?

4. parles | tu | est | -ce | anglais | que

   ____ ?

5. tu | aimes | est | le | jazz | -ce | que

   ____ ?

6. que | tu | -ce | est | vas | comment | l' | à | école

   ____ ?

7. est | à | que | -ce | midi | manges | tu | qu'

   ____ ?

• • • Bilde in diesem Interview die zu den Antworten passenden Fragen mit est-ce que.

1. ● Bonjour, Valentin. ______________________________ ?

   ● J'habite à Lille.

2. ● ____ ?

   ● Oui, j'ai un frère et une sœur.

3. ● ____ ?

   ● Oui, j'aime beaucoup le foot. Je suis dans un club avec mes copains.

4. ● ____ ?

   ● Oui, j'aime l'école. J'aime voir les copains.

5. ● ____ ?

   ● J'aime le français, parce que j'aime lire, écrire des histoires et parler.

28 Zahlen, Daten und Uhrzeit

- **Wie lautet die Uhrzeit und das Datum? Ordne den französischen Ausdrücken die passende Übersetzung zu.**

1.	Il est **une** heure.	a.	Es ist Viertel vor neun.
2.	Il est deux heure**s**.	b.	Es ist zwölf Uhr mittags.
3.	Il est onze heure**s**.	c.	Es ist zwei Uhr.
4.	Il est **midi**.	d.	Es ist elf Uhr.
5.	Il est **minuit**.	e.	der 14. Juli 2000
6.	Il est trois heure**s et quart**.	f.	Es ist Mitternacht.
7.	Il est quatre heure**s et demie**.	g.	Es ist ein Uhr.
8.	Il est neuf heure**s moins le quart**.	h.	Es ist halb fünf.
9.	le 14 juillet 2000	i.	Es ist Viertel nach drei.
10.	le 1er mars 2010	j.	der 1. März 2010

BOXENSTOPP

Die Zahlen

Die Zahlen 1–16 musst du gut lernen. Ab der Zahl 17 werden die Zahlwörter aus zwei Elementen zusammengesetzt (dix-sept, vingt-deux), die mit Bindestrich verbunden werden. Nur die Zahl 1 wird bis 61 mit et angeschlossen (vingt et un, trente et un).

Für die Zahlen 70, 80 und 90 gibt es kein eigenes Zahlwort, diese Zahlen werden zusammengesetzt. Diese zusammengesetzten Zahlwörter musst du dir deshalb besonders gut einprägen:

soixante-dix (70) quatre-vingts (80) quatre-vingt-dix (90)

Die Uhrzeit und das Datum

Das Wort heure für die Uhrzeit ist weiblich, daher heißt es: Il est **une** heure. Il est **treize** heures.

Wie bei allen anderen Nomen bekommt heure im Plural ein -s angehängt.

Für zwölf Uhr gibt es besondere Begriffe: midi = *Mittag* und minuit = *Mitternacht*.

Im Französischen zählt man bei der halben Stunde noch von der vergangenen Stunde her: trois heure et demie – *halb vier* (wörtlich drei Uhr und eine halbe Stunde).

Das Datum wird im Französischen normalerweise mit der einfachen Zahl (Kardinalzahl) gebildet und nicht mit der Ordnungszahl wie im Deutschen: le quatre avril – *der vierte April*. Einzige Ausnahme ist der erste eines Monats: le 1er janvier (*le premier janvier*).

Im Anhang (auf Seite 244) findest du eine Liste der französischen Zahlwörter und der Monatsnamen.

•• **Schreibe zu dem Zahlwort die passende Zahl dazu.**

cinquante ____	soixante-seize ____
cent-vingt-cinq ____	zéro ____
cinq ____	vingt-quatre ____
cent-quarante-neuf ____	quatre-vingt-dix-sept ____
quinze ____	quatre-vingt-sept ____
seize ____	trente-deux ____
soixante-six ____	quarante-huit ____
quatre-vingt-onze ____	treize ____

••• **Marten legt ein Tagebuch über seinen Austausch an. Hier beschreibt er Patricks und seinen Tag. Schreibe die in Klammern angegebenen Uhrzeiten und Daten aus.**

____________ (4. April)

À ____________ (6:45), la nuit est finie : Je reste encore un peu au lit. À ____________ (7:00), après ma douche, je mange. À ____________ (7:45), on va dans la cour pour attendre le prof. À ____________ (8:00), les cours commencent et continuent jusqu'à ____________ (12:15). Il y a une récréation seulement à ____________ (10:00). On recommence les cours à ____________ (1:30) et ça va jusqu'à ____________ (4:30). Après, c'est l'heure des devoirs. On mange à ____________ (20:00) jusqu'à ____________ (22:00) du soir. Samedi, ____________ (2. April) on est resté à table jusqu'à ____________ (23:45) !!! On a fêté l'anniversaire de Patrick. C'est le ____________ (1. April).

29 Mengenangaben mit *de*

- **Ordne die Mengenangaben den Bildern zu wie im Beispiel.**

1. [d]

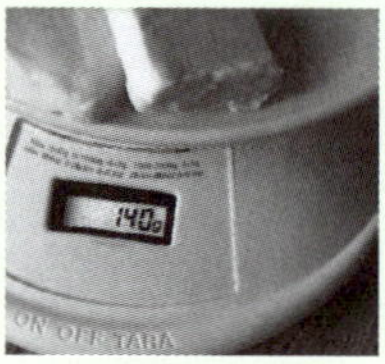

2. [ ]

3. [ ]

4. [ ]

5. [ ]

6. [ ]

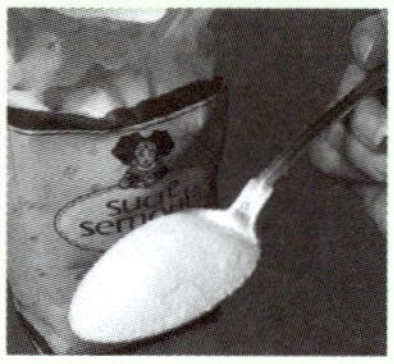

7. [ ]

Pour faire des éclairs, tu prends :

a. un peu de sel
b. 140 g de beurre
c. 125 g de sucre
d. 250 g de farine
e. 7 œufs
f. 200 g de crème au chocolat
g. ½ l de lait

BOXENSTOPP

Werden Dinge einfach gezählt, steht wie im Deutschen hinter der Zahl direkt das Nomen: sept œufs *sieben Eier.*

Nach Mengenangaben (in Gramm, Litern, einer Anzahl von Paketen etc.) steht de:
un kilo **de** farine – *ein Kilo Mehl*
un pot **de** miel – *ein Glas Honig*
un litre **de** lait – *ein Liter Milch*

Das gilt auch, wenn es sich um eine **unbestimmte Menge** handelt oder eine **Verneinung** (Nullmenge) wie:
pas de – *kein(e)*
plus de – *kein(e) mehr*
(un) peu de – *ein bisschen*
beaucoup de – *viel*
trop de – *zu viel*
assez de – *genug*
Je ne prends **pas de** café. Je ne prends **jamais de** café.

Denke daran, dass de vor einem Nomen zu d' abgekürzt wird, wenn dieses mit einem Vokal beginnt: un peu **d'**eau, aber beaucoup **de** café.
Bei verneintem être und aimer steht allerdings der bestimmte Artikel (vgl. Kap. 25, S. 56).

• • **Amélie fait des éclairs. Amélies Mutter hilft ihr bei der Zubereitung. Konzentriere dich in dieser Übung vor allem auf die Mengenangaben. Fehlt in der Lücke eine Präposition oder nicht?**

1. Tu prends ¼ l ______ eau, un peu ______ sel, et 200 g ______ beurre.
2. Maintenant : Mets 200 g ______ farine dedans.
3. Mets un ______ œuf et bats très fort, puis encore un ______ œuf et jusqu'à cinq ou six ______ œufs.
4. Mets une cuillère à soupe ______ sucre. La pâte est faite. Maintenant fait les éclairs.
5. Mets les éclairs pour 30 minutes au four, à 200 °C. Quand les éclairs sont froids, tu peux les couper en deux et les garnir avec 250 g ______ crème au chocolat.

• • • **Projet de chimie. Für ein Chemieprojekt suchen Marie und Charlotte die Zutaten zusammen. Was sollen sie da zusammenbrauen?**

de – de – de – beaucoup de – un peu de – pas de – de

1. On prend 400 g ______________________ farine : C'est cinq tasses.
2. Cinq tasses ? C'est ______________________ farine ! Et après ?
3. Maintenant, je dois avoir deux tasses ______________________ sel.
4. Puis quatre tasses ______________________ eau chaude.
5. Avec ça ... 2 cuillères à soupe ______________________ alun. Qu'est-ce que c'est ?
6. Attends ! Ils disent : « Tu n'as ______________________ alun ? Tant pis, on peut le faire sans ça. »
7. Et enfin ______________________ huile : 2 cuillères seulement.
8. Qu'est-ce que ça va être ?
   - a. une pizza
   - b. une pâte à modéler (Knetmasse)
   - c. un éclair

Nomen und ihre Begleiter

Präsens: regelmäßige Verben

Präsens: unregelmäßige Verben

Verben und ihr Anschluss

Vergangenheit: Passé composé

Vergangenheit: Imparfait und Passé composé

Pronomen

Adjektive

Satzbau

Zahlen, Mengen, Präpositionen

2. LERNJAHR

1 Bestimmter und unbestimmter Artikel

- **Die folgenden Dialoge sind durcheinandergeraten. Verbinde die Aussagen, die zusammengehören, und unterstreiche die unbestimmten Artikel und die bestimmten Artikel mit der Präposition à.**

1. Je veux acheter un steak.
2. Je cherche des pommes.
3. J'ai besoin d'un cahier.
4. Tu as acheté un pull ?
5. J'ai soif, je veux boire un coca.
6. Je cherche un gâteau pour l'anniversaire de Karine.
7. On va manger une pizza ce soir ?
8. Mon frère cherche un nouveau téléphone portable.

a. Regarde donc à la pâtisserie Leblanc.
b. Tu le trouves à la papeterie.
c. Allons au café là-bas.
d. Alors va à la boucherie en face.
e. D'accord, à 8 heures au restaurant italien ?
f. Oui, je l'ai acheté à la boutique rue Descartes.
g. Il pourrait aller au bureau télécom.
h. Mais va donc au marché.

BOXENSTOPP

Im Französischen gibt es nur zwei Artikel (männlich und weiblich). Teilweise wird der bestimmte Artikel mit den Präpositionen de und à verbunden. Sieh dir die Sätze oben nochmals an und vervollständige die Tabelle:

	maskulin vor Konsonant	feminin vor Konsonant	maskulin oder feminin vor Vokal	Plural
unbestimmter Artikel	______	______	un / une	des
bestimmter Artikel	le	______	l'	les
à + bestimmter Artikel	______	à la	à l'	aux
de + bestimmter Artikel	du	de la	de l'	______

- Nomen haben im Deutschen und im Französischen oft unterschiedliche Artikel (le groupe – *die Gruppe* oder la photo – *das Foto*), lerne deshalb die Nomen immer mit dem Artikel.
- jouer de: ein Instrument spielen, z.B. jouer du piano
  jouer à: Sport, Spiele, z.B. jouer au foot / aux cartes
- Im Deutschen gibt es keinen unbestimmten Artikel im Plural, im Französischen muss dagegen der unbestimmte Artikel Plural des vor das Nomen gestellt werden.

Nomen, die mit Vokal beginnen, lernst du am besten immer mit dem unbestimmten Artikel (**une** eau minérale – *ein Mineralwasser*).

•• **Manche Nomen haben im Deutschen und im Französischen das gleiche Geschlecht, andere jedoch nicht. Ergänze jeweils mit un oder une.**

A. Diese Nomen haben in beiden Sprachen das gleiche Geschlecht.

_____ atlas, _____ éléphant, _____ orange, _____ annonce, _____ idée

B. Achtung! Bei diesen Nomen ist das Geschlecht anders als im Deutschen.

_____ appartement, _____ interview, _____ abricot, _____ instrument, _____ album

C. Auch diese Nomen haben im Deutschen einen anderen Artikel.

_____ escalier, _____ œuf, _____ armoire, _____ assiette, _____ étagère, _____ oignon

•• **Ergänze mit (un, une, des) oder du, de la, de l', des.**

1. Pascal a acheté _______ steak. Il vient _______ boucherie.
2. Karine et Myriam ont mangé _______ glace. Elles viennent _______ café.
3. Ce sont _______ croissants _______ boulangerie Ducros.
4. Corinne a trouvé un jean. Elle vient _______ Galeries Lafayette.

••• **Ergänze die Geschichte mit de / à + bestimmter Artikel und einem der vorgegebenen Wörter. Die schwarz gedruckten Buchstaben ergeben die Lösung auf die letzte Frage.**

restaurant supermarché école guitare exposé café gare hôpital fête

Aujourd'hui c'est mercredi et Pascal ne doit pas aller _______________ **(1)**. Il va _______________ **(2)** et discute avec ses copains _______________ **(3)** qu'ils veulent organiser ce samedi. Puis il travaille _______________ **(4)** qu'il doit faire en histoire. À midi, il mange _______________ **(5)** avec sa mère. L'après-midi, il fait les courses _______________ **(6)**. À 3 heures il a rendez-vous avec ses copains pour faire de la musique. Pascal joue _______________ **(7)**. Après il va _______________ **(8)** chez son frère Éric qui est malade. Il prend le train parce que l'hôpital est juste en face _______________ **(9)**. Mais Éric n'est pas dans sa chambre. Où est-il ?

Éric est à la _______________ .

2 Singular und Plural der Nomen

BOXENSTOPP

Hier fehlen die Endungen der Nomen im Singular. Diese beiden Wortgruppen enden jeweils mit denselben Buchstaben. Findest du sie?

1. a. anim ______ b. hôpit ______ c. journ ______ d. chev ______ e. princip ______

2. a. bat ______ b. bur ______ c. chap ______ d. tabl ______ e. gât ______

Nomen mit den Endungen -al und -eau sind immer männlich. Sie bilden den Plural nicht mit s, sondern auf -aux / -eaux: un anim**al** – des anim**aux**, le bat**eau** – les bat**eaux**.
Auch die folgenden Nomen bilden den Plural mit -x. Schreibe die Pluralform auf die Linie.

3. le cheveu – les ______ **4.** le caillou – les ______

• **Nomen, die im Singular auf -s, -x oder -z enden, bekommen im Plural kein weiteres s. Setze die folgenden Nomen in die Sätze ein.**

fils atlas mois cours souris pays bus

1. Les chats aiment bien les ______ .
2. Novembre et décembre sont les derniers ______ de l'année.
3. Je prends le ______ pour aller à l'école.
4. En géographie, nous travaillons souvent avec les ______ .
5. Au collège, les ______ commencent à 8 heures le matin.
6. L'Allemagne et la France sont des ______ d'Europe.
7. Pierre Lebrun est le ______ de M. Lebrun.

•• **Die meisten Nomen bilden die weibliche Form durch Anhängen von -e. Doch es gibt auch einige andere Endungen. Ergänze die weiblichen Formen.**

1. un act**eur** – une act**rice**, un conducteur – une ______ ,
   un directeur – une ______
2. un chant**eur** – une chant**euse**, un danseur – une ______ ,
   un vendeur – une ______
3. un cuisin**ier** – une cuisin**ière**, un pâtissier – une ______
4. un mécanic**ien** – une mécanic**ienne**, un chien – une ______

•• **Bei diesem Rätsel werden Nomen mit unregelmäßigem Plural oder unregelmäßiger weiblicher Form gesucht.**

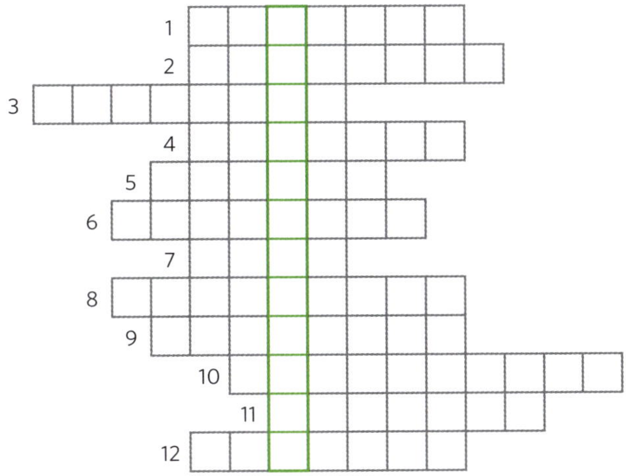

Waagrecht: **1.** Le chien et le chat sont des ... **2.** Une femme qui danse est une ... **3.** Elle travaille dans un grand magasin.
4. On les achète chez le pâtissier.
5. Jean-Luc est mon copain, et Amélie ma ... **6.** Les malades sont dans les ... **7.** Les voitures s'arrêtent quand ils sont rouges.
8. Elle chante, c'est une ...
9. Je les lis tous les matins.
10. forme féminine de directeur
11. Pour ton anniversaire les copains te donnent beaucoup de ...
12. Elle a les ... blonds.

Senkrechtes Lösungswort:
Elle travaille à l'école primaire : l'________________ .

••• **Trage den Plural der Nomen in die richtige Tabellenspalte ein. Bilde von allen mit * markierten Nomen die weibliche Form im Singular.**

Sg. m.	Sg. f.	Pl. m. mit -s	Pl. m. mit -x	Plural = Singular
le cuisinier*	la cuisinière	les cuisiniers		
le chanteur*				
le bus				
la souris				
le journal				
le pâtissier*				
le tableau				
le pays				
le cheval				
le fils				
le musicien*				
le travail				
le boulanger*				
le feu				

3 Demonstrativ- und Possessivbegleiter

- **Pierre zeigt seinem Freund noch mehr Fotos und beantwortet seine Fragen. Suche zu jeder Frage die passende Antwort.**

1. Là, c'est ta copine ?
2. Et ça, c'est ton chat ?
3. Et sur **cette** photo, c'est ton école ?
4. **Ce** petit garçon, c'est ton frère ?
5. Et **cet** homme à gauche, c'est ton père ?
6. **Ces** chiens sont à toi ?

a. Non c'est moi avec ma mère.
b. Non, c'est le chat de mon copain Nicolas.
c. Non, c'est l'école de mes frères.
d. Non, c'est mon oncle, le frère de ma mère.
e. Oui, ce sont mes chiens.
f. Oui, c'est ma copine Nathalie.

BOXENSTOPP

Ergänze nun in dieser Tabelle die fehlenden Possessivbegleiter.

	Nomen		
	männlich Singular	**weiblich Singular**	**Plural**
ein Besitzer	mon	______	mes
	______	______	tes
	son	sa	______
mehrere Besitzer	notre		______
	______		vos
	leur		leurs

In der Übung oben findest du auch die Demonstrativbegleiter. Setze sie hier ein.

Artikel	le	la	l'	les
Demonstrativbegleiter	ce	______	______	______

Vor Nomen, die mit Vokal oder stummem h beginnen, steht im Singular **immer** die männliche Form des Possessivbegleiters: mon amie. Dagegen steht der Demonstrativbegleiter cet nur vor **männlichen** Nomen, die mit Vokal beginnen: cet ami, aber cette amie.

•• **Nun zeigen Pierre und seine Schwester gemeinsam einem Freund ihre Fotos. Setze die Possessivbegleiter votre, vos, notre, nos in alle Lücken mit (a) ein und die Demonstrativbegleiter ce, cette, cet, ces in alle Lücken mit (b) ein.**

1. Là, c'est ________ (a) chat ? – Oui, c'est ________ (a) chat Minou.
2. Et ça, c'est ________ (a) mère ? – Non, c'est la mère de ________ (a) copain Nicolas.
3. Et sur ________ (b) photo, c'est ________ (a) école ? – Non, c'est l'école de ________ (a) amis.
4. ________ (b) petit garçon, c'est ________ (a) frère ? – Non c'est ________ (a) cousin Alain avec ________ (a) mère.
5. Et ________ (b) homme là, c'est ________ (a) père ? – Non, c'est ________ (a) oncle, le frère de ________ (a) père.
6. ________ (b) sont ________ (a) chiens ? – Non, ________ (b) chiens sont à ________ (a) voisin.

••• **Setze Possessivbegleiter in die Lücken ein.**

Corinne appelle Élodie sur son portable :

Corinne : Tu es où ?

Élodie : Je suis en ville avec ________ (1) copines et Monika.

Corinne : Monika, c'est ________ (2) cousine de Paris ?

Élodie : Non, c'est ________ (3) correspondante allemande.

Corinne : Elle est d'où, ________ (4) corres ?

Élodie : Elle est de Stuttgart.

Corinne : Elle est ici avec ________ (5) classe ?

Élodie : Non, elle a des vacances maintenant. Elle est venue avec ________ (6) parents.

Corinne : Tu as déjà fait ________ (7) devoirs d'allemand ?

Élodie : C'est Monika qui a fait ________ (8) devoirs. ________ (9) prof va être content !

Corinne : Tu as vraiment de la chance ...

4 Regelmäßige Verben im Präsens

- Verben auf **-ir**: **Unterstreiche im folgenden Gespräch alle Formen des Verbs dormir.**

Où est-ce qu'on dort pendant les vacances sur la Côte d'Azur ?
Moi, je dors sur la plage. Et toi, où est-ce que tu dors ?
Mon copain et moi, nous dormons dans notre camping-car.
Et Patrick, où est-ce qu'il dort ?
Il dort à l'hôtel. Et les autres dorment à l'auberge de jeunesse. C'est moins cher.

Es gibt 3 Gruppen regelmäßiger Verben: auf -ir, -er und -re. Sie bestehen aus dem **Stamm**, der fast immer unverändert bleibt, und der **Endung**.
Das Verb dormir ist ein regelmäßiges Verb auf -ir, bei dem jedoch im Singular der letzte Buchstabe des Stammes wegfällt, die Endungen sind -s, -s, -t: dor~~mir~~ – je dors, tu dors, il dort. Der Plural wird regelmäßig gebildet, also auf -ons, -ez, -ent: dormons, dormez, dorment. Ähnlich konjugiert werden partir, sortir und servir.

- Verben auf **-er**: **Die folgenden Verben auf -er sind durcheinandergeraten. Wie heißen sie richtig?**

1. saesp: je p________
2. shhrecec: tu c________
3. dreoa: il a________
4. osinma: nous a________
5. otezmrn: vous m________
6. tierravn: ils a________

Die Verben auf -er haben die Endungen -e, -es, -e, -ons, -ez, -ent.

- Verben auf **-re**: **Setze die folgenden Verbformen in die Sätze ein und umkreise die Endungen.**

attends · réponds · vend · vendons · attendez · répondent

1. Moi, j' ________ devant la poste et vous ________ derrière la maison.
2. M. Carel ________ des fruits au marché et nous ________ des légumes.
3. Julie et Pascal ________ à la question. Pourquoi est-ce tu ne ________ pas ?

Die Verben auf -(d)re haben die Endungen -s, -s, / , -ons, -ez, -ent. In der 3. Person Singular haben diese Verben keine Endung.

• • Füge die richtigen Endungen hinzu.

Caroline et Nicole jou________ (1) de la guitare dans un groupe de musique.

Pour un concert samedi soir, elles cherch________ (2) une chanteuse parce que Clara, leur chanteuse, est malade. Caroline téléphon________ (3) à Emma.

Caroline : Salut Emma. Nous cherch________ (4) une chanteuse pour samedi, Clara est malade. Nous avons pensé à toi parce que tu chant________ (5) très bien.

Emma : Où est-ce que vous jou________ (6) ?

Caroline : On jou________ (7) à la Maison des Jeunes, à 8 heures.

Emma : Votre groupe s'appell________ (8) « Les étoiles », non ? Je vous trouv________ (9) super !

Caroline : Écout________ (10) Emma, je sor________ (11) ce soir avec mes copines. Tu viens avec nous au café et on parl________ (12) du concert. D'accord ?

Emma : Je demand________ (13) à mes parents et je te répond________ (14) dans quelques minutes.

Caroline : À tout de suite alors. Nous t'attend________ (15) au café.

• • • Setze die Verbformen in die Tabelle ein und gib das Personalpronomen und den Infinitiv an. Bei einigen Verbformen kannst du zwei Personalpronomen eintragen.

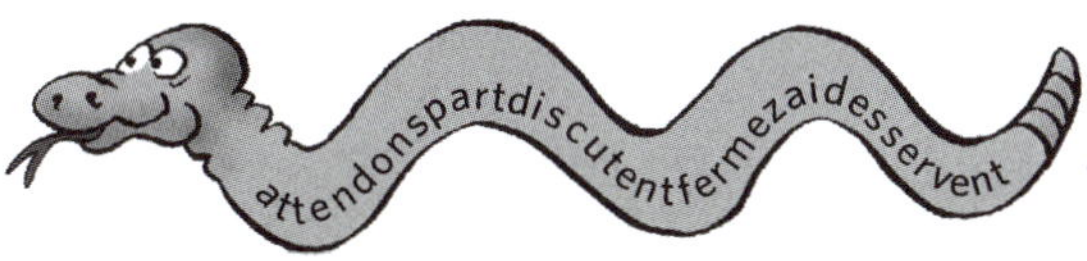

1. Wortschlange			2. Wortschlange		
Pronomen	Verbform	Infinitiv	Pronomen	Verbform	Infinitiv
nous	attendons	attendre			

5 Reflexive Verben im Präsens

- **Reflexive Verben werden immer von einem Reflexivpronomen begleitet. Es steh vor dem Verb. Setze die Reflexivpronomen me, te, se, nous, vous in die Lücken ein.**

1. je ________ couche

2. nous ________ amusons

3. il / elle ________ lève

4. ils / elles ________ promènent

5. tu ________ douches

6. vous ________ intéressez

Me, te und se werden vor Vokal und stummem h zu m', t', s' verkürzt. Setze ein.

7. je ________ appelle

8. il / elle ________ amuse

9. tu ________ habilles

10. ils / elles ________ occupent

Bei der Verneinung umschließen ne ...pas Verb und Reflexivpronomen: ils **ne** se cachent **pas**.
Setze ne und pas ein.

11. il _____ se lave _____ **12.** nous _____ nous rencontrons _____ **13.** je _____ m'ennuie _____

BOXENSTOPP

Ein reflexives Verb im Französischen ist im Deutschen nicht immer reflexiv:
je m'appelle – *ich heiße*, il se lève – *er steht auf*, ils se promènent – *sie gehen spazieren*.
Umgekehrt ist nicht jedes deutsche reflexive Verb auch im Französischen reflexiv, z.B. *sich bewegen* – bouger.

Manche Verben existieren reflexiv und nicht reflexiv:
réveiller (*aufwecken*) – se réveiller (*aufwachen*)
appeler (*rufen, anrufen*) – s'appeler (*heißen*)
lever (*hochheben*) – se lever (*aufstehen*)
promener (*spazieren führen*, z.B. den Hund) – se promener (*spazieren gehen*)

Denke an den veränderlichen Verbstamm (vgl. Kap. 6, S. 78), z.B.: je me l**è**ve, te te l**è**ve, il se l**è**ve, nous nous levons, vous vous levez, ils se l**è**vent

Achte auch auf die Regeln für reflexive Verben im Passé composé (Kap. 14, S. 94) und auf die Veränderung bei Reflexivpronomen in der Befehlsform (Kap. 23, S. 112).

•• **Setze die reflexiven Verben in der richtigen Form ein. Vielleicht musst du ein wenig probieren, um die richtige Stelle zu finden. Die fett gedruckten Buchstaben in der richtigen Reihenfolge ergeben den Namen einer beliebten französischen Ferienregion.**

se r**e**poser | ~~s'**a**muser~~ | se **pro**mener | se baig**n**er | se retrou**v**er | se **l**ever | se **c**ouch**e**r

En été, je pars toujours en vacances avec ma famille. C'est super. Chacun dans la famille a son programme. Moi je dors beaucoup, je ______________ (1) seulement à 10 h le matin. Après le petit déjeuner, je vois mes copains au centre-ville et nous nous amusons (2) beaucoup. Mes parents ______________ (3) au bord de la mer. À midi, on ______________ (4) au restaurant pour manger ensemble. Après le repas, mes parents ______________ (5) sur le balcon et ma sœur et moi, nous ______________ (6) dans la mer. Le soir, nous les jeunes, on va dans une discothèque mais mes parents ______________ (7) déjà à 10 heures.

Lösungswort: ☐ a ☐ ☐ ☐ ☐ ☐ ☐ ☐ ☐

••• **Beantworte alle Fragen verneint.**

1. Est-ce que tu te réveilles à 6 heures ? – Mais non, je ______________ à 6 heures.
2. Est-ce que tes parents s'intéressent à ta musique ? – Mais non, ils ______________ à ma musique.
3. Est-ce que Daniel s'amuse bien chez ses grands-parents ? – Mais non, il ______________ du tout chez ses grands-parents.

••• **Ergänze jeden Satz mit einem anderen reflexiven Verb.**

1. En vacances, je ne m'ennuie jamais, je ☐'☐☐☐☐☐ toujours bien.
2. Le samedi soir je sors avec mes copines et je ☐☐ ☐☐☐☐☐☐ tard.
3. C'est notre prof de maths. Il ☐'☐☐☐☐☐☐☐ M. Bernard.
4. Mes parents ☐☐ ☐☐☐☐☐☐☐☐☐ tous les dimanches dans la forêt.

6 Verben mit Veränderungen im Stamm

• **Bei einigen regelmäßigen französischen Verben auf -er verändert sich die Schreibweise des Stammes. Ergänze die Verbformen wie im Beispiel.**

1. il annonce – nous annon**ç**ons — il commence – nous ______________

2. il nage – nous nag**e**ons — il mange – nous ______________

Damit die Aussprache des g als [ʒ] und die des c als [s] erhalten bleibt, fügt man ein e ein bzw. schreibt ein Cédille unter das c.

BOXENSTOPP

Einige Verben haben zwei Stämme: einen für **Singular** und die **3. Pers. Plural** und einen anderen Stamm für die **1. und 2. Pers. Plural**.
Wo Endungen nicht gesprochen werden (stammbetonte Formen), muss manchmal ein Akzent gesetzt werden, wie bei se lever im Singular und in der 3. Pers. Plural. Manchmal muss der Akzent geändert werden wie bei compléter.
Vervollständige die Tabelle. Acheter wird wie se lever gebildet und répéter wie compléter.

	se lever	acheter	compléter	répéter
je/j'	me l**è**ve	______	compl**è**te	______
tu	te l**è**ves	______	compl**è**tes	______
il/elle/on	se l**è**ve	______	compl**è**te	______
nous	nous levons	______	complétons	______
vous	vous levez	______	complétez	______
ils/elles	se l**è**vent	______	compl**è**tent	______

Die gleiche Regel gilt für die Verdopplung des **l** bei appeler oder des **t** bei jeter:
jeter – je je**tt**e, tu je**tt**es, il / elle je**tt**e, nous je**t**ons, vous je**t**ez, ils / elles je**tt**ent;
appeler – j'appe**ll**e, tu appe**ll**es, il appe**ll**e, nous appe**l**ons, vous appe**l**ez, ils appe**ll**ent
Auch die Verben auf -(a / o / u)yer unterscheiden zwischen stamm- und endungsbetonten Formen:
s'ennuyer – je m'ennu**i**e, tu t'ennu**i**es, il / elle s'ennu**i**e, nous nous ennu**y**ons, vous vous ennu**y**ez, ils / elles s'ennu**i**ent
envoyer – j'envo**i**e, tu envo**i**es, il envo**i**e, nous envo**y**ons, vous envo**y**ez, ils envo**i**ent

•• **Bei vielen Verben auf -ir wird der Stamm im Plural um die Silbe -iss- erweitert. Ergänze auch hier die Verbformen wie im ersten Beispiel.**

1. finir – nous fin**iss**ons, vous fin**iss**ez, ils / elles fin**iss**ent

2. réfléchir – nous ______________, vous ______________, ils ______________

•• In den folgenden Dialogen sind die Verben durcheinandergeraten. Stelle wieder die korrekte Form her.

1. Où est-ce que vous ☐☐☐☐☐☐☐ **(etezhca)** les fruits, Mme Petit ? – Je les ☐☐☐☐☐☐ **(èethca)** toujours au marché.
2. Tu te ☐☐☐☐☐ **(sèevl)** à quelle heure ? – J' ☐☐☐☐☐☐ **(eassei)** toujours de me lever à six heures.
3. Avec mon cousin on ne s' ☐☐☐☐☐☐ **(eiunen)** jamais. – Il s' ☐☐☐☐☐☐☐ **(ellepap)** comment, ton cousin ?
4. Quand est-ce que les cours ☐☐☐☐☐☐☐☐☐☐ **(tnmecnemoc)** au collège ? – Nous ☐☐☐☐☐☐☐☐☐☐ **(csnonemmoç)** à 8 heures.
5. Vous ☐☐☐☐☐☐ **(zenamg)** à la cantine à midi ? – Non, nous ☐☐☐☐☐☐☐☐ **(snogname)** à la maison.
6. Tu ☐☐☐☐☐☐☐ **(setéèpr)** l'exercice de maths ? – Oui, je le ☐☐☐☐☐☐ **(téeèpr)** cet après-midi.

••• Ergänze im folgenden Text die fehlenden Buchstaben in den Verben.

Bonjour, je m'appe_____e **(1)** Victor, je suis le chien de Pascal. Tous les jours, Pascal se l_____ve **(2)** à six heures et il me prom_____ne **(3)** dans la forêt. Il emm_____ne **(4)** une petite balle et nous commen_____ons **(5)** à jouer. Pascal je_____e **(6)** la balle et j'essa_____e **(7)** de la trouver. Nous fini_____ons **(8)** notre promenade à sept heures. À la boulangerie, Pascal ach_____te **(9)** une baguette et nous rentrons. Ensuite, nous mang_____ons **(10)** ensemble. Pascal mange sa baguette, mais moi je préf_____re **(11)** ma viande. À huit heures, Pascal va au collège et je reste à la maison.

••• Sieh dir diese Verbformen an und ergänze die fehlenden Akzente.

1. je complete
2. j'achete
3. il espere
4. nous esperons

7 *Avoir, être, aller, faire* im Präsens

- **Lies den folgenden Text über Pascal und seine Familie. Wie alt sind Pascal und seine Eltern? Die Summe ihres Alters ergibt genau 100!**

> Bonjour, je suis Pascal. Dans ma famille, nous sommes six personnes, deux filles, deux garçons et les parents. Mon frère est le plus jeune, il a 3 ans. Mes sœurs sont plus âgées que moi, elles ont 16 et 18 ans. Si j'additionne leurs âges, mes parents ont 87 ans, et mon père a 3 ans de plus que ma mère. Tous les six, nous avons 137 ans.

Calcule et devine (*Rechne und rate*) :

1. Mon père a
- a. 43 ans.
- b. 45 ans.
- c. 47 ans.

2. Ma mère a
- a. 39 ans.
- b. 42 ans.
- c. 43 ans.

3. Et moi, j'ai
- a. 13 ans.
- b. 14 ans.
- c. 15 ans.

- **Setze nun die Formen von avoir und être, die du oben im Rätsel findest, in die Tabelle ein.**

	avoir	être
je / j'		
tu	as	
il / elle / on		est
nous		
vous	avez	êtes
ils / elles		

Die Verben avoir und être sind die wichtigsten unregelmäßigen Verben. Deshalb musst du sie immer wieder üben, bis du sie wirklich perfekt beherrschst.

•• **Die Verben aller und faire sind ebenfalls unregelmäßig, einige Formen sind auch leicht zu verwechseln. Sortiere die folgenden Verbformen ebenfalls richtig in die Tabelle ein.**

	aller	faire
je / j'		fais
tu		
il / elle / on		
nous	allons	
vous		
ils / elles		

fait vas vais faites fais font vont allez va faisons

•• **Avoir, être oder aller? Ergänze die Sätze mit ont (4 x), sont (2 x) oder vont (1 x).**

Paul et Régis ____________ (1) deux copains. Ils ____________ (2) 14 ans et le mercredi ils ____________ (3) au club de foot tous les deux. Dimanche, ils ____________ (4) un match à Strasbourg. Pour lundi, ils ____________ (5) encore des devoirs de maths. En maths, ils ____________ (6) vraiment nuls, mais en sport, ils ____________ (7) des super notes.

••• **Fülle die Lücken im folgenden Dialog und schreibe die Infinitive der eingesetzten Verben in die Klammer hinter den Sätzen.**

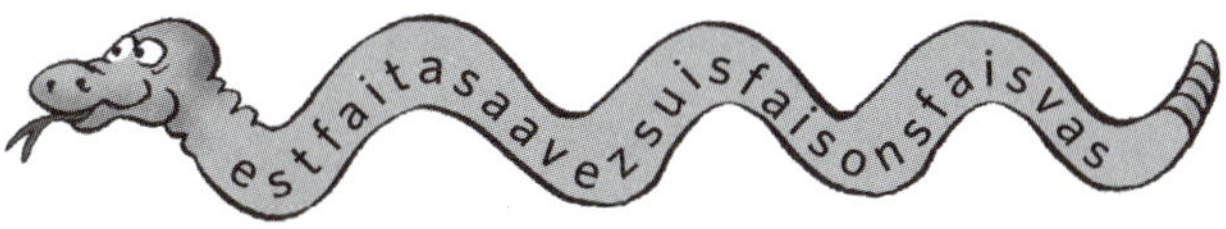

Céline : Allô ?

1. **Bruno :** Salut, c' est ____________ Bruno. Qu'est-ce qu'on ____________ samedi ?
   (être ____________ – ____________)
2. **Céline :** Tu ____________ déjà une idée ? (____________)
3. **Bruno :** Il y ____________ un match de basket au gymnase. (____________)
4. **Bruno :** Vous ____________ une interro lundi ? (____________)
5. **Céline :** Oui, et je ne ____________ pas très bonne en allemand. (____________)
6. **Bruno :** Alors, qu'est-ce que nous ____________ ? (____________)
7. **Céline :** Moi, je ____________ mes devoirs et toi, tu ____________ au match de basket.
   (____________ – ____________)

••• **Ergänze in den Fragen die richtige Form von avoir, être, aller oder faire. Verbinde dann die Frage mit der passenden Antwort.**

1.	Tu ________ quel âge ?	a.	Oui, je suis de Stuttgart.
2.	Tu ________ de Stuttgart ?	b.	Elle a aussi 13 ans.
3.	Et ta copine, elle ________ quel âge ?	c.	Non, nous sommes au terrain de camping.
4.	Elle ________ aussi de Stuttgart ?	d.	J'ai 13 ans.
5.	Vous ________ à l'hôtel « National » ?	e.	Nous ne savons pas encore.
6.	Qu'est-ce que vous ________ cet après-midi ?	f.	Non, elle est de Berlin.

8 Modalverben: *pouvoir, vouloir, devoir, préférer*

- **Modalverben stehen vor dem Infinitiv eines weiteren Verbs. Sie geben an, ob jemand etwas tun will, kann, mag, muss oder darf. Lies die folgende Mail von Martine und unterstreiche die Modalverben.**

Salut

Salut Karine,
Encore une journée à l'école et puis une se-
maine de vacances en Bretagne avec toi et ta
famille ! Mais je dois d'abord faire mes exer-
cices de maths. Notre prof (il est terrible !)
veut absolument écrire un test demain. Comme
mes parents veulent partir demain tout de
suite après l'école, il faut encore faire les
valises ce soir. Quelle horreur ! Je préfère
commencer les vacances sans stress. Mais mon
père n'aime pas voyager le samedi.
Je vais emporter mon nouveau VTT, comme ça
nous pouvons faire une excursion à Carnac. À
propos, mon frère ne peut pas venir avec nous
parce qu'il doit travailler la semaine pro-
chaine.
À samedi donc, grosses bises Martine

Leider haben viele Modalverben eine unregelmäßige Konjugation. **BOXENSTOPP**
Ergänze nun die Tabelle mit den unterstrichenen Verbformen aus Martines E-Mail.

	pouvoir	**vouloir**	**devoir**	**préférer**
je/j'	peux	veux	______	______
tu	peux	veux	dois	préfères
il/elle/on	______	______	______	préfère
nous	______	voulons	devons	préférons
vous	pouvez	voulez	devez	préférez
ils/elles	peuvent	______	doivent	préfèrent

Aimer ist ein regelmäßiges Verb auf -er mit den Endungen: -e, -es, -e, -ons, -ez, -ent.
Der Ausdruck il faut (Infinitiv: falloir) existiert nur in dieser einen Form.
Il faut bedeutet *man muss/wir müssen*, aber il ne faut pas bedeutet *man darf nicht*!
Die Verneinung umschließt das Modalverb: Mon père **ne veut pas** voyager le samedi.

Mit der Veränderung des accent ändert sich beim Verb préférer
auch die Aussprache je préf**è**re [ɛ] – vous préf**é**rez [e]

Diese Modalverben sind durcheinandergeraten. Kannst du sie wieder richtig aufschreiben? Achtung: Es sind unterschiedliche Verben in den Spalten!

je/j'	(osid)	___	(xeup)	___	(xuev)	___
tu	(soid)	___	(xupe)	___	(vxue)	___
il/elle/on	(tevu)	___	(teup)	___	(otid)	___
nous	(souvoul)	___	(seovdn)	___	(nvoosup)	___
vous	(eedvz)	___	(zvopue)	___	(zevuol)	___
ils/elles	(onvtdei)	___	(vleeunt)	___	(nevupte)	___

Ergänze nun die richtige Form von pouvoir, vouloir oder devoir.

1. Martine ________________ **(devoir)** faire des exercices de maths, parce que son prof ________________ **(vouloir)** écrire un test demain.
2. La mère de Martine : « Martine, nous ________________ **(devoir)** faire les valises ce soir, parce que papa ________________ **(vouloir)** partir demain après l'école. »
3. Ils ________________ **(devoir)** partir vendredi après l'école, parce que le père de Martine ne ________________ **(vouloir)** pas voyager le samedi.
4. Karine ________________ **(devoir)** réparer son VTT, parce que les filles ________________ **(vouloir)** faire une excursion à Carnac.
5. Le frère de Martine ne ________________ **(pouvoir)** pas partir en vacances, parce qu'il ________________ **(devoir)** travailler la semaine prochaine.

Ergänze am richtigen Ort die richtige Form von devoir (2 x), vouloir (3 x) und pouvoir (2 x).

- Martine, tu ________________ **(1)** aller au cinéma avec moi ce soir ?
- Non, je ne ________________ **(2)** pas aller au cinéma, je ________________ **(3)** préparer un test de maths. Et après, ma mère et moi, nous ________________ **(4)** faire les valises.

  Nous ________________ **(5)** partir en vacances demain après l'école. Mais mon frère ne ________________ **(6)** pas partir avec nous. Il ________________ **(7)** peut-être aller au cinéma avec toi !?

9 Unregelmäßige Verben I (*prendre, mettre, dire, lire, écrire*)

• **Unterstreiche in den Sprechblasen die Formen des Verbs prendre.**

Trage nun die Formen von prendre aus dem Dialog in die Lücken ein. Es fehlt noch die 3. Person Plural. Kannst du sie in diesem Buchstabensalat erkennen: **tnennerp**?

prendre: je ______________, tu ______________, il / elle ______________,

nous ______________, vous ______________, ils / elles ☐☐☐☐☐☐☐☐

Alle Ableitungen von prendre werden genauso konjugiert, z.B. apprendre – *lernen*, comprendre – *verstehen*, surprendre – *überraschen*.

•• **Hier lernst du noch vier weitere unregelmäßige Verben kennen, die du immer parat haben musst. Suche die fehlenden Formen im Kasten und trage sie in die Tabelle ein.**

Die meisten unregelmäßigen Verben enden im Singular mit -s, -s, -t, z.B. je dis, tu dis, il / elle dit.

y	é	c	r	i	v	e	z	q	j	d
m	f	l	i	s	o	n	s	z	d	a
é	c	r	i	v	e	n	t	i	o	x
n	k	m	e	t	t	o	n	s	w	v
r	s	d	i	s	e	n	t	z	i	m
d	i	s	k	s	e	d	i	t	e	s
k	m	e	t	o	é	c	r	i	s	v
o	l	n	l	i	t	f	q	m	r	x
j	m	e	t	t	e	n	t	h	h	d
n	f	p	j	w	m	e	r	t	p	u
e	v	d	i	t	f	y	b	b	u	j

	mettre	dire	lire	écrire
je / j'	mets	______	lis	écris
tu	mets	dis	lis	______
il / elle / on	______	______	______	écrit
nous	______	disons	______	écrivons
vous	mettez	______	lisez	______
ils / elles	______	______	lisent	______

••• Ergänze die richtige Form des angegebenen Verbs.

Mme Colinet ____________________ **(1 *nehmen*)** le petit déjeuner à 7 heures. Puis, elle ____________________ **(2 *anziehen*)** son manteau et va au travail.

Quand elle arrive au bureau, son patron ____________________ **(3 *sagen*)** : « Il faut tout de suite ____________________ **(4 *schreiben*)** la lettre à M. Duval. »

Mme Colinet se ____________________ **(5 *setzen*)** devant l'ordinateur et ____________________ **(6 *schreiben*)** la lettre. Ensuite, elle ____________________ **(7 *lesen*)** les e-mails qui sont arrivés hier soir.

••• Setze die fehlenden Verben in das Rätsel ein.

Senkrecht:

1. Il fait froid dehors, je ... un pull.
3. Demain, nous ... un test de maths.
5. Éric ne ... pas ses devoirs de maths.
7. En français, nous ... des fables de La Fontaine.
9. Mon père ... beaucoup de sucre dans son café.

Waagrecht:

2. Martine ... beaucoup d'e-mails.
4. Le prof ... : « Faites l'exercice pour demain. »
6. Pour monter sur la tour Eiffel, nous ... l'ascenseur.
8. Tous les touristes ... des photos de la tour Eiffel.

10 Unregelmäßige Verben II (*boire, voire, connaître, venir, tenir, ouvrir, offrir*)

- **Kombiniere die Satzpaare richtig. Wenn du die Sätze richtig zugeordnet hast, ergeben die Buchstaben, die in Klammern stehen, eine weitere Verbform.**

1. Il fait chaud ici.
2. Samedi, c'est l'anniversaire de Thomas.
3. J'ai soif.
4. Tu es souvent avec tes copains ?
5. Le magasin est encore fermé.
6. Vous venez à quelle heure ?
7. Tu vois la fille là-bas ?
8. Tu viens d'où ?

a. Qu'est-ce qu'on lui offre ? **(i)**
b. Je bois un coca. **(e)**
c. Je viens de Toulouse. **(t)**
d. J'ouvre la fenêtre. **(t)**
e. Mais il ouvre à 14 heures. **(n)**
f. Oui, je la connais, c'est la copine de Paul. **(n)**
g. Oui, je les vois tous les samedis. **(n)**
h. Nous revenons à six heures. **(e)**

Lösungswort: ils / elles | t | | | | | | | |

- **Viele unregelmäßige Verben sind in ihrer Konjugation ziemlich ähnlich. Konjugiere das Verb genauso wie das vorgegebene.**

1. **venir:** je viens, tu viens, il / elle vient, nous venons, vous venez, ils viennent

   tenir: je ________________, tu ________________, il / elle ________________,
   nous ________________, vous ________________, ils ________________

2. **ouvrir:** j'ouvre, tu ouvres, il / elle ouvre, nous ouvrons, vous ouvrez, ils ouvrent

   offrir: j'________________, tu ________________, il / elle ________________,
   nous ________________, vous ________________, ils ________________

•• **Ergänze nun die Tabelle mit den Verbformen aus den Sätzen der ersten Übung auf Seite 86. Die restlichen Formen findest du hier rückwärts geschrieben.**

siob **tiob** **snovub** siov **tiov** zeyov siannoc **snossiannoc** **zessiannoc**

	boire	voir	connaître
je / j'	______	______	______
tu	______	______	______
il / elle / on	______	______	connaît
nous	______	voyons	______
vous	buvez	______	______
ils / elles	boivent	voient	connaissent

••• **Ergänze jeden Dialog mit einer Form von** *boire*, *connaître*, *offrir* **oder** *venir*.

1. ● Moi, je ______ de Stuttgart, et vous, d'où est-ce que vous ______ ?
   ● Nous ______ de Paris, et notre cousin ______ de Tours.
2. ● Nous ne ______ personne ici. Et toi, tu ______ quelqu'un ?
   ● Je ______ la fille avec le pull bleu, elle s'appelle Léa.
3. ● J'ai soif, je ______ un coca. Vous voulez aussi ______ quelque chose ?
   ● Nous ______ un café.
4. ● Qu'est-ce que vous ______ à Paul pour son anniversaire ?
   ● Moi, je lui ______ un CD, et les autres lui ______ une guitare.

••• **Welches Verb steckt in den folgenden Nomen? Schreibe erst den Infinitiv in die Lücke und dann die konjugierte Form.**

1. la boisson : ______ – nous ______
2. une offre : ______ – il ______
3. la connaissance : ______ – ils ______
4. une ouverture : ______ – tu ______

11 Infinitivkonstruktionen ohne Präposition

- **Projets pour l'échange scolaire. Pläne mit dem Austauschpartner.**
Lies den Dialog. Was werden die Schüler mit ihren Austauschpartner machen?

Luc : Bientôt, les correspondants de Stuttgart vont venir à Tours.
Mais qu'est-ce qu'on va faire avec eux pendant une semaine ?
Carole : Je veux aller à la nouvelle piscine avec ma corres.
Pierre : Nous préférons faire une excursion au bord de la mer.
Marc : Nous pouvons aussi visiter quelques châteaux.
Carole : Le prof d'allemand va préparer un rallye à Tours.
Marc : Et toi, Pascal, qu'est-ce que tu veux faire avec ton correspondant ?

BOXENSTOPP

Das **Futur composé** besteht aus dem Verb **aller** (Kap. 17, S. 40) in konjugierter Form und einem **Infinitiv**. Unterstreiche im obigen Text alle drei Formen des Futur composé.

Im Kap. 8 (S. 82) hast du die Modalverben vouloir, pouvoir, devoir, préférer und den unveränderlichen Ausdruck il faut kennen gelernt. Auch ihnen folgt immer ein Infinitiv, ebenso wie auf savoir:
Pierre **doit** faire ses devoirs. **Il faut** aller à l'école. Marie **sait** jouer du piano.

In verneinten Sätzen umschließt ne ...pas das konjugierte Verb, also das Modalverb oder das Verb aller im Futur composé:
Vous **allez** faire l'excursion au bord de la mer ? Nous **n'allons pas** faire l'excursion.
Marie **veut** faire du sport ? Non, elle **ne veut pas** faire du sport.

Bei reflexiven Verben bleibt das Reflexivpronomen direkt vor dem Verb:
Je **vais** m'occuper de la fête.

Auch nach Verben des Wünschens (aimer, adorer, aimer mieux, espérer) und nach unpersönlichen Ausdrücken (il faut, il vaut mieux) steht ein Infinitiv:
Pierre **n'aime pas faire** ses devoirs. Il **aime mieux jouer** au foot. Mais **il faut faire** les devoirs.

Merke dir in diesem Zusammenhang:
aller voir qn – *jdn. besuchen*
aber: visiter qc – *etw. besichtigen.*

•• **Verneine die folgenden Sätze.**

1. J'aime jouer au foot. – ______________________
2. Tu vas faire tes devoirs. – ______________________
3. Nous allons partir en vacances. – ______________________
4. Il faut faire les courses. – ______________________

••• **Setze die Verbformen in Klammern im folgenden Text ins Futur composé.**

Les copains de Didier __________ __________ **(1 préparent)** une fête pour son anniversaire. Julien __________ __________ **(2 achète)** du coca et Léa et Martine __________ __________ **(3 apportent)** des CD.

Julien : Et qui __________ __________ **(4 prépare)** la salle au club de tennis ?

Marc : Je __________ __________ **(5 m'occupe)** de la salle.

Léa : Corinne et moi, nous __________ __________ **(6 faisons)** des crêpes.

Martine : Julien, tu __________ __________ **(7 achètes)** aussi de la limonade ?

Julien : Oui, demain je __________ __________ **(8 vais)** au supermarché avec mon frère.

Léa : On __________ __________ **(9 prépare)** une super fête pour Didier !

••• **Ordne den Fragen die passende Antwort rechts zu. Vervollständige die Antwort mit dem angegebenen Hilfsverb.**

1.	Pourquoi est-ce que tu vas au supermarché ?	a.	Non, cet après-midi je __________ (*müssen*) faire mes devoirs.
2.	Vous réparez la voiture maintenant ?	b.	Il ne __________ (*können*) pas venir parce qu'il est malade.
3.	On va au restaurant ce soir ?	c.	Je __________ (*müssen*) encore acheter du coca.
4.	On joue au foot cet après-midi ?	d.	Non, nous __________ (*wollen*) la réparer demain.
5.	Pourquoi est-ce que Pierre n'est pas là ?	e.	Non, je __________ (*bevorzugen*) manger à la maison

12 Infinitivkonstruktionen mit Präposition

BOXENSTOPP

Bei einigen Verben und Ausdrücken schließt sich der Infinitiv mit der Präposition à oder de an. Ordne den folgenden Ausdrücken ihre deutsche Übersetzung zu.

A. Verben mit à + Infinitiv

1.	aider à	a.	anfangen
2.	inviter à	b.	einladen / auffordern zu
3.	apprendre à	c.	helfen bei
4.	chercher / essayer à	d.	lernen
5.	commencer à	e.	(ver)suchen
6.	arriver à	f.	gelingen
7.	s'amuser à	g.	Vergnügen finden an

B. Verben mit de + Infinitiv

1.	finir de	a.	vorschlagen
2.	essayer de	b.	im Begriff / gerade dabei sein
3.	offrir de	c.	vergessen
4.	demander de	d.	bitten
5.	oublier de	e.	versuchen
6.	proposer de	f.	aufhören
7.	être facile / difficile / content / sûr / possible de	g.	anbieten
		h.	Angst / Lust / Zeit haben
8.	être en train de	i.	leicht / schwierig / zufrieden / sicher / möglich sein
9.	avoir peur / envie / le temps de		

- **Unterstreiche in den folgenden Minidialogen die Ausdrücke mit nachfolgendem Infinitiv.**

1. On s'amuse à jouer de la guitare ? – Non, je n'ai pas envie de jouer de la guitare aujourd'hui.
2. Vous m'aidez à préparer le repas ? – Nous n'avons pas le temps de le préparer maintenant.
3. Tu as appris à jouer du piano ? – Oui, j'arrive déjà à jouer très bien.
4. J'ai oublié de faire mes devoirs. – Mais je peux t'aider à les faire maintenant.

Achte auf die besondere Bedeutung von venir de faire quelque chose – *gerade etwas getan haben*. Man nennt diese Form Passé proche (nahe Vergangenheit). Außerdem bedeutet être en train de faire qc – *gerade etwas tun, gerade dabei sein etwas zu tun.*

•• Ergänze die Ferienplanung von Julie und ihren Freundinnen mit folgenden Ausdrücken.

demander de
être en train de
proposer de
être difficile de
proposer de
avoir envie de

Julie ______________ **(1)** passer ses vacances avec ses copines. Elle ______________ **(2)** aller en Bretagne pour deux semaines. Mais en août, il ______________ **(3)** trouver une place dans une auberge de jeunesse. Carole ______________ **(4)** faire du camping. Alors, les filles écrivent aux Maisons de Tourisme et ______________ **(5)** leur envoyer des prospectus. Deux semaines plus tard, elles ______________ **(6)** faire les valises ...

•• Finde zum Satzanfang links das richtige Satzende rechts und verbinde die Sätze.

1. Demain, nous allons au café. Mon copain m'a invité à
2. Mon frère aime le sport. Chaque dimanche, il s'amuse à
3. J'ai eu une mauvaise note, parce que j'ai oublié de
4. Mon petit frère est à l'école maintenant. Il commence à

a. faire mes devoirs.
b. jouer au foot.
c. lire et écrire.
d. boire quelque chose.

••• Trage die fehlenden Wörter in das Rätsel ein. Der erste Buchstabe hilft dir.

1. Mon copain est bon en maths. Pour lui c'est f ... de faire les devoirs.
2. Nous n'a ... pas à faire nos devoirs de maths.
3. À l'école primaire, les enfants a ... à lire et á écrire.
4. Je n'ai pas le t ... d'aller au cinéma aujourd'hui.
5. Mon père m'a ... à réparer mon vélo.
6. Mes copains o ... de m'expliquer les devoirs en anglais.
7. Mes parents p ... de passer le week-end en Bretagne.

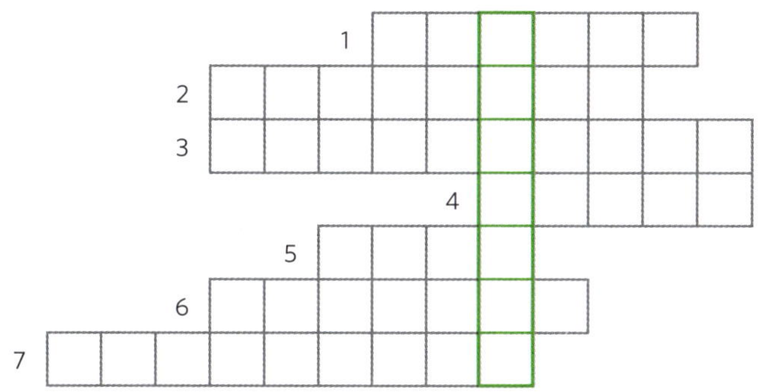

Senkrechtes Lösungswort:
Je suis ______________ de partir en Bretagne le week-end.

13 *Passé composé mit avoir*

- **Suche im Text die Formen des Passé composé und schreibe sie unten auf die Linien.**

Qu'est-ce que tu as fait le week-end dernier ?

J'ai invité mes copains. Nous avons dormi sous la tente dans le jardin. Samedi soir, nous avons été au cinéma. Dimanche, mon cousin Frédéric a téléphoné. Il a dit : « Vous avez déjà joué aux boules ? » Alors, après le petit déjeuner, nous avons pris les boules. Frédéric et son frère ont déjà attendu au square. On a joué deux heures, et Frédéric et son frère ont toujours gagné.

1. je / j' ____________

2. tu ____________

3. il / elle / on ____________ ____________ ____________

4. nous ____________ ____________ ____________

5. vous ____________

6. ils / elles ____________ ____________

BOXENSTOPP

Die meisten Verben bilden das Passé composé mit der konjugierten Form von avoir + dem Participe passé des Verbs.

Das Participe passé (Partizip Perfekt) wird bei den regelmäßigen Verben wie folgt gebildet:
Verben auf -er: an den Stamm des Verbs wird ein -é angehängt, regarder → j'ai regard**é**
Verben auf -dre: an das -d- des Stamms wird ein -u angehängt, vendre → j'ai vend**u**
Verben auf -ir: an den Stamm des Verbs wird ein -i angehängt, dormir → j'ai dorm**i**
Bei der Verneinung umschließt ne ... pas das Hilfsverb avoir: Pascal n'a pas téléphoné.

- **Es gibt jedoch viele Verben, die unregelmäßige Formen des Participe passé haben. Ordne die folgenden Partizipformen den richtigen Infinitiven zu.**

eu été **fait** **pris** lu **mis** ouvert **bu** dit

1.	faire: ________	**4.**	boire: ________	**7.**	prendre: ________
2.	avoir: ________	**5.**	lire: ________	**8.**	ouvrir: ________
3.	être: ________	**6.**	mettre: ________	**9.**	dire: ________

Das Verb être bildet das Passé composé auch mit avoir: j'ai **été** – *ich* bin *gewesen.*

•• **Setze die Verben im folgenden Text ins Passé composé.**

Mon dimanche

J'__________ (1 dormir) jusqu'à 9 heures. Puis j'__________ (2 prendre) le petit déjeuner avec mes parents. Mes parents __________ (3 travailler) au restaurant. Alors, j'__________ (4 prendre) le vélo et j'__________ (5 faire) un tour. Pour midi, mon frère et moi, nous __________ (6 inviter) des amis. Nous __________ (7 faire) des crêpes ensemble. L'après-midi, nous __________ (8 jouer) aux cartes et mon frère __________ (9 perdre) tout le temps.

Et toi, qu'est-ce que tu __________ (10 faire) dimanche ?

••• **Beantworte die Fragen wie im Beispiel, indem du das Passé composé verwendest.**

1. Tu téléphones à Michel? – J'ai déjà téléphoné à Michel.
2. Tu fais les devoirs ? – J'__________ les devoirs.
3. Vous préparez le repas ? – Nous __________ le repas.
4. Pascal passe l'aspirateur ? – Il __________ l'aspirateur.
5. Les enfants jouent au foot ? – Ils __________ au foot.
6. Tu mets les chaussures ? – J'__________ les chaussures.

••• **Michel musste gestern zu Hause bleiben, weil er krank war. Setze das passende Verb im Passé composé in die Sätze ein.**

travailler · dormir · ne pas comprendre · donner · téléphoner · avoir · finir

Le matin, il __________ (1) un peu pour l'école. Mais il __________ (2) les problèmes de maths. Alors, il __________ (3) à Christian. Puis, il __________ (4) ses devoirs. Le soir, il __________ (5) mal à la tête. Sa mère lui __________ (6) un médicament et Michel __________ (7) toute la nuit.

14 Passé composé mit être

BOXENSTOPP

Eine kleine Gruppe von Verben bildet das Passé composé mit être.
Die meisten dieser Verben geben eine Bewegungsrichtung an, sieh dir die Zeichnung an.

Bei den Verben, die das Passé composé mit être bilden, richtet sich das Participe passé in Geschlecht und Zahl nach dem Subjekt:
il est allé - elle est allé**e**
- ils sont allé**s**
- elles sont allé**es**
Paul est venu.
Brigitte est venu**e**.
Paul et Brigitte sont venu**s**.
Brigitte et Léa sont venu**es**.

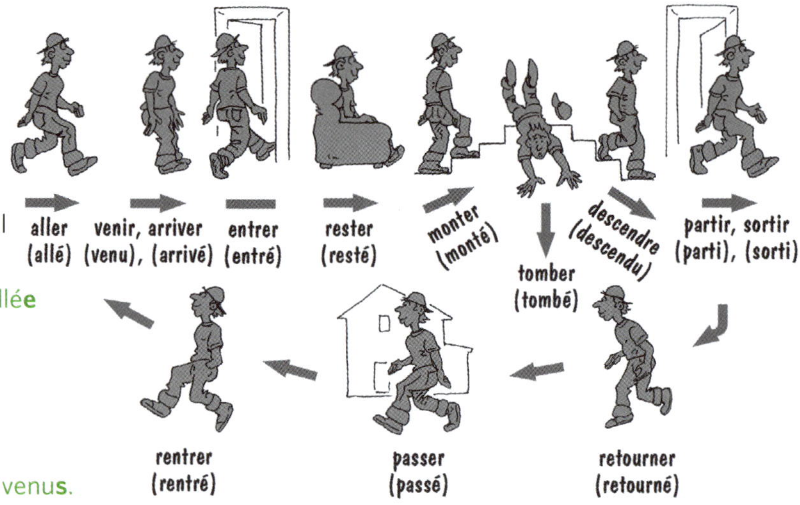

Reflexive Verben bilden auch alle das Passé composé mit être.
Daher richtet sich das Participe passé auch nach dem Subjekt: elle s'est amusé**e** - nous nous sommes promené**(e)s** - ils ne se sont pas réveillé**s**.

- **Achte auf die Partizipendung, dann weißt du, wer hier spricht. Kreuze an:**
g für un garçon, 2g / g et f für deux garçons ou un garçon et une fille, f für une fille oder 2f für deux filles.

	g	2g / g et f	f	2f
1. Je suis allée au stade hier soir.	☐	☐	☐	☐
2. Je suis resté au lit toute la journée.	☐	☐	☐	☐
3. Nous sommes arrivées au collège à 14 heures.	☐	☐	☐	☐
4. On est rentrées à 17 heures.	☐	☐	☐	☐
5. Je suis sortie avec ma copine.	☐	☐	☐	☐
6. Nous nous sommes retrouvés devant le musée.	☐	☐	☐	☐

•• **Gleiche bei den folgenden Verben das Participe passé an das Subjekt an.**

1. Elle est parti______ .
2. Elles se sont disputé______ .
3. Karine et Martine sont descendu______ .
4. Ils sont retourné______ .
5. Elle s'est levé______ .
6. Les garçons sont arrivé______ .
7. Martine écrit : Je suis tombé______ .
8. Elles disent : Nous nous sommes réveillé______ .

•• **Verbinde die Satzteile richtig miteinander.**

1.	La mère de Caroline	a.	est resté à la maison.
2.	Florian	b.	sont rentrés de la colonie de vacances.
3.	Les filles	c.	sommes sortis avec nos copains.
4.	Caroline et Pascal	d.	sont arrivées au cinéma à 20 heures.
5.	Nous	e.	est allée au supermarché.

••• **Setze die in Klammern angegebenen Verben ins Passé composé.**

Chère maman,

je ______________________ (1 arriver) à Paris avec ma classe.
D'abord, nous ______________________ (2 aller) à l'hôtel. Le soir,
nous ______________________ (3 se retrouver) au Quartier Latin.
Nous ______________________ (4 monter) le Boulevard St. Michel.
À 22 heures, nous ______________________ (5 retourner) à l'hôtel.
Le lendemain, je ______________________ (6 se lever) très tôt et
je ______________________ (7 aller) au marché du quartier.
À 10 heures, nous ______________________ (8 partir) en métro pour
visiter la tour Eiffel. Toute la classe ______________________
(9 monter) bien sûr. On peut voir tout Paris.

À bientôt, Pierre

15 *Imparfait*

BOXENSTOPP

Nous habitons à Paris.

J'habitais en Provence.

nous **habit~~ons~~** + -ais = **j'habitais**

Hier lernst du das Imparfait kennen, eine weitere Vergangenheitsform.
Das Imparfait wird gebildet aus:

1. dem **Stamm**, den man von der ersten Person Plural Präsens ableitet,
2. \+ den **Endungen**: -ais, -ais, -ait, -ions, -iez, -aient.

Dieses System funktioniert auch bei den meisten unregelmäßigen Verben. Zu seiner Bildung musst du also die Präsensformen aller unregelmäßigen Verben (vgl. Kap. 7 bis 10, ab S. 80) gut beherrschen.

Nur ganz wenige unregelmäßige Verben haben auch im Imparfait einen unregelmäßigen Stamm, z.B. être – j'**ét**ais.
Bei Verben mit einer veränderten Schreibweise aufgrund der Aussprache musst du aufpassen: commencer – je commen**ç**ais, aber Imparfait nous commen**c**ions (c vor e und i, ç vor a und o); manger – je man**ge**ais, aber Imparfait nous man**g**ions (g vor e und i, ge vor a und o)

- **Vervollständige die Tabelle nach der obigen Regel.**

Infinitiv	1. Pers. Pl. Präsens	Imparfait
partir	nous partons	je partais
prendre	nous prenons	tu prenais
parler	nous parlons	tu ______
ouvrir	nous ouvrons	ils ______
choisir	nous choisissons	vous ______
faire	nous faisons	il ______
venir	nous venons	nous ______
boire	nous buvons	je ______

•• **Finde in der Wortschlange die vier versteckten Verbformen im Imparfait und schreibe sie mit dem passenden Personalpronomen auf die Schreiblinien.**

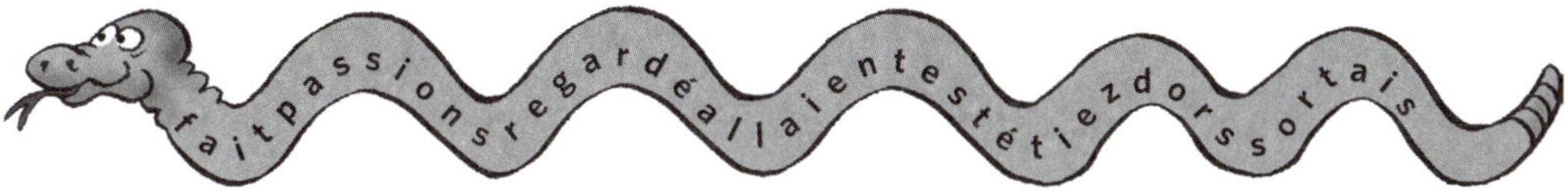

______________________ ______________________

______________________ ______________________

•• **Ergänze im Rätsel die unregelmäßigen Formen des Imparfait.**

Senkrecht:
1 être - tu
3 commencer - vous
5 nager - je
7 être - il
9 être - vous

Waagrecht:
2 commencer - il
4 nager - nous
6 être - ils

••• **Les Alpes il y a 60 ans. Setze im folgenden Text die vorgegebenen Verben ins Imparfait.**

Les gens de la région ______________ **(1 être)** paysans et ______________ **(2 vivre)** de l'agriculture. On ______________ **(3 ne pas avoir)** de télé, on ______________ **(4 écouter)** la radio. Il y ______________ **(5 avoir)** encore très peu de touristes. Les grandes stations de ski ______________ **(6 ne pas encore exister)**. Quand j' ______________ **(7 aller)** dans les Alpes, j' ______________ **(8 habiter)** chez mes grands-parents. Je ______________ **(9 se promener)** beaucoup et ______________ **(10 regarder)** la nature.

16 *Imparfait* oder *Passé composé*

Ein Geschehen in der Vergangenheit wird im Passé composé und im Imparfait erzählt. Es ist nicht immer einfach zu entscheiden, wann welche der beiden Zeiten verwendet werden muss.
Lies dir die folgende kurze Geschichte durch und unterstreiche alle Verbformen.

Pierre attendait devant le cinéma quand on lui a volé son porte-monnaie. Comme il ne pouvait pas voir le film, Pierre est rentré à la maison. Luc, son frère, faisait comme toujours ses devoirs quand Pierre est arrivé.

- Tu n'es pas allé au cinéma ?
- Si, mais il m'est arrivé quelque chose. Je voulais acheter mon billet, mais quelqu'un a volé mon porte-monnaie.

Imparfait:
Beschreibung
Gewohnheit, Wiederholung
Zustand
Frage: Was war (schon)?

Passé composé:
einmalige oder neue,
abgeschlossene,
aufeinander folgende Handlungen
Frage: Was geschah?

- **Kreuze nun in der Tabelle an, welcher Fall bei den Beispielen aus der Geschichte oben zutrifft.**

Verbform	Beschreibung Zustand	Gewohnheit Wiederholung	einmalige, neue Handlung
Pierre **attendait**	☐	☐	☐
on lui **a volé**	☐	☐	☐
il ne **pouvait** pas voir	☐	☐	☐
Pierre **est rentré**	☐	☐	☐
Luc **faisait**	☐	☐	☐
tu **n'es pas allé**	☐	☐	☐
il **m'est arrivé**	☐	☐	☐
je **voulais** acheter	☐	☐	☐
quelqu'un **a volé**	☐	☐	☐

Oft kannst du an Signalwörtern erkennen, welche Zeit verwendet werden muss:
tout à coup – *plötzlich* = neue Handlung → Passé composé
toujours – *immer* = Gewohnheit, Zustand → Imparfait
Pendant les vacances, il jouait **tous les jours** au tennis. (Gewohnheit)
Mais hier il a joué aux cartes parce qu'il a plu. (einmalig)

•• **Verwende in jedem Satz einmal das Imparfait und einmal das Passé composé, die Verben stehen jeweils hinter dem Satz.**

1. Quand M. Aubert ____________________ de son travail, il ____________________ déjà tard. **(rentrer / être)**

2. Sa femme ____________________ le repas, quand il ____________________ dans l'appartement. **(préparer / entrer)**

3. Pendant qu'ils ____________________ le repas, le téléphone ____________________. **(prendre / sonner)**

4. M. Aubert ____________________ le programme de télé, parce qu'il ____________________ envie de voir un film. **(regarder / avoir)**

5. Ils ____________________ devant la télé, mais le film ____________________ une catastrophe. **(s'installer / être)**

6. Le lendemain, M. Aubert ____________________ à la maison parce qu'il ____________________ mal à la tête. **(rester / avoir)**

••• **Setze die Verben in der angegebenen Reihenfolge ins Passé composé oder ins Imparfait.**

vivre – gonfler – être – regarder – commencer – être – appeler – avoir – faire

Les frères Montgolfier ____________________ **(1)** depuis des années dans une petite ville en France. Un jour, Joseph ____________________ **(2)** dans sa cuisine et ____________________ **(3)** une chemise dans la cheminée. Tout à coup, le vêtement ____________________ **(4)** et ____________________ **(5)** à monter. Cela ____________________ **(6)** un choc pour Joseph. Il ____________________ **(7)** tout de suite son frère Etienne qui ____________________ **(8)** alors l'idée de remplir un grand sac de papier avec de l'air chaud. La première montgolfière ____________________ **(9)** son premier vol le 4 juin 1783.

17 Subjektpronomen, unverbundene Personalpronomen

- **Welche Antwort rechts passt zur Frage links? Kombiniere die Sätze richtig.**

1.	Pourquoi est-ce que Paul ne vient pas ce soir ?	a.	Elle va danser avec sa copine.
2.	Qu'est-ce que ta sœur fait dimanche ?	b.	Nous venons à 10 heures.
3.	Tes parents travaillent le samedi ?	c.	Non, ils sont libres.
4.	Est-ce que les filles mangent à la cantine ?	d.	Parce qu'il est malade.
5.	Tu as compris l'exercice d'allemand ?	e.	Oui, je l'ai déjà fait.
6.	Quand est-ce que vous venez ?	f.	Non, elles rentrent à midi.

Du konntest die Sätze wahrscheinlich deshalb richtig kombinieren, weil dir dabei die **Personalpronomen** geholfen haben. Unterstreiche alle **Personalpronomen**, die du in den Sätzen der Übung 1 findest. Diese Pronomen bilden das Subjekt des Satzes. Man nennt sie daher **Subjektpronomen**.

BOXENSTOPP

Neben den **verbundenen Personalpronomen**, die du unterstrichen hast, gibt es auch **unverbundene betonte Personalpronomen**. Man verwendet sie:

a. allein stehend ohne Verbindung mit einem Verb oder nach c'est.
b. zur besonderen Betonung eines verbundenen Personalpronomens.
c. nach allen Präpositionen.
d. als Dativ mit à, wenn beim Verb die Akkusative me, te, se, nous, vous stehen.
e. beim bejahten Imperativ (angeschlossen mit einem Bindestrich).

Unterstreiche in den folgenden Sätzen die unverbundenen Personalpronomen und gib an, auf welchen der oben genannten fünf Fälle die Sätze zutreffen. Manche unverbundenen Pronomen haben die gleiche Form wie die verbundenen Pronomen, andere sind jedoch anders. Wie lauten Sie? Vervollständige anschließend die Tabelle rechts.

1. Donne-moi le ballon ! [e]
2. C'est toi qui as rangé la cuisine? [ ]
3. Nous, on va en Bretagne, et eux, ils restent à Paris. [ ]
4. À qui est le stylo ? À moi. [ ]
5. Mon frère est arrivé. Je vous présente à lui. [ ]
6. Qui prépare le repas demain ? Moi. [ ]
7. Tes parents partent en vacances sans toi ? [ ]
8. Avec lui, on s'amuse toujours bien. [ ]
9. Moi, je reste à la maison ce soir. [ ]

verbundene Personalpronomen	unverbundene Personalpronomen
je	______
tu	______
il	______
elle	elle
nous	______
vous	vous
ils	______
elles	elles

•• Ergänze in den Antworten das unverbundene Personalpronomen.

1. C'est André qui joue de la guitare ? Oui, c'est __________ .
2. C'est toi qui as écrit la lettre ? Oui, c'est __________ .
3. Paul et Chantal, c'est vous ? Oui, c'est __________ .
4. __________ , je vais à la piscine, et __________ ?
5. Ce pull est à ta sœur ? Oui, il est à __________ .
6. Léa va au cinéma avec Paul ? Oui, elle y va avec __________ .

••• Ergänze im folgenden Text die Subjektpronomen.

Nicole est dans une librairie. __________ **(1)** cherche un livre sur l'Allemagne. Une vendeuse montre un livre à Nicole, mais __________ **(2)** est trop cher. En ce moment, Pascal et Dominic, deux amis de Nicole entrent dans la librairie. __________ **(3)** demandent à Nicole : « Salut Nicole, qu'est-ce que __________ **(4)** cherches ? » __________ **(5)** montre le livre à ses amis et dit : « __________ **(6)** voudrais bien acheter ce livre, mais __________ **(7)** est trop cher, __________ **(8)** n'ai pas assez d'argent sur moi. » Les amis disent : « Mais __________ **(9)** avons ce livre à la maison. __________ **(10)** peux l'avoir si tu veux. »
Les amis quittent la librairie. __________ **(11)** veulent encore aller au supermarché. Pascal dit : « __________ **(12)** pouvons faire des crêpes chez moi. __________ **(13)** as envie, Nicole ? »
Alors __________ **(14)** font les courses ensemble et vont chez Pascal.

••• Ergänze die Sätze mit den richtigen Pronomen.

vous je **nous** **vous** moi **toi** moi **tu**

1. __________ joue au tennis, et __________ ?
2. __________ , je préfère le volley.
3. __________ aimes aussi le foot ?
4. Oui, mon frère et __________ , __________ jouons au club de notre village ce soir.
5. Alors __________ venez ce soir ? On va jouer avec __________ .

18 Objektpronomen: direktes und indirektes Objekt

Französische Sätze werden streng noch folgendem Plan gebildet: **S – V – O.**

Subjekt	Verb	direktes Objekt	indirektes Objekt
Pascal	offre	le livre	à son ami.

• **Unterstreiche in der Frage das direkte oder indirekte Objekt, das im Antwortsatz durch die unterstrichenen Objektpronomen ersetzt wurde.**

1. Tu cherches Nicole ? – Oui, je la cherche, elle est là ?
2. Nicole promène le bébé des voisins. – Elle le promène tous les jours.
3. Qu'est-ce que Paul montre à son frère ? – Il lui montre sa voiture.
4. Est-ce que Martine dit bonjour à ses amis ? – Oui, elle leur dit bonjour.

•• **In der ersten Übung hast du die Objektpronomen in der 3. Person kennen gelernt. Ergänze die folgende Tabelle mit den Objektpronomen in der 3. Person.**

Subjekt	direktes Objekt	indirektes Objekt
je	me / m'	me / m'
tu	te / t'	te / t'
il	______	______
elle	______	______
nous	nous	nous
vous	vous	vous
ils / elles	______	______

Denke daran: Das direkte Objekt wird **direkt** an das Verb angeschlossen: chercher **qn**. Vor dem indirekten Objekt steht dagegen noch eine Präposition: dire bonjour **à qn**! Daher ist es wichtig, dass du die Verbanschlüsse immer mitlernst.

BOXENSTOPP

Die Objektpronomen stehen immer vor dem konjugierten Verb, auch im Passé composé. Die Verneinung umschließt das konjugierte Verb mit dem Objektpronomen. Nur bei Verben mit einem Infinitivanschluss (z.B. vouloir, pouvoir, savoir, aller faire qc), steht das Objektpronomen direkt vor dem Infinitiv.
Lies die folgenden Sätze durch und achte auf die Stellung des eingekreisten Objektpronomens.

1. Voilà mon bateau. Il te plaît ? – Non, il ne me plaît pas.
2. Tu dis bonjour à ta tante ? – Non, je ne veux pas lui dire bonjour.
3. Pascal a téléphoné à grand-mère ? – Oui, il lui a téléphoné.
4. Tu as déjà un cadeau pour Nicole ? – Oui, je vais lui offrir un CD.

•• **Verneine die folgenden Sätze.**

1. Tu lui offres un CD de Zazie ? Tu ne lui offres pas un CD de Zazie ?
2. Je leur ai dit bonjour. ______
3. Tu veux les inviter ? ______
4. Papa peut vous conduire à l'école. ______
5. Vous m'attendez au café ? ______
6. Il leur a montré son bateau. ______

••• **Setze in der Antwort ein Objektpronomen ein.**

1. Pascal a offert un CD à Nicole ? - Non, il ______ a offert un livre.
2. Tu peux promener le chien ? - Non, je ne peux pas ______ promener aujourd'hui.
3. Tu comprends les exercices d'allemand ? - Non, je ne ______ comprends pas.
4. Vous m'attendez au café ? - Non, on ______ attend devant le cinéma.
5. Papa, tu peux nous conduire chez Léa ? - Non, je ne peux pas ______ conduire maintenant.
6. Tu as téléphoné à tes grands-parents ? - Non, je ne ______ ai pas encore téléphoné.

••• **Verneine die folgenden Sätze. Lies dir zuvor noch den Tipp unten durch!**

1. Regarde-moi ! – Ne me regarde pas !
2. Attends-moi devant le cinéma. – ______
3. Donne le cahier à elle. – ______
4. Lave-toi les mains. – ______
5. Dis-moi la solution. – ______
6. Appelle-moi ce soir. – ______

Tipp: Beim bejahten Imperativ musst du das unverbundene Personalpronomen verwenden (vgl. Kap. 17, S. 100), ist der Imperativ jedoch verneint, steht ein Objektpronomen.

19 Stellung der Objektpronomen und *y / en*

BOXENSTOPP

Wenn in einem Satz zwei Objektpronomen vorkommen, so stehen sie in folgender Reihefolge:

me			
te	le	lui	
se	la	leur	y, en
nous	les		
vous			

Tu me donnes le livre? - Oui, je **te le** donne.
Il offre le CD à son cousin ? - Oui, il **le lui** offre.

Ortsangaben oder Ergänzungen mit de und à oder mit Teilungsartikel (vgl. Kap. 29, S. 124) werden durch die Pronomen y oder en ersetzt:
Tu viens de l'école? - Oui, j'**en** viens.
Il parle de son chien ? - Oui, il **en** parle.
Tu veux de la limonade ? - Oui, j'**en** veux
Donnez-moi des pommes. - Vous **en** voulez combien ?

Tu vas à Paris? - Oui, j'**y** vais.
Elle a pensé à ton livre ? - Oui, elle **y** a pensé.

- **Ordne die Antworten der richtigen Frage zu.**

1. Vous avez encore du lait ?
2. Tu as donné le livre à Pascal ?
3. Dominic t'a parlé de ses vacances ?
4. Il y a encore du café ?
5. Tu peux me montrer ta nouvelle maison ?
6. Tu as le nouveau CD de IAM ?
7. Karine est allée à Paris ?
8. Claire vous a montré son nouvel ordinateur ?
9. Tu as pensé à l'anniversaire de grand-père ?
10. Maman, tu m'achètes ce portable ?

a. Oui, je peux te le prêter, si tu veux.
b. Il m'en a parlé pendant deux heures.
c. Elle y est allée hier soir.
d. Si tu es sage, je te l'offre pour ton anniversaire.
e. Zut, je n'y ai pas pensé.
f. Elle ne nous l'a pas encore montré.
g. Non, je n'en ai plus.
h. Je te la montre la semaine prochaine.
i. Oui, tu en veux ?
j. Oui, je le lui ai donné hier.

•• **Antworte wie im Beispiel verneint und ersetze die unterstrichenen Satzteile durch Pronomen.**

1. Tu téléphones à Michel ? – Non, je ne lui téléphone pas.
2. Les Brancart viennent de Paris ? – Non, ______ .
3. Tu restes à Strasbourg pendant les vacances ? – Non, ______ .
4. Tu me montres la photo ? – Non, ______ .
5. Tu nous donnes les tickets ? – Non, ______ .

•• **Ordne den Fragen die passenden Antworten zu.**

1. Tu peux me prêter ton vélo ?
2. Tu peux nous prêter les CD ?
3. Tu peux prêter le livre à mon frère ?
4. Tu peux prêter la cassette à tes copains ?

a. Non, je ne la leur prête pas.
b. Non, je ne te le prête pas.
c. Non, je ne le lui prête pas.
d. Non, je ne vous les prête pas.

••• **Lies die kurze Zeitungsmeldung. Wofür stehen die Objektpronomen in den Sätzen? Schreibe in die Lücke, wofür die markierten Objektpronomen stehen.**

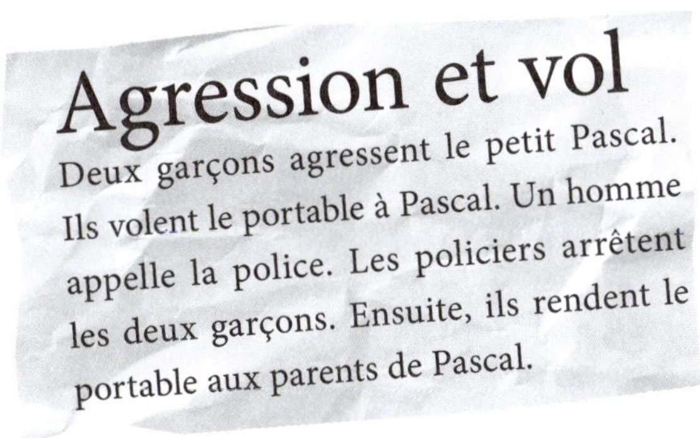

Agression et vol

Deux garçons agressent le petit Pascal. Ils volent le portable à Pascal. Un homme appelle la police. Les policiers arrêtent les deux garçons. Ensuite, ils rendent le portable aux parents de Pascal.

1. Ils **l'**agressent. Pascal
2. Ils **le lui** volent. ______ ______
3. Un homme **l'**appelle. ______
4. Ils **les** arrêtent. ______
5. Ils **le leur** rendent. ______ ______

••• **Unterstreiche in den folgenden Sätzen das direkte und das indirekte Objekt und schreibe hinter den Satz die Objektpronomen, die du dafür einsetzen kannst.**

1. Nous donnons la photo à Sophie. la – lui
2. Marc offre le cadeau à sa mère. ______ – ______
3. Tu donnes les cahiers au professeur ? ______ – ______
4. Je présente ma sœur aux copains. ______ – ______
5. Le prof donne les tickets de métro aux élèves. ______ – ______

20 Form und Stellung der Adjektive

- **Lies den Text zum Schlussverkauf und unterstreiche die Adjektive.**

Martine fait du 'shopping avec sa copine Clara. Dans une petite boutique où il y a des jeans italiens, Clara essaye un jean rouge et Martine regarde des jupes. Une jeune vendeuse lui montre une belle jupe. Mais elle est trop chère. Clara cherche encore des chaussures blanches pour le bal à l'école. Dans le magasin à côté, elle trouve des très belles chaussures qui ne sont pas trop chères.

BOXENSTOPP

Adjektive richten sich in Geschlecht und Zahl nach dem Nomen, das sie beschreiben:

le grand garçon – la grand**e** fille – les grand**s** garçons – les grand**es** filles

Allerdings bilden viele Adjektive die weibliche Form oder den Plural unregelmäßig. Du findest einige davon im obigen Text. Trage die fehlende Form in die Tabelle ein.

maskulin Singular	feminin Singular	maskulin Plural	feminin Plural
italien	italien**ne**	______	italien**nes**
______	rouge	rouges	rouges
cher	______	chers	______
blanc	blanche	blancs	______
beau / bel	belle	beaux	______
petit	______	petits	petites

Man kann die unregelmäßigen Adjektive, in kleine Gruppen einteilen:

- Adjektive, die auf -e enden, sind in der maskulinen und femininen Form gleich, z.B. moderne, drôle, triste.
- Adjektive auf -eux → -euse: danger**eux** – danger**euse**, heur**eux** – heur**euse**
- Adjektive auf -er → -ère: derni**er** – derni**ère**, ch**er** – ch**ère**
- Verdoppelung des Endkonsonanten: gro**s** – gro**sse**, nu**l** – nu**lle**, bo**n** – bo**nne**
- Adjektive auf -f → -ve: neu**f** – neu**ve**, sporti**f** – sporti**ve**
- Adjektive auf -al → -aux im Plural: internation**al** (m. Sg.)- internation**aux** (m. Pl.)
- Adjektive mit fünf Formen: Einige Adjektive haben im Singular eine zweite maskuline Form, wenn sie vor einem Nomen mit Vokal oder stummem h stehen:
  un beau village – un **bel** hôtel – une belle ville – des beaux jeans – des belles jupes
  nouveau / **nouvel**, nouvelle, nouveaux, nouvelles – vieux / **vieil**, vieille, vieux, vieilles
- Einige Adjektive haben Sonderformen, die man einfach lernen muss. Dazu gehören: blanc – blanche, faux – fausse, fou – folle, long – longue, sympa – sympa

<u>Stellung der Adjektive:</u>

Die meisten Adjektive stehen **hinter** dem Nomen. Nur ganz wenige Adjektive stehen **davor**: grand, petit, jeune, vieux, bon, mauvais, beau, joli, gros, haut.

•• Ergänze die Adjektive im Text und gleiche sie an die Nomen an, wenn nötig.

heureux bon breton difficile petit grand nouveau cher petit romain fou

Au cinéma, on joue le ________________ (1) film d'Astérix. Jeanne et Nicole sont ________________ (2). Elles ont des ________________ (3) places qui n'étaient pas trop ________________ (4). L'histoire se passe dans un ________________ (5) village ________________ (6). La vie est très ________________ (7) pour les garnisons ________________ (8). Le ________________ (9) Astérix avec sa ________________ (10) intelligence et son copain arrivent toujours à gagner les bagarres. Obélix dit toujours : « Ils sont ________________ (11), les Romains ! »

•• Ergänze die Adjektive zu den Ländern und Regionen.

Land	Adjektiv maskulin	Adjektiv feminin
l'Allemagne	allemand	________________
la France	________________	________________
l'Italie	________________	________________
l'Autriche	autrichien	________________
l'Algérie	________________	algérienne
la Bretagne	________________	________________

••• Setze das passende Adjektiv in den Satz ein. Jedes Adjektiv kann nur in einem Satz sinnvoll passen, eines bleibt übrig.

difficiles nouveau grandes blanches bleu verte beau nouvel

1. Ma sœur a acheté des chaussures ________________ .
2. Marcel a deux ________________ sœurs.
3. J'ai échangé ma jupe ________________ contre le pull ________________ de Karine.
4. Mes parents m'ont offert un ________________ ordinateur pour mon anniversaire.
5. Notre ________________ prof de maths fait des tests très ________________ .

21 Steigerung der Adjektive

- **Im folgenden Text findest du acht Vergleiche. Unterstreiche sie.**

Cette semaine, la classe de Sylvie fait un stage professionnel. Bien sûr, ce stage est plus intéressant que les cours à l'école. Sylvie travaille dans un restaurant. C'est le restaurant le plus cher de la ville. Les repas y sont meilleurs qu'à la cantine de l'école, mais ils sont aussi plus chers. Le travail de Sylvie commence plus tôt que l'école. Elle court toute la journée, et le soir elle est plus fatiguée qu'après une journée à l'école. Elle apprend beaucoup de choses. Elle sait maintenant que les verres à vin rouge sont plus grands que les verres à vin blanc. Et surtout le patron est très sympa, plus sympa que son prof de maths ...

BOXENSTOPP

Es gibt drei Möglichkeiten, den Komparativ (Vergleichsform) des Adjektivs zu bilden:

aussi + Adj. + que — *genauso ... wie*
plus + Adj. + que — *mehr ... als*
moins + Adj. + que — *weniger ... als*

Karim est **aussi grand que** Luc.
Karim est **plus grand que** Marie.
Marie est **moins grande que** Karim et Luc.

Luc Karim Marie

Man kann aber nicht nur sagen, dass etwas größer, kleiner oder genauso groß ist, sondern man kann auch die höchste Stufe des Vergleichs, den Superlativ ausdrücken. Der Superlativ wird gebildet mit le / la / les plus + Adj. (+ de) oder le / la / les moins + Adj. (+ de):
Paris est **la plus grande** ville de France. (bei vorangestelltem Adjektiv)
Sandra est la fille **la plus gentille** de notre classe. (bei nachgestelltem Adjektiv)

Ein Adjektiv bildet den Komparativ und den Superlativ unregelmäßig:
bon – meilleur – le / la meilleur(e) (*gut – besser – der / die / das beste*)
Pascal est **le meilleur** élève de notre classe.

Auch beim Komparativ und Superlativ musst du das Adjektiv in Geschlecht und Zahl an das Nomen angleichen:
Pascal est plus sporti**f** que son copain. Karine est plus sporti**ve** que Léa.
Les filles sont meilleur**es** en maths que les garçons.
J'ai passé les plus **belles** vacances en France.

•• **Bilde Vergleiche mit plus ... que, moins ... que oder aussi ... que.**

1. beau – la France – l'Allemagne La France est aussi belle que l'Allemagne ______.
2. grand – Karine (1m67) – Sylvie (1m67) ______.
3. petit– l'Espagne – la Belgique ______.
4. rapide – l'avion – le train ______.

••• **Bilde Superlative. Achte auf die richtige Stellung und die Angleichung des Adjektivs.**

1. le TGV – rapide – train en France

   Le TGV est le train le plus rapide en France. ______.
2. Pierre – bon – élève de notre classe

   ______.
3. Le Louvre – intéressant – musée de Paris

   ______.
4. Paris – grand – ville de la France

   ______.

••• **Zwei Touristen unterhalten sich über Frankreich. Ordne die Wörter in den Sätzen richtig.**

- moi | Pour | , | de | plus | belle | est | la | Strasbourg | France | ville | . |

  ______.
- vrai | C'est | , | est | Strasbourg | plus | Paris | que | mais | important | . |

  ______.
- Paris | À | , | la | les | restaurants | de | France | toute | trouve | meilleurs | on | . |

  ______.
- chers | se | restaurants | Les | les | les | plus | sur | trouvent | Champs-Élysées | . |

  ______.

22 Verneinung

- **Ordne die Antworten den richtigen Fragen zu und unterstreiche die Verneinungselemente.**

1. Tu as déjà fait tes devoirs ?
2. Marc va au cinéma ?
3. Vous connaissez quelqu'un ici ?
4. Ils ont trouvé un nouveau pull ?
5. Pascal va toujours au club de foot ?
6. Tu as déjà fait un voyage au Maroc ?
7. Qui a préparé le repas ?
8. Ça marche bien à l'école ?

a. Non, il n'y va pas.
b. Ils n'ont rien trouvé.
c. Je n'étais jamais au Maroc.
d. Rien ne marche à l'école.
e. Je crois qu'il n'y va plus.
f. Je n'y connais personne.
g. Personne n'a eu le temps de le préparer.
h. Je ne les ai pas encore faits.

BOXENSTOPP

Einige Verneinungselemente hast du in der Übung gefunden.
Hier nochmal der Überblick:

ne ... pas	*nicht*	ne ... pas du tout	*überhaupt nicht, gar nicht*
ne ... rien	*nichts*	ne ... rien du tout	*gar nichts*
ne ... jamais	*nie*	ne ... plus jamais	*nie mehr*
ne ... plus	*nicht mehr*	ne ... pas non plus	*auch nicht*
		ne ... pas encore	*noch nicht*

Stellung der Verneinungselemente

- Die Verneinungselemente ne ... pas / rien / jamais ... etc. umschließen das Verb. Wenn dem Verb ein Objektpronomen vorangestellt wird, dann rückt dieses zwischen ne und dem Verb: Je **ne** les connais **pas**. (vgl. Kap. 18 und 19, S. 102 f.)
- Im Passé composé umschließen die Verneinungselemente nur die konjugierte Form von avoir oder être, bei Verwendung eines Hilfsverbs (z.B. vouloir, pouvoir, aller) steht dieses zwischen den Verneinungselementen:
Elle **n'**est **pas** venue. – Je **ne** peux **pas encore** faire mes devoirs. – Il **ne** s'ennuie **pas**.
- Eine Ausnahme ist die Stellung der Verneinung bei ne ... personne. Hier steht das zweite Element (personne) immer nach dem Participe passé und nach dem Infinitiv:
Je **n'**ai rencontré **personne**. Je **ne** vais rencontrer **personne**.
- Die Verneinungswörter personne ne (*niemand*) und rien ne (*nichts*) sind die Verneinung von quelqu'un (*jemand*) und quelque chose (*etwas*). Sie sind Subjekt oder direktes Objekt des Satzes (vgl. Antwort d. und g.). Man kann sie auch mit einem Objekt mit den Präpositionen à, de, avec kombinieren: Je ne parle à personne. – *Ich spreche mit niemandem.*

Nach ne ... pas, ne ... plus, ne ... jamais steht bei einem folgenden Objekt nur de anstelle von du, de la, de l' oder des:
Tu veux **du** coca ? – Non merci, je ne bois pas / plus / jamais **de** coca.

•• **Bringe die Wörter in den folgenden Sätzen wieder in die richtige Reihenfolge.**

1. tout. | m'intéressent | pas | maths | ne | Les | du |

   ____.

2. jamais | en | passer | veux | Je | vacances | ne | les | Espagne. |

   ____.

3. foot. | ne | plus | jouer | au | Pascal | peut |

   ____.

4. vu | n'a | Personne | mon | frère. |

   ____.

5. Sylvie. | pour | rien | trouvé | de | Nous | n' | l'anniversaire | avons |

   ____.

••• **Übersetze die folgenden Sätze.**

1. Ich denke an nichts. ______________________________
2. Er versteht gar nichts. ______________________________
3. Wir haben niemanden gesehen. ______________________________

••• **Beantworte die Fragen verneint.**

1. Tu as déjà vu le nouveau film d'Astérix ? ______________________________

   ____

2. Tu joues toujours au foot ? ______________________________

   ____

3. Tu as trouvé un pull ? ______________________________

   ____

4. Tu connais quelqu'un au club ? ______________________________

   ____

5. Quelqu'un a sonné à la porte ? ______________________________

   ____

23 Imperativ

- **Um eine Aufforderung oder einen Befehl auszudrücken, verwendet man den Imperativ. Sicher hast du in der Schule die folgenden Anweisungen schon gehört oder gelesen. Unterstreiche die Imperativformen, die in den folgenden Sätzen vorkommen.**

1. Cherchez les verbes dans le texte.
2. Traduis les phrases.
3. Posez des questions et répondez.
4. Ne parle pas avec ton voisin.
5. Faites un dialogue et jouez-le.

BOXENSTOPP

Der Imperativ wird gebildet aus:

- der 1. Person Singular des Verbs:
  je travaille – **Travaille !**, j'attends – **Attends !**
- der 2. Person Plural des Verbs:
  vous regardez – **Regardez !**, vous finissez – **Finissez !**
- der 1. Person Plural des Verbs:
  nous cherchons – **Cherchons !**, nous dormons – **Dormons !**

Die Form für die 1. Person Plural wird verwendet, wenn man selbst zu der Gruppe gehört, an die sich eine Aufforderung richtet, im Deutschen übersetzt man hier oft mit: *Lasst uns …*

Nur insgesamt fünf Verben haben unregelmäßige Imperativformen:

être: sois, soyez, soyons
avoir: aie, ayez, ayons
aller: va, allez, allons
savoir: sache, sachez, sachons
vouloir: veuille, veuillez

Das Subjektpronomen fällt beim Imperativ immer weg.

Objektpronomen stehen im bejahten Imperativsatz **mit Bindestrich hinter** dem Verb und im **verneinten Imperativsatz** vor dem Verb.
Bei dem nachgestellten Pronomen stehen statt me und te die unverbundenen Pronomen moi und toi (vgl. Kap. 17 bis 19, ab S. 100). Das gilt auch für reflexive Verben (vgl. Kap. 5, S. 76).

Bejahter Imperativ	Verneinter Imperativ
Cherchons-les.	Ne les cherchons pas.
Lève-toi.	Ne te lève pas.
Appelez-moi.	Ne m'appelez pas.

Formuliere die folgenden Anweisungen und Fragen um und verwende dabei Imperative.

1. Tu dois faire l'exercice. Fais l'exercice.
2. Vous devez corriger les phrases. ______.
3. Tu peux me donner ton cahier ? ______.
4. Vous pouvez m'appeler ce soir ? ______.
5. Nous pouvons finir le travail. ______.
6. Vous pouvez vous lever. ______.
7. Tu dois les attendre ici. ______.
8. Tu dois te dépêcher. ______.

Suche im Wortkasten die Imperativformen (waagrecht und senkrecht) und setze sie in den passenden Satz ein.

1. Ne ______ pas trop longtemps la télé, les enfants.
2. ______ de parler tout le temps.
3. ______ ton vélo et ______ avec moi.
4. ______, c'est la nouvelle chanson de Madonna.
5. ______-moi ton cahier, s'il te plaît.
6. ______-moi, Monsieur, je suis en retard.
7. ______ faire un tour en ville.
8. ______ les phrases.

h	r	e	g	a	r	d	e	z
a	v	e	x	c	u	s	e	z
l	d	v	a	o	v	p	é	p
l	o	z	r	r	i	x	c	r
o	n	f	r	r	e	s	o	e
n	n	z	ê	i	n	g	u	n
s	e	n	t	g	s	c	t	d
z	r	a	e	e	o	c	e	s
c	u	h	b	z	h	j	h	y

24 Frageformen

BOXENSTOPP

Es gibt zwei Arten von Fragen:

- Die **Entscheidungsfrage** wird mit *ja* oder *nein* beantwortet.
  Bei der Intonationsfrage und der Frage mit est-ce que ist der Satzbau der gleiche wie im Aussagesatz (**S**ubjekt - **V**erb - **O**bjekt), bei der Inversionsfrage steht das Subjekt mit Bindestrich hinter dem Verb.

Intonationsfrage	Frage mit **est-ce que**	Inversionsfrage
Tu travailles ?	Est-ce que tu travailles ?	Travailles-**tu** ?

- Die **Ergänzungsfrage** oder **Teilfrage** erfragt ein Satzglied und wird mit einem Fragewort gebildet. Auch hier sind drei Frageformen möglich. Bei der Intonationsfrage wird das Fragewort an den Schluss gestellt.

Intonationsfrage	Frage mit **est-ce que**	Inversionsfrage
Tu viens **quand** ?	**Quand** est-ce que tu viens ?	**Quand** viens-tu ?

Die folgenden vier Fragen werden häufig verwechselt. Merke dir deshalb:
Fragen nach Personen beginnen mit **qui**, Fragen nach Sachen beginnen mit **que**. Bei Fragen nach dem Subjekt endet das Fragewort mit **qui**, bei Fragen nach dem Objekt mit **que**:
Qui est-ce **qui** est arrivé ? (wer?) – **Sébastien** arrive. (Subjekt, Person)
Qu'est-ce **qui** te plaît ? (was?) – **Le pull bleu** me plaît bien. (Subjekt, Sache)
Qui est-ce **que** tu as vu ? (wen?) – J'ai vu **Sébastien**. (Objekt, Person)
Qu'est-ce **que** tu prends ? (was?) – Je prends **le pull bleu**. (Objekt, Sache)

- **In diesem Wortkasten sind waagrecht und senkrecht acht Fragewörter versteckt, mit denen du eine Teilfrage einleiten kannst. Schreibe sie in die Zeilen.**

____
____
____
____
____
____
____
____

p	q	u	a	n	d	o	q	e
o	y	r	n	c	k	c	u	u
u	l	t	p	o	o	ù	i	v
r	a	f	b	m	c	i	d	q
q	u	e	l	m	a	n	r	u
u	o	v	c	e	e	r	l	e
o	j	d	s	n	y	n	c	t
i	k	m	m	t	f	i	c	p
e	c	o	m	b	i	e	n	y

•• Ordne die Fragen und Antworten richtig zu und ergänze das Fragewort.

1. __________ est-ce que le film commence ?
2. __________ est-ce qu'on offre à Pascal pour son anniversaire ?
3. __________ est-ce que tu n'es pas venu ?
4. __________ allez-vous le week-end ?
5. __________ a préparé le repas ?

a. Nous allons chez mes grands-parents.
b. C'est moi.
c. Il commence à 8 heures.
d. Parce que je n'avais pas le temps.
e. J'ai acheté un CD pour Pascal.

••• Frage nach den unterstrichenen Satzteilen. Verwende immer die Frage mit est-ce que.

1. Nous achetons <u>un CD</u> pour l'anniversaire de Claire.

   ____

2. Il ne joue pas au foot <u>parce qu'il a la grippe aujourd'hui</u>.

   ____

3. Ils ont acheté <u>deux bouteilles</u> d'eau minérale.

   ____

4. <u>Carole</u> a sonné à la porte.

   ____

5. Ils sont allés <u>au cinéma</u>.

   ____

••• Formuliere die folgenden Inversionsfragen um zu Fragen mit est-ce que.

1. Que cherchez-vous ? ____
2. Où as-tu trouvé ce pull ? ____
3. Comment ont-ils fait l'exercice ? ____
4. Pourquoi êtes-vous venus ? ____

25 Direkte und indirekte Rede und Fragen

- **Lies den Dialog zwischen Sophie und Anne. Lies dann rechts, wie Sophie einer anderen Freundin erzählt, was sie von Anne erfahren hat. Ergänze anschließend die Regeln unten im Kasten.**

J'ai demandé à Anne si elle connaît la nouvelle copine de Pascal. Elle m'a dit qu'il était au cinéma avec elle hier soir. Elle a aussi raconté qu'elle s'appelle Clara et qu'elle va au lycée. J'ai demandé comment Anne la trouve. Anne trouve qu'elle est bête et qu'elle n'est même pas jolie.

Wenn du darüber berichtest, was eine andere Person gesagt hat, verwendest du statt der wörtlichen Rede (le discours direct) die indirekte Rede (le discours indirect).

1. In der indirekten Rede werden **Aussagesätze** mit dem Bindewort ____________ eingeleitet, das vor einem Vokal zu ____________ verkürzt wird.
2. In der indirekten Frage fällt ____________ grundsätzlich weg.
3. **Entscheidungsfragen** werden mit dem Bindewort ____________ eingeleitet, das nur vor il / ils zu s' verkürzt wird.
4. **Teilfragen** werden mit dem **gleichen Fragewort** wie in der direkten Rede eingeleitet.
5. Sätze in der 1. und 2. Person stehen in der indirekten Rede oft in der 3. Person.
6. Vor que und si steht kein Komma.

Denke daran, dass die Pronomen, Verbformen und Begleiter in der indirekten Rede eventuell angepasst werden müssen:
Sarah : « **Je vais** me promener avec mon chien cet après-midi. »
→ Sarah dit qu'**elle va se** promener avec **son** chien cet après-midi.

•• **Ergänze in den indirekten Fragen die Fragewörter quand, où, pourquoi, qui, comment, si.**

1. Mon père veut savoir ______________________ j'ai trouvé le film hier soir.
2. Pascal demande au prof ______________________ les correspondants vont arriver.
3. Le gendarme m'a demandé ______________________ j'habite.
4. Tu peux me dire ______________________ le prof de maths est là demain ?
5. Explique-moi ______________________ tu n'as pas fait tes devoirs.
6. Dis-moi ______________________ a cassé cette assiette.

••• **Luc schickt seinem Freund eine E-Mail, weil er nicht am Schulausflug teilnehmen kann. Pascal erzählt den Freunden, was Luc geschrieben hat. Ergänze die Sätze. Achte dabei besonders darauf, die Pronomen und Verbformen anzupassen (Personalpronomen und Possessivpronomen).**

Salut Pascal

Salut Pascal,
je ne peux pas aller à l'excursion avec vous. J'ai eu un accident. Maintenant j'ai mal à la jambe et je ne peux pas marcher. Mon père a déjà informé notre prof. Quand est-ce que vous rentrez de l'excursion ? Est-ce que tu peux venir ce soir chez moi ? J'ai une question sur les devoirs de maths.
À bientôt, Luc

1. Luc dit qu'il ____
____ .
2. Il raconte ____ .
3. Il dit ____ .
4. et ____ .
5. Il explique ____
____ .
6. Il veut savoir ____ .
7. Il me demande ____ .
8. Il dit ____
____ .

26 Relativsätze

- **Kannst du die folgenden Rätsel lösen? Schreibe das richtige Wort in die Lücke.**

un chat **un billet** les vacances **l'aéroport** le marché **un professeur**

Qu'est-ce que c'est ?

1. Un endroit où on va pour prendre l'avion : ____________
2. Une personne qui travaille dans une école : ____________
3. Une période que tous les élèves aiment bien : ____________
4. Un animal qui mange des souris : ____________
5. Un endroit où on peut acheter des fruits et des légumes : ____________
6. Un document qu'il faut acheter pour prendre le train ou le bus : ____________

BOXENSTOPP

Die unterstrichenen Textstellen in den Rätseln sind **Relativsätze**. Sie geben Informationen zum Nomen, das ihnen vorausgeht (Bezugswort). Relativsätze beginnen mit einem Relativpronomen oder mit einer Präposition + Relativpronomen.

Die folgenden Sätze zeigen die verschiedenen Relativpronomen und ihre Verwendung:

Tout le monde aime **Luc**. (Objekt) – Luc est le copain **que** tout le monde aime.

Luc est très sportif. (Subjekt) – Luc est un copain **qui** est très sportif.

Je travaille souvent **avec Luc**. (Ergänzung mit Präposition) – Luc est un copain **avec qui** je travaille souvent.

Tout le monde parle **de Luc**. (Ergänzung mit de) – C'est le copain **dont** tout le monde parle.

Luc habite **dans cette maison**. (Ortsangabe) – C'est la maison **où** Luc habite.

In Relativsätzen richten sich Adjektive nach dem Bezugswort vor dem Relativsatz:

C'est **une école** qui est très grand**e**.

Wenn der Relativsatz im Passé composé steht, richtet sich das Partizip nach dem Bezugswort:

C'est **la fille** que j'ai rencontré**e** hier. Ce sont **les photos** que j'ai pris**es** pendant les vacances.

Es gibt auch Relativsätze ohne direktes Bezugswort. Sie werden durch die Relativpronomen ce qui und ce que eingeleitet:

Ma copine m'a raconté **ce qui** s'est passé à l'école. Pascal a oublié **ce que** sa mère lui a dit.

Das Relativpronomen que wird vor einem Vokal zu qu' verkürzt, qui wird dagegen immer ausgeschrieben.

•• **Ergänze die Sätze mit qui, que, ce que oder ce qui.**

Je ne suis pas content de l'argent de poche ________ (1) ma mère me donne. Avec cette somme, je ne peux pas faire ________ (2) je veux. Mais quand je dis à grand-mère ________ (3) je n'ai plus d'argent, elle me donne la somme ________ (4) il me faut. Alors je peux acheter ________ (5) me plaît. Ce sont surtout les vêtements ________ (6) j'adore. Hier j'ai montré à ma mère un pull ________ (7) j'ai acheté en ville. Ma mère disait seulement : « C'est grand-mère ________ (8) t'a donné l'argent ? »

•• **Ergänze die Hauptsätze mit dem richtigen Relativsatz.**

1. Au collège il y a quatre classes
2. À midi, beaucoup d'élèves vont à la cantine
3. Les élèves vont à la bibliothèque du collège
4. Au CDI il y a aussi des CD

a. où ils mangent.
b. qu'on peut écouter.
c. qui s'appelle CDI.
d. qui s'appellent la sixième, la cinquième, la quatrième et la troisième.

••• **Hier einige Tipps für einen Parisbesuch. Verbinde die beiden Sätze und verwende dabei einen Relativsatz.**

1. À la réception de l'hôtel, on vous donne les adresses. Vous cherchez les adresses.

   À la réception de l'hôtel, on vous donne les adresses que vous cherchez.

2. Montez au troisième étage de la tour Eiffel. Au troisième étage on a une belle vue sur Paris.

   ____

   ____

3. Achetez le Pariscope. Le Pariscope vous donne le programme pour une semaine.

   ____

   ____

4. Circulez à pied dans le quartier. Vous voulez découvrir le quartier.

   ____

   ____

27 Zahlen

- **Die Zahlen bis 100. Verbinde das Zahlwort links mit der richtigen Zahl rechts.**

1.	quatre-vingt-quatorze	a.	77
2.	trente-cinq	b.	99
3.	quatre-vingt-neuf	c.	51
4.	soixante-dix-sept	d.	35
5.	cinquante et un	e.	94
6.	quatre-vingt-dix-neuf	f.	89

BOXENSTOPP

Die Zahlen bis 100

- Ab der Zahl 17 werden die Zahlwörter aus zwei Elementen zusammengesetzt (dix-sept, vingt-deux), die mit Bindestrich verbunden sind.
- Nur die Zahl 1 wird bis 61 mit et angeschlossen (vingt **et** un, trente **et** un).
- Für die Zahlen 70, 80 und 90 gibt es kein eigenes Zahlwort. Diese zusammengesetzten Zahlwörter musst du dir deshalb besonders gut einprägen.

70 soixante-dix	80 quatre-vingt**s**	90 quatre-vingt-dix
71 soixante et onze	81 quatre-vingt-un	91 quatre-vingt-onze
72 soixante-douze	82 quatre-vingt-deux	92 quatre-vingt-douze

Die Zahlen von 100 bis 1.000.000

- Glatte Hunderter bekommen ein Plural-s: trois cent**s** (300) – aber trois cent dix (310).
- Mille (1000) ist immer unveränderlich: trois mille (3000).
- Million hat im Plural immer ein -s: deux million**s** deux cent mille deux cents (2.200.200).
- Million wird wie eine Mengenangabe betrachtet (vgl. Kap. 30, S. 126), nachfolgende Nomen werden daher mit de angeschlossen: trois millions **d'**euros, deux millions **d'**habitants. Das de entfällt, wenn eine weitere Zahl folgt: deux millions trois cent mille habitants.

Die Ordnungszahlen

Du bildest die Ordnungszahlen, indem du an die Grundzahl die Endung -ième anhängst. Wenn die Zahl auf -e endet, dann entfällt dieses -e bei der Ordnungszahl:

deux – le / la deuxième	onze – le / la onzième (kein Apostroph!)
vingt et un – le / la vingt et unième	soixante-dix – le / la soixante-dixième
deux cent – le / la deux centième	mille – le / la millième

Ausnahme: le premier / la première – *der / die erste*, le second / la seconde – *der / die zweite*.

Wichtige Bruchzahlen: un demi – 1/2, un tiers – 1/3, un quart – 1/4

Alle weiteren Bruchzahlen werden mit den Ordnungszahlen gebildet: un cinquième – 1/5.
Auf der Seite 254 f. findest du eine Übersicht über die Grund- und Ordnungszahlen.

• • Wie lauten diese Zahlen? Schreibe die Zahl in Worten in die Kästchen.

91: □□□□□□□□□□□□□□□□□ 16: □□□□□

6: □□□ 30: □□□□□□

44: □□□□□□□□□□□□□□□

80: □□□□□□□□□□□□□ 13: □□□□□□

70: □□□□□□□□□□□□□ 50: □□□□□□□□□

75: □□□□□□□□□□□□□□□

• • • Lies den folgenden Text und überprüfe anschließend, ob du die richtigen Informationen aus dem Text entnehmen kannst, indem du die passende Zahl ankreuzt.

La plus grande ville de France c'est, bien sûr, Paris avec ses deux millions cent cinquante-deux mille habitants. Dans toute la région parisienne vivent neuf millions six cent mille personnes. À Roissy, le plus grand aéroport du pays, il y a trente-huit millions sept cent mille passagers par an. Le métro par contre a trois cent soixante-sept millions de voyageurs par an. Le monument le plus célèbre de Paris est la tour Eiffel avec six millions trois cent soixante et onze mille visiteurs par an. Pour y monter à pied, il faut prendre mille six cent soixante-cinq marches.

1. Paris hat
- a. 2.520.000
- b. 2.152.000
- c. 2.250.000

Einwohner.

2. Im Großraum Paris wohnen
- a. 6.900.000
- b. 9.006.000
- c. 9.600.000

Menschen.

3. Der Flughafen Roissy hat jährlich
- a. 38.007.000
- b. 380.700.000
- c. 38.700.000

Passagiere.

4. Jährlich fahren
- a. 367.000.000
- b. 367.000
- c. 377.000

Menschen mit der Métro.

5. Der Eiffelturm hat jedes Jahr
- a. 6.361.000
- b. 6.611.000
- c. 6.371.000

Besucher.

6. Wer zu Fuß auf den Eiffelturm steigt, muss
- a. 1665
- b. 6105
- c. 1165 Stufen

überwinden.

28 Zeit- und Ortsangaben, Präpositionen

Präpositionen sind unveränderliche Wörter. Sie bezeichnen einen Bezug zu anderen Wörtern oder Wortgruppen. Dieser Bezug kann sein:

- örtlich,
- zeitlich,
- der Art und Weise.

Einige Präpositionen können im Deutschen sehr unterschiedliche Bedeutungen haben.
Je fais un voyage **en France**. (nach *Frankreich*) J' y vais **en été**. (im *Sommer*)
Je voyage **en autobus** (mit *dem Bus*) et je voyage **en groupe**. (in *einer Gruppe*)

- Präpositionen bei Ortsangaben. **Unterstreiche im folgenden Text alle Präpositionen. Ordne sie dann der passenden Übersetzung zu. Zu einer deutschen Übersetzung können mehrere französische Entsprechungen passen.**

Pierre habite maintenant à Strasbourg. Aujourd'hui, c'est sa première journée au collège. Il va dans la salle de sa classe et s'installe à une table libre. La table se trouve devant le tableau. Il met ses livres sur la table. Le garçon derrière Pierre est sympa ...

in / im ______ ______ ______
an ______
auf ______
vor ______
hinter ______

- Präpositionen bei Zeitangaben. **Ordne die folgenden Zeitangaben richtig zu.**

1.	à dix heures	a.	im Frühling
2.	au printemps	b.	in 2 Stunden (von jetzt an)
3.	vers midi	c.	seit einem Jahr
4.	pendant les vacances	d.	um 10 Uhr
5.	en quatre heures	e.	nach den Ferien
6.	pour trois mois	f.	vor einem Jahr
7.	avant le 12 octobre	g.	bis zum Ende
8.	après les vacances	h.	gegen 12 Uhr
9.	il y a un an	i.	vor dem 12. Oktober
10.	dans deux heures	j.	3 Monate lang
11.	jusqu'à la fin	k.	innerhalb von 4 Stunden
12.	depuis un an	l.	während der Ferien

•• **Setze die richtige Präposition in den Satz ein. Du kannst jede Präposition zweimal verwenden.**

dans après derrière depuis à en

1. Pour trouver une bonne place, il ne faut pas venir ______________ 19 heures.
2. Il est allé ______________ sa chambre.
3. Nous habitons ______________ Paris ______________ deux mois.
4. Ma sœur est née ______________ 1995.
5. Je suis rentré tout de suite ______________ le cinéma.
6. ______________ notre maison, nous avons un petit jardin.
7. Il a passé les vacances ______________ Angleterre.
8. Tu peux venir chez moi ______________ 10 heures ?
9. Il est dans notre classe ______________ le mois de novembre.
10. Les vacances commencent ______________ deux semaines.
11. La poste se trouve juste ______________ l'église.

••• **Rekonstruiere die folgenden Sätze und unterstreiche die Präpositionen.**

1. à | vais | au | été, | je | En | vélo. | collège |

____

2. se | mairie. | minutes | trouve | poste | deux | La | à | la | de |

____

3. en | a | minutes. | fait | vingt | l'exercice | Il |

____

4. dans | sa | Ma | une | sœur | est | avec | chambre | copine. |

____

5. à | les | suis | rentré | maison. | cours, | Après | je | la |

____

6. Il | deux | dans | notre | depuis | mois. | est | classe |

____

29 Teilungsartikel

Der Teilungsartikel ist eine Sonderform des unbestimmten Artikels (vgl. Kap. 1, S. 68). Er wird immer dann verwendet, wenn keine konkreten Angaben über eine Menge gemacht werden. Der Teilungsartikel wird gebildet aus de + bestimmter Artikel und hat folgende Formen: du, de la, de l', des.

Im Deutschen steht an der Stelle kein Artikel:
Je mange **des** frites. – *Ich esse Pommes.*
J'achète **du** lait. – *Ich kaufe Milch.*

Willst du eine Menge oder ein bestimmtes Produkt angeben, verwendest du entweder den bestimmten oder unbestimmten Artikel, eine Zahl oder eine Mengenangabe mit de (vgl. Kap. 30, S. 126): Je prends **une** baguette. Elle coûte combien, **la** baguette ?

Wird ein Satz mit Teilungsartikel verneint, so steht statt des Teilungsartikels nur noch de. Je ne mange pas **de** frites. (vgl. Kap. 30, S. 126)

- **Unterstreiche im Text alle Begriffe mit einem Teilungsartikel (insgesamt 11).**

C'est samedi après-midi. Pascal et ses amis veulent faire des crêpes. Ils regardent dans la cuisine.

Pascal : Il y a des œufs et du beurre. Qu'est-ce qu'il faut encore pour faire des crêpes ?
Nadine : Nous devons encore acheter de la farine, du sucre et du lait. Allez, on va au supermarché.
Pascal : Il nous faut aussi quelque chose à boire. Achetons de la limonade et de l'eau minérale.
Nadine : Prenons aussi de la confiture et de la crème chantilly pour la garniture.

- **Jede der folgenden Wortgruppen enthält einen Begriff, der nicht dazu passt. Unterstreiche ihn.**

1. du vin – de la limonade – ~~du pain~~ – de l'eau minérale – du café *kein Getränk*
2. des frites – du fromage – de la charcuterie – du pain – des stylos
3. du beurre – de la farine – des œufs – des timbres – du sucre
4. de la salade – des artichauts – des tomates – de la viande – des fruits
5. de la sauce – du riz – des pâtes – des pommes de terre – des frites
6. des cahiers – de l'eau – des livres – des gommes – de la colle

• • **Setze im folgenden Gespräch den Teilungsartikel ein.**

C'est l'anniversaire de Léa. Elle prépare une fête avec son frère Daniel.

1. **Léa :** Tu pourrais aller au supermarché avec maman et acheter ________ boissons.
2. **Daniel :** Qu'est-ce qu'on prend ? Tu veux ________ coca ?
3. **Léa :** Oui, et achetez aussi ________ limonade et ________ eau minérale.
4. **Daniel :** Tu vas faire ________ sandwichs pour ce soir ?
5. **Léa :** Oui, il me faut ________ beurre, ________ jambon et ________ fromage.
6. **Daniel :** Et comme dessert, on pourrait faire une mousse au chocolat.
7. **Léa :** C'est trop de travail. Prenez plutôt ________ glace ou ________ sorbets.

• • **Setze le, la, les oder du, de la, des in die Lücken ein.**

1. Je voudrais ________ lait. C'est combien, ________ lait ?
2. Je prends aussi ________ vin rouge. Je prends ________ vin rouge à 3,80 €.
3. Je voudrais ________ pommes. Donnez-moi ________ deux grosses pommes là-bas.
4. ________ limonade est trop chère ici. On achète ________ limonade au supermarché.
5. Il me faut encore ________ fromage. Mon mari aime beaucoup ________ fromage.

• • • **Rekonstruiere die folgenden Sätze. Achte dabei besonders auf die Teilungsartikel.**

1. sucre | café | avec | bois | ton | Tu | du | ? |

   ____

2. avons | de | encore | nous | Est-ce | jus | que | du | fruits | ? |

   ____

3. Pour | crêpes | faire | des | , | la | farine | faut | il | de | . |

   ____

4. minérale | de | l' | eau | tu | que | Est-ce | acheté | as | ? |

   ____

30 Mengenangaben mit *de*

BOXENSTOPP

Vergleiche Pascals Gedanken während des Einkaufens mit dem Text rechts. Was stellst du fest?

Pascal rentre du supermarché.
Il a acheté une boîte de lait, six bouteilles d'eau minérale, un pot de confiture, 200 g de fromage, un sachet de pommes de terre et un paquet de farine.

Pascal wusste zunächst noch nicht, welche Menge an Lebensmitteln er einkaufen würde. Er hat deshalb in Gedanken den **Teilungsartikel** (vgl. Kap. 29, S. 124) verwendet.
Als Pascal nach Hause kommt, hat er von jedem Lebensmittel eine bestimmte Menge eingekauft, z.B. une boîte de lait, un paquet de farine. Nach Mengenangaben verwendest du im Französischen **de**.
Nach einer Verneinung steht kein Teilungsartikel, sondern nur de:
Mon père ne boit pas **de** vin. À la boulangerie, il n'y avait plus **de** croissants.
In einem verneinten Satz mit dem Verb être wird jedoch immer der Teilungsartikel verwendet: Ce n'est pas **de la** limonade, c'est **du** vin.

- **Ordne den folgenden Mengenangaben die deutsche Bedeutung zu.**

1.	un pot de	a.	(ein) wenig
2.	beaucoup de / trop de	b.	ein Päckchen
3.	(un) peu de	c.	genug
4.	assez de	d.	ein Dutzend
5.	un paquet de	e.	so viel / e
6.	un grand nombre de	f.	ein Glas / Topf
7.	tant de	g.	eine Tüte
8.	une douzaine de	h.	eine große Anzahl
9.	un sachet de	i.	eine Schachtel / Dose
10.	une boîte	j.	viel / zu viel

•• **Schreibe aus den Waren mit den richtigen Mengenangaben einen Einkaufszettel.**

lait
~~eau minérale~~
œufs jambon
sucre
confiture
baguettes

2 3
~~bouteilles~~
200 grammes
deux litres
1 paquet
une douzaine
un pot

3 bouteilles d'eau minérale
____
____
____
____
____
____

••• **Ergänze die Sätzen mit den folgenden Mengenangaben mit de.**

genug ein Dutzend viel
ein wenig **zu viel**

1. Pascal a mal au ventre, il a bu _______________ coca.
2. Marie ne peut pas venir à la piscine aujourd'hui, elle a _______________ devoirs.
3. Tu veux encore _______________ limonade, Daniel ?
4. Va au marché et achète _______________ œufs.
5. Je ne peux pas acheter le CD, je n'ai pas _______________ argent.

••• **Du bist mit deinen Eltern in Frankreich. Sie schicken dich mit dem folgenden Einkaufszettel in den kleinen Laden nebenan. Was sagst du zum Verkäufer?**

1 Kilo Äpfel
1 Paket Zucker
1 Liter Milch
1 Flasche Mineralwasser
1 Baguette
200 g Schinken

____
____
____
____
____
____
____

Unregelmäßige Verben

Verben und ihr Anschluss

Zeiten

Conditionnel

Subjonctif

Satzbau

Adverbien

Pronomen und Begleiter

3. LERNJAHR

1 Construire, connaître, vivre, mourir

- **Théo und Aurélien lernen etwas über das Mittelalter. Lies, was sie erfahren, und unterstreiche die Verbformen im Imparfait:**

Au Moyen-Âge, on construisait des châteaux forts pour se protéger des ennemis. Des seigneurs, des chevaliers et des serviteurs y vivaient. Les chevaliers connaissaient beaucoup de techniques pour se battre. Souvent ils mouraient au combat, quelquefois même à cheval.

BOXENSTOPP

Du weißt bereits, dass das Imparfait vom Stamm der 1. Person Plural Präsens abgeleitet wird (vgl. Kap. 15, S. 96). Umgekehrt erhältst du den Stamm der 1. Person Plural Präsens, indem du beim Imparfait die Endung entfernst. Nach dieser Regel kannst du die nachstehende Verbtabelle für das Präsens ergänzen.

Infinitiv	construire	connaître	vivre	mourir
je	construis	connais	vis	meurs
tu	construis	connais	vis	meurs
il / elle / on	construit	connaît	vit	meurt
nous	______	______	______	______
vous	______	______	______	______
ils / elles	______	______	______	meurent
Passé composé	j'ai construit	j'ai connu	j'ai vécu	il est mort elle est morte

Wie construire wird auch (se) conduire konjugiert; bis auf das Participe passé folgt suivre dem Beispiel von vivre. Beachte, dass je suis zweierlei bedeuten kann: *ich bin* und *ich folge*. Eine Übersicht über alle bekannten Verbformen findest du in den Konjugationstabellen im Anhang.

•• Ergänze die nachstehenden Sätze durch das passende Verb im Präsens:

vivre mourir se conduire construire être
suivre vivre ne pas connaître

1. Je ________________ de faim.
2. Julien ________________ en appartement avec ses parents.
3. Elles ________________ dans une maison à la campagne.
4. Ils ________________ la solution du problème de maths.
5. Vous ________________ bien en classe ?
6. À l'école, on ________________ une nouvelle cantine.
7. Tu ________________ aussi des cours de musique le mercredi ?
8. Je________________ le meilleur de ma classe.

Um die Formen des Imparfait zu bilden, nimmst du die 1. Person Plural Präsens. Der Stamm dieser Form gilt bei allen Verben außer être für das ganze Imparfait.

••• Setze in das Kreuzworträtsel die passende Verbform ein.

Waagrecht:
1. tu (mourir – Präsens)
2. il / elle (suivre – Präsens)
5. nous (connaître – Imparfait)
7. il / elle (vivre – Imparfait)
8. je (construire – Präsens)

Senkrecht:
1. il / elle (mourir – Imparfait)
3. il / elle (connaître – Imparfait)
4. vous (vivre – Präsens)
5. tu (conduire – Präsens)
6. nous (suivre – Imparfait)

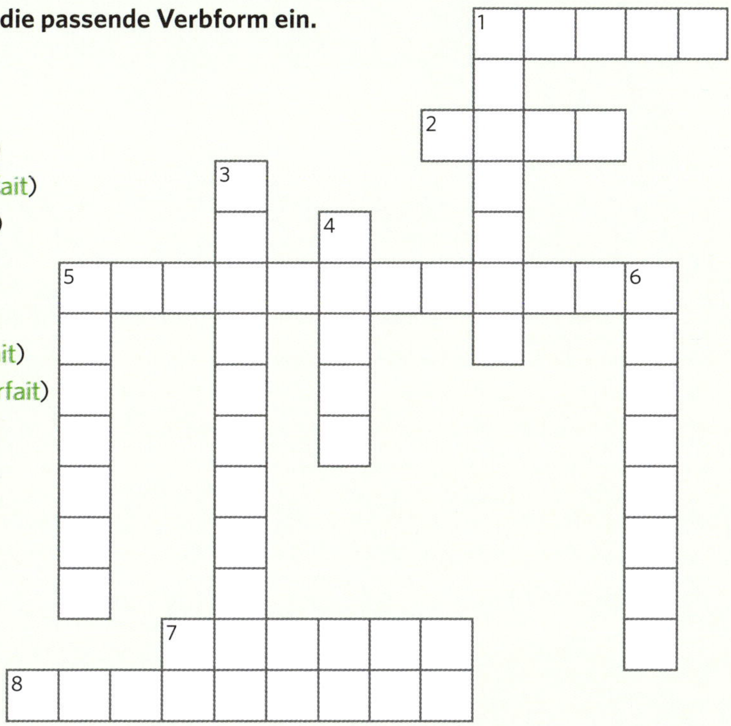

2 Verben auf *-indre*

BOXENSTOPP

Bei den Verben auf -indre verändert sich **der Stamm** im Plural in Lautung und Schreibung. Ergänze die Pluralformen wie im Beispiel:

1. je **crain**s – nous **craign**ons — je me plains – nous nous ____________
2. tu **pein**s – vous **peign**ez — tu éteins – vous ____________
3. il **joint** – ils **joign**ent — elle rejoint – elles ____________

Wie du siehst, verändert sich der Stamm der Verben auf -indre im Plural Präsens in der Schreibung von -in- zu -ign-.
Vervollständige dementsprechend die Tabelle für das Präsens:

	craindre	peindre	joindre
je	crains	____	____
tu	____	peins	____
il/elle/on	____	____	joint
nous	crai**gn**ons	____	____
vous	____	pei**gn**ez	____
ils/elles	____	____	joi**gn**ent

Folgende Verben werden nach diesem Muster gebildet: craindre, se plaindre, peindre, atteindre, éteindre, teindre, joindre, rejoindre. Im Imparfait haben sie wie alle anderen Verben auch den Stamm der 1. Person Plural Präsens.
Das **Partizip** wird aus dem Stamm auf **-in-** gebildet: **craint**, **peint**, **joint**.

- **Ergänze jeden Satz mit einem Verb auf -indre:**

1. Le peintre p _ _ _ _ de beaux tableaux.
2. Le Petit Chaperon Rouge ne c _ _ _ _ _ pas le grand méchant loup.
3. Si vous é _ _ _ _ _ _ _ la lumière, il va faire noir !
4. Ils nous j _ _ _ _ _ _ _ sur notre téléphone portable.

• • Setze die folgenden Sätze in den Plural:

1. Au football, le garçon ne craignait personne.

   ____

2. Il atteint toujours le sommet.

   ____

3. Je peins ma chambre en bleu.

   ____

4. Il se joignait à nous tous les matins.

   ____

5. Tu as éteint la lumière ?

   ____

• • Kombiniere die Satzpaare richtig:

1.	Il ne faut pas avoir peur.	a.	Ils repeignent leur maison.
2.	Qu'est-ce qu'ils font dimanche ?	b.	Tu ne crains rien.
3.	Il n'est pas là aujourd'hui.	c.	Nous sommes sortis du tunnel.
4.	Pourquoi est-ce que tu éteins tes phares ?	d.	C'est vrai, mais je l'ai joint sur son portable.
5.	Tu as des problèmes ?	e.	Non, je ne me plains pas.

• • • Ergänze den Text durch die richtigen Imparfait-Formen der in Klammern angegebenen Verben:

1. Il ______________ **(atteindre)** toujours le haut de la colline en premier.
2. Elles ______________ **(craindre)** de ne pas tout savoir pour le contrôle.
3. Le samedi, nous ______________ **(rejoindre)** nos amis au terrain de foot.
4. Il ______________ **(se plaindre)** souvent de son mal de tête.
5. Les pompiers ______________ **(éteindre)** le feu en quelques heures.

3 Infinitivkonstruktionen I
(mit *après, avant de, pour, sans*)

- **Lies diesen kurzen Text und vervollständige die Lücken mit après, avant de, pour oder sans.**

__________________ (1) avoir fait leurs devoirs, Aurélien et Théo se retrouvent dehors pour jouer. Ils prennent leur ballon __________________ (2) pouvoir jouer au foot.

Théo veut absolument marquer un but __________________ (3) rentrer à la maison.

Mais malheureusement il se met à pleuvoir et ils doivent rentrer à la maison __________________ (4) avoir marqué de but.

BOXENSTOPP

Nach den Präpositionen après, avant de, pour, sans stehen im Französischen oft Infinitivkonstruktionen, und zwar dann, wenn es nur ein Subjekt gibt. Merke dir folgendes Schema:

après + Infinitiv der Vergangenheit	**après avoir joué** au volley
avant de + Infinitiv der Gegenwart	**avant de partir** à l'école
pour (ne pas) + Infinitif der Gegenwart	**pour réussir** le contrôle de maths
	pour ne pas rater le contrôle de maths
sans + Infinitif der Gegenwart	**sans regarder** sur son voisin
Infinitiv der Vergangenheit	**sans avoir triché**

Der Infinitiv der Gegenwart ist die Form, die du automatisch lernst, wenn du ein neues Verb lernst. Die Form des Infinitivs der Vergangenheit ist etwas heikler, aber auch nicht so schwierig: avoir oder être + Participe passé

Wiederholen wir gemeinsam einige Formen:

	Infinitiv der Gegenwart	Infinitiv der Vergangenheit
1. ils font		
2. elle va		
3. j'ai		
4. ils sont		

•• **Aurélien und Théo gehen wieder nach Hause und haben sehr großen Hunger. Schreibe die richtigen Präpositionen in die Lücken und unterstreiche jeweils die ganze Infinitivkonstruktion.**

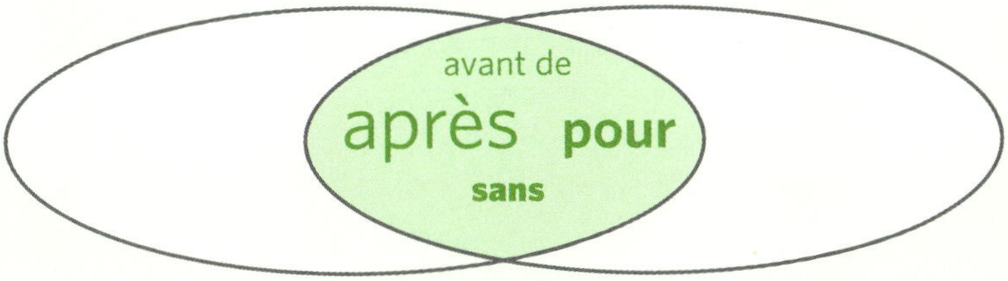

Aurélien : ________________ (1) avoir joué au foot, je meurs toujours de faim !

Maman : Oui, mais ________________ (2) manger, vous allez vous laver les mains !

Théo : Est-ce que je peux avoir un verre ________________ (3) boire quelque chose ?

Maman : Vous êtes entrés dans la cuisine ________________ (4) avoir enlevé vos chaussures ? Ce n'est pas vrai ! ________________ (5) monter dans la chambre, vous devez nettoyer le sol !

••• **Jetzt musst du die Infinitivkonstruktionen selber bilden! Verbinde die Sätze so, dass die Präpositionen après, avant de, pour und sans mit Infinitivkonstruktion zum Einsatz kommen.**

1. Théo veut manger. Avant, il doit se laver les mains.

   Avant de manger, Théo doit se laver les mains.

2. Aurélien veut avoir de bonnes notes en physique. Avant, il doit beaucoup réviser.

   ____

3. Aurélien a révisé la physique. Après, il est allé dehors.

   ____

4. Théo va à l'école. Il ne prend pas ses gants.

   ____

5. Aurélien ne veut pas rater son bus. Il se dépêche.

   ____

6. Ils vont à la pizzeria. Ils veulent aller au cinéma ensemble.

   ____

4 Infinitivkonstruktionen II (mit *à* und *de* und ohne Präposition)

- **Bei einigen Verben schließt sich der Infinitiv mit der Präposition à oder de an. Ordne den folgenden Verben ihre deutsche Übersetzung zu.**

A. Verben mit à + Infinitiv

1.	continuer à	a.	zögern zu
2.	hésiter à	b.	anfangen zu
3.	se mettre à	c.	zwingen zu
4.	obliger à	d.	Wert darauf legen zu
5.	réussir à	e.	sich entschließen zu
6.	se décider à	f.	weiter ... (machen)
7.	tenir à	g.	es schaffen zu
8.	renoncer à	h.	darauf verzichten zu

B. Verben mit de + Infinitiv

1.	empêcher de	a.	es vermeiden zu
2.	décider de	b.	beschließen zu
3.	éviter de	c.	erlauben zu
4.	permettre de	d.	verbieten zu
5.	interdire de	e.	sich weigern zu
6.	refuser de	f.	es riskieren zu
7.	risquer de	g.	versuchen zu
8.	tenter de	h.	überzeugen zu
9.	persuader de	i.	daran hindern zu

BOXENSTOPP

Auf einige Verben folgt ein Infinitiv direkt, ohne Präposition. Du weißt schon, dass die Modalverben pouvoir, vouloir, savoir, devoir dazu gehören, sowie aller und venir und Verben der Gefühlsäußerung (aimer, adorer, détester). Sieh dir die folgenden Sätze an und unterstreiche die Verben, auf die ebenfalls direkt ein Infinitiv folgt. Manchmal ist das sogar der Infinitiv der Vergangenheit.

1. Il regarde partir le train.
2. Elle entend arriver la voiture de son père.
3. Je le vois courir dans le jardin !
4. Je sens venir l'orage.
5. Le policier laisse filer le voleur.
6. Il dit savoir toute la vérité.
7. Il croit connaître mon secret.
8. Elle dit avoir vu le cambrioleur.
9. J'espère avoir fermé la porte.
10. La directrice a fait venir Théo.

• • Setze die Verben in Klammern im Präsens ein und füge dann die richtige Präposition hinzu.

Théo : On ____________ (1) réviser la biologie ? (se mettre)

Aurélien : Oh non, moi j'en ai marre de réviser. Je ____________ (2) passer tout mon temps enfermé dans la chambre avec les livres. (refuser)

Théo : Mais apprendre nous ____________ (3) avoir de bonnes notes. (permettre)

Aurélien : Je ____________ (4) avoir une bonne note. (renoncer) Une note moyenne me suffit.

Théo : Mais tes parents ____________ (5) ne pas être contents. (risquer)

Aurélien : Si je ____________ (6) passer dans la classe supérieure, c'est déjà bien ... (réussir)

Théo : D'accord, si tu ____________ (7) être puni (tenir), fais ce que tu veux. Mais moi, je ____________ (8) faire des efforts pour l'école ! (continuer)

Es gibt keine festen Regeln dafür, mit welcher Präposition ein Verb andere Verben anschließt. Deshalb ist es sinnvoll, die Präposition gleich mitzulernen.

• • • Verbinde die beiden Sätze zu einem Satz.

1. Il s'entraîne pour la pièce de théâtre. Je le regarde.

   Je le regarde s'entraîner pour la pièce de théâtre.

2. Elles jouent de la clarinette. Je les entends.

   ____

3. Il se met en colère. Je le sens.

   ____

4. Elle a vu le voleur. Elle le dit.

   ____

5. Elle a vu le voleur. Il s'est échappé.

   ____

5 Futur simple - Futur antérieur

BOXENSTOPP

Du kennst schon das Futur composé, das man hauptsächlich im gesprochenen Französisch benutzt (vgl. Kap. 17, S. 40). Hier lernst du jetzt das Futur simple kennen. Man verwendet es hauptsächlich in der geschriebenen Sprache. Das **Futur simple** wird gebildet, indem man an das **-r** des Infinitivs die Endungen -ai, -as, -a, -ons, -ez, -ont anhängt.
Bei den Verben auf -er mit zwei Präsensstämmen benutzt man den Stamm der 1. Person Singular Präsens: j'achète - j'achète**rai**.

Die unregelmäßigen Verben findest du in den Konjugationstabellen im Anhang, hier die wichtigsten Ausnahmen, die aber nur ihren Stamm verändern: **je serai** (être), **j'aurai** (avoir), **je ferai** (faire), **j'irai** (aller), **je viendrai** (venir), **je pourrai** (pouvoir), **je voudrai** (vouloir), **je devrai** (devoir).

- **Vervollständige die Tabelle für das Futur simple nach der obigen Regel.**

Infinitiv	______	______	______	______
je/j'	______	______	______	______
tu	parleras	______	______	______
il/elle/on	______	achètera	______	vivra
nous	______	______	______	______
vous	______	______	______	______
ils/elles	______	______	finiront	______

Das **Futur antérieur** wird aus avoir oder être im Futur simple + Participe passé gebildet.

Infinitiv				
je/j'	aurai	aimé fini vendu	serai	parti partie partis parties
tu	auras		seras	
il/elle/on	aura		sera	
nous	aurons		serons	
vous	aurez		serez	
ils/elles	auront		seront	

Bei Verben, die das **Futur antérieur** mit einer Form von être bilden, musst du das Partizip in Zahl und Geschlecht anpassen.
Das **Futur antérieur** wird verwendet, um eine Handlung in der Zukunft auszudrücken, die bereits vor einem anderen zukünftigen Ereignis abgeschlossen ist.

• **Finde in der Wortschlange die versteckten Verbformen im Futur simple und schreibe sie mit dem passenden Personalpronomen in die Schreiblinien.**

____

____

•• **Lies, was Mélina und Élise in den Herbstferien machen werden. Setze im folgenden Text die vorgegebenen Verben ins Futur simple.**

Mélina ____________ **(1 passer)** ses vacances chez ses grands-parents à la campagne. Elle ____________ **(2 aller)** à la pêche avec son papi et ____________ **(3 faire)** des gâteaux avec sa mamie. Elle ____________ **(4 pouvoir)** aussi revoir sa copine Sophie qui habite juste à côté. Les vacances ____________ **(5 être)** sûrement formidables. Élise, elle ____________ **(6 rester)** sûrement à la maison car son papa n'a pas de vacances. Elle ____________ **(7 devoir)** un peu s'occuper toute seule, mais peut-être qu'elle ____________ **(8 trouver)** aussi des camarades de jeu dans le voisinage. Et les derniers jours des vacances, son cousin et sa cousine ____________ **(9 venir)** la voir. Elle ____________ **(10 s'amuser)** sans doute beaucoup avec eux !

••• **Sieh dir das Beispiel an und ergänze die Sätze mit den richtigen Formen des Futur antérieur. Die Verben werden dir auf Deutsch vorgegeben.**

Je me reposerai **1.** quand j' _aurai_ _fini_ mon travail ! (*beenden*)

2. quand j' ________ ________ mon livre ! (*lesen*)

3. quand tu ________ ________ chez toi ! (*heimgehen*)

4. quand j' ________ ________ le ménage ! (*machen*)

6 Plus-que-parfait

- **Um ein Geschehen zu bezeichnen, das vor einem anderen Geschehen in der Vergangenheit bereits abgeschlossen ist, verwendet man das Plus-que-parfait. Wenn man das Passé composé und das Imparfait schon kennt, ist die Bildung ganz einfach. Lies die folgende Geschichte durch und unterstreiche die Verbformen im Plus-que-parfait.**

Avant de partir, maman s'était assurée de n'avoir rien oublié. Elle avait fermé les fenêtres et elle avait éteint le chauffage. Puis elle était allée à la cave et l'avait nettoyée. Elle avait rangé tout le linge, elle avait donné à manger au chat et avait arrosé les plantes. Elle avait préparé à manger pour son mari et elle lui avait écrit un petit mot. Après, elle était sortie de la maison et était montée dans sa voiture. Mais malheureusement, une fois arrivée en ville, elle a vu qu'elle avait oublié son sac à la maison !

BOXENSTOPP

Das Plus-que-parfait wird gebildet aus avoir oder être im Imparfait + Participe passé.

Imparfait von avoir: avais, avais, avait, avions, aviez, avaient.
Imparfait von être: étais, étais, était, étions, étiez, étaient.

Die Regeln zur Angleichung des Participe passé sind die gleichen wie beim Passé composé:
J'ai lu un livre. → J'avais lu un livre.
Elle est all**e**e au cinéma. → Elle était allé**e** au cinéma.
Ils sont parti**s** à l'étranger. → Ils étaient parti**s** à l'étranger.

- - **Vervollständige die Lücken mit dem passenden Verb im Plus-que-parfait.**

venir oublier casser partir apporter

1. Il voulait rendre visite à sa copine, mais elle ____________ déjà ____________ .
2. Elle ne pouvait pas faire les courses car elle ____________ ____________ son porte-monnaie.
3. Je voulais le voir, mais malheureusement il n' ____________ pas ____________ .
4. Nous avions invité beaucoup de gens et ils ____________ ____________ beaucoup de cadeaux !
5. Avant de pénétrer dans la maison, le voleur ____________ ____________ une fenêtre !

•• Ergänze die Tabelle mit den Infinitiven und den richtigen Formen:

Infinitiv	Präsens	Passé composé	Plus-que-parfait
____________	je prends	j'ai pris	____________
____________	____________	____________	il avait été
____________	tu vas	____________	____________
____________	nous avons	____________	____________
____________	ils viennent	____________	____________
____________	elle sait	____________	____________
____________	____________	j'ai pu	____________
____________	vous devez	____________	____________

••• Rekonstruiere die folgenden Sätze und unterstreiche die Plus-que-parfait-Formen.

1. Pour | à l'école | ils | avaient | leurs | vélos | pris | aller | . |

   ____

2. Elle | montée | dans | était | numéro 4 | le métro | . |

   ____

3. J' | de | la | course | arrivé | premier | étais | . |

   ____

4. avions | demandé | à | nos parents | Nous | la | permission | . |

   ____

5. Il | neigé | pendant | avait | des | entières | semaines | . |

   ____

6. Quand | petite | avait | eu | était | elle | elle | la | varicelle | . |

   ____

7. Tu | mis | tes | avais | sortir | pour | bottes | ? |

   ____

8. été | vraiment | en | contre | elle | colère | avions | Nous | . |

   ____

7 *Imparfait oder Passé composé*

- **Lies folgende kurze Geschichte aus der Fabel von La Fontaine La cigale et la fourmi und unterstreiche die Formen des Imparfait und des Passé composé.**

La cigale avait chanté tout l'été. Mais quand l'hiver est arrivé, elle n'avait plus rien à manger. Elle est alors allée chez sa voisine la fourmi pour lui demander quelque chose à manger. Mais la fourmi n'a pas voulu. Elle lui a demandé: « Que faisiez-vous au temps chaud ? » La cigale a répondu : « Je chantais, ma chère. » La fourmi a alors répliqué : « Vous chantiez ? Formidable, eh bien, dansez maintenant ! »

BOXENSTOPP

Außer dem Passé composé gibt es noch eine andere Zeit für die einfache Vergangenheit, das Imparfait. Die Formen sind leicht zu lernen, denn es leitet sich mit Ausnahme von être aus dem Stamm der der 1. Person Plural Präsens ab und hat für alle Verben die Endungen -ais, -ais, -ait, -ions, -iez, -aient:
nous **pouv**ons → je pouv**ais** → nous **all**ons → j'all**ais**
Es ist aber nicht immer einfach zu entscheiden, wann welche der beiden Zeiten verwendet werden soll. Schreibe dafür die unterstrichenen Formen aus dem Text in die linke Spalte des Kastens und kreuze dann an, um welche Verwendung es sich handelt.

Verbformen	Passé composé		Imparfait	
	einmalige, abgeschlossene Handlung	neue, aufeinander folgende Handlungen	Beschreibung, Zustand	Gewohnheit, Wiederholung
______	☐	☐	☐	☐
______	☐	☐	☐	☐
______	☐	☐	☐	☐
______	☐	☐	☐	☐
______	☐	☐	☐	☐
______	☐	☐	☐	☐
______	☐	☐	☐	☐
______	☐	☐	☐	☐
______	☐	☐	☐	☐
______	☐	☐	☐	☐
______	☐	☐	☐	☐
Frage:	Was geschah?		Was war (schon)?	

•• **Passé composé oder Imparfait? Ergänze die Lücken mit den richtigen Formen der angegebenen Verben.**

Quand Aurélien et Théo ______________ **(1 arriver)** à l'école, Élise et Mélina ______________ **(2 être)** déjà là. Elles ______________ **(3 parler)** de leurs copines. Ah, les filles ! Elles ______________ **(4 se raconter)** toujours des choses qui ne sont pas intéressantes. Aurélien ______________ **(5 dire)** à Théo d'aller plus loin pour voir les garçons. Thomas et Alex ______________ **(6 jouer)** au foot dans la cour et Enzo et Noah ______________ **(7 regarder)** des magazines de sport. Mais quand Aurélien et Théo ______________ **(8 vouloir)** aller les rejoindre, la cloche ______________ **(9 sonner)**. Alors, tous les enfants ______________ **(10 aller)** en cours.

Manchmal zeigen dir schon bestimmte Wörter, welche Zeit du benutzen sollst:
tout à coup, soudain, alors, puis = neue Handlung → Passé composé.
autrefois, régulièrement, chaque jour = Gewohnheit, Zustand → Imparfait.
Man nennt solche Wörter Signalwörter.

••• **Ergänze die Sätze mit den angegebenen Verben im Imparfait oder im Passé composé.**

1. Ce matin, il ______________ quand nous ______________ de la maison. **(pleuvoir, sortir)**
2. À chaque fois que la cloche ______________ , nous ______________ dans la cour. **(sonner, courir)**
3. Anaïs ______________ aller à la piscine parce qu'elle ______________ malade. **(ne pas pouvoir, être)**
4. Je ______________ un livre dans le salon quand ma sœur ______________. **(lire, arriver)**
5. Ma mère m'______________ à faire mes exercices de maths parce que je ne les ______________ pas. **(aider, comprendre)**

8 Veränderlichkeit des *Participe passé*

• **Verbinde die Subjekte mit dem jeweils passenden Rest des Satzes.**

1.	Emilie	a.	est allé au cinéma.
2.	Théo	b.	sommes partis à la plage.
3.	Nous	c.	étaient restés dans la salle de classe.
4.	Florian et Alex	d.	sont arrivées les premières.
5.	Vous	e.	avais oublié mon livre de maths.
6.	Les filles	f.	avez fait vos devoirs ?
7.	Tu	g.	est sortie avec ses copines.
8.	J'	h.	es venue quand ?

BOXENSTOPP

Du weißt schon, dass das Participe passé im Passé composé und im Plus-que-parfait folgendermaßen angeglichen wird:
Verben mit avoir: Das Participe passé bleibt unverändert: elle a chanté, ils avaient fini.
Verben mit être (und auch reflexive Verben)**:** Das Participe passé richtet sich in Geschlecht und Zahl nach dem Subjekt: elle est allé**e**, ils étaient parti**s**.

Und hier ist eine zusätzliche Regel, auf die du achten musst: Geht dem Verb mit avoir ein **direktes Objekt** voraus, so wird das Partizip in Geschlecht und Zahl **dem direkten Objekt angeglichen**. Dieses direkte Objekt kann ein direktes Objektpronomen sein oder auch das Relativpronomen que.

•• **Sieh dir den Beispielsatz an und gleiche die folgenden Sätze nach dem Beispiel an:**

1. J'ai vu **la fille.** → Je **l'**ai vu_e_.

La fille **que** j'ai vu_e_ avait les cheveux blonds.

2. J'ai écouté **la musique**. → Je **l'**ai écout___.

La musique **que** j'ai écout___ était de Beethoven.

3. Ils avaient invité **leurs amis**. → Ils **les** avaient invit___.

Les amis **qu'**ils avaient invit___ ne sont pas venus.

4. J'avais pris **une valise**. → Je **l'**avais pris___.

La valise **que** j'avais pris___ était vraiment lourde.

•• **Vervollständige die Lücken mit den richtigen Formen.**

était arrivée - avait réussi - avait sauté - avait été
avait doublée - ai vus - se sont changés - ont pris

1. Pendant le cours de sport, Théo ______________________________ le plus haut.
2. Noah ______________________________ à marquer un but au match de foot.
3. Élise ______________________________ la première à la course, elle ______________________________ plus rapide que Mélina.
4. Elle l' ______________________________ même ______________________________ !
5. Et où ______________________________ les enfants après le cours ?
6. Je les ______________________________ dans les vestiaires tout à l'heure.
7. Et pour rentrer à la maison, ils ______________________________ le bus.

••• **Ergänze die Sätze mit den richtigen Formen des Passé composé. Achte auf die Angleichung des Partizips!**

Élise et Mélina ______________________________ (1 se retrouver) samedi soir. Elles ______________________________ (2 regarder) Popstars à la télévision chez Élise. La chanteuse qu'elles ______________________________ (3 préférer) avait les cheveux rouges ! Mais elle ______________________________ (4 chanter) comme une vraie star ! Elles ______________________________ (5 ne pas aimer) le chanteur avec les cheveux en brosse qui ______________________________ (6 tomber) sur la scène ! Pendant l'émission, elles ______________________________ (7 manger) tous les bonbons que maman leur ______________________________ (8 donner). Après, elles ______________________________ (9 avoir) mal au ventre. Puis, Élise ______________________________ (10 rentrer) chez elle. Le papa de Mélina l' ______________________________ (11 reconduire) en voiture.

9 Formen des *Conditionnel*

- **Aurélien hilft seinem vierjährigen Bruder Tom dabei, den Brief an den Weihnachtsmann zu schreiben. Lies das Gespräch, unterstreiche die Verbformen im Conditionnel und schreibe diese auf die Linien darunter.**

Tom : J'aimerais avoir un bateau de pirates !
Aurélien : Oh oui, comme cela nous pourrions jouer ensemble !
Tom : Est-ce que tu crois que le Père Noël m'apporterait aussi des chocolats ?
Maman : Vous devriez être un peu plus sages, sinon le Père Noël ne passera peut-être pas !

j' ________________ nous ________________

il ________________ vous ________________

BOXENSTOPP

Das Conditionnel présent wird aus denselben Ableitungsformen gebildet wie das Futur simple (vgl. Kap. 5, S. 138), aber mit den Endungen -ais, -ais, -ait, -ions, -iez, -aient.
Die Endungen des Conditionnel kannst du gut erkennen, wenn du an die Endungen des Imparfait denkst.
Das Conditionnel passé wird gebildet aus avoir oder être im Conditionnel présent + Participe passé.

Beide werden bei Ratschlägen, Wünschen, Bitten, Möglichkeiten, Vermutungen verwendet, das Conditionnel présent, wenn sich diese auf die Gegenwart beziehen, das Conditionnel passé, wenn sich die Ratschläge, Wünsche etc. auf die Vergangenheit beziehen:
Aujoud'hui, il **aimerait** avoir un chien. Autrefois, il aurait **aimé avoir** un chat.

Wenn du die unregelmäßigen Formen des Futur simple schon kennst, dann nimmst du für das Conditionnel présent denselben Stamm: **j'aurais** (avoir), **je serais** (être), **je ferais** (faire), **je saurais** (savoir), **je voudrais** (vouloir), **je pourrais** (pouvoir), **je devrais** (devoir).

- - **Ergänze die Tabelle mit den richtigen Formen des Conditionnel:**

Präsens	Conditionnel présent	Conditionnel passé
je parle		
tu vas		
il / elle répond		
nous finissons		
vous partez		
ils / elles font		

• • Sieh dir alle Sätze an und unterstreiche die richtige Form.

1. Nous aimerez / aimerions / aimeront passer nos vacances au ski.
2. Vous pourrez / pourrais / pourriez fermer la fenêtre, s'il vous plaît ?
3. Je dois me dépêcher, je voulais / voudrai / voudrais bien avoir le bus de 13 heures.
4. Tu peux m'aider, cela serais / serait / seriez vraiment très gentil ?
5. Ils préfèreraient / préfèrerais / préfèreras rester à la maison.
6. Autrefois, j'aurais aimé / aurait aimé / auras aimé avoir un chien.

• • • Hier findest du die Formen der Verben avoir, être, vouloir, devoir, pouvoir im Conditionnel présent, sie sind aber durcheinandergeraten. Kannst du sie wieder herstellen? Vorsicht: Es sind unterschiedliche Verben in den Spalten!

je/tu	(dvrsaie) ____________	(porrusai) ____________	(draisouv) ____________
il/elle	(rraituop) ____________	(vradeit) ____________	(srteai) ____________
nous	(riauons) ____________	(vrdesoin) ____________	(sionrrupo) ____________
vous	(dezeirv) ____________	(prrzieou) ____________	(zeiser) ____________
ils/elles	(sertenai) ____________	(autaiern) ____________	(prrtaienou) ____________

• • • Ergänze die Lücken mit den richtigen Formen des Conditionnel der angegebenen Verben.

Vous ______________________ (1 vouloir) venir avec nous au cinéma ?

Nous ______________________ (2 aimer) bien, mais nous

______________________ (3 devoir) d'abord demander à nos parents.

On ______________________ (4 pouvoir) ensuite aller manger une glace …

Oui, et on ______________________ (5 rentrer) après en bus.

Ou alors mes parents ______________________ (6 venir) nous chercher en voiture.

Le film « Harry Potter » vous ______________________ (7 intéresser) ?

Moi, je l'ai déjà vu. Je ______________________ (8 ne pas devoir)

y aller avec ma sœur, car elle m'a embêté pendant tout le film.

10 Bedingungssätze

BOXENSTOPP

Si j'étais adulte,
je conduirais une voiture,
je serais pilote d'avion.

Man kann die Folgen von erfüllbaren oder wahrscheinlichen Bedingung (*wenn ..., dann ...*) oder aber auch von unerfüllbaren oder unwahrscheinlichen Bedingungen ausdrücken. Dazu verwendet man Si-Sätze in unterschiedlichen Zeitkombinationen. Sieh dir dazu das folgende Schema an:

Erfüllbare oder wahrscheinliche Bedingung:

Nebensatz: si + Präsens	**Hauptsatz:** Präsens oder Futur simple
Si tu as froid, Si tu vas à Paris,	tu peux prendre ton bonnet. tu verras la Tour Eiffel.

Nicht erfüllbare oder unwahrscheinliche Bedingung:

Nebensatz: si + Imparfait	**Hauptsatz:** Conditionnel présent
Si mes parents étaient d'accord, Si j'avais son numéro,	j'achèterais ce portable. je pourrais l'inviter.
Nebensatz: si + Plus-que-parfait	**Hauptsatz:** Conditionnel passé
Si tu avais eu de l'argent, S'il était resté à la maison,	tu aurais acheté un portable. il aurait vu le film à la télé.

Nach si in der Bedeutung *wenn / falls* steht nie das Futur simple oder das Conditionnel.

- **Manche Menschen tun Dinge, andere nicht. Verwandle die Sätze nach dem vorgegebenen Muster:**

1. Fred va en Angleterre pour faire des progrès en anglais.

Si Alain allait en Angleterre, il ferait des progrès en anglais.

2. Chloé prend des cours de musique pour pouvoir jouer de la flûte.

Si Marie ______________________, elle ______________________.

3. Maman s'arrête au théâtre pour acheter des billets.

Si papa ______________________, il ______________________.

•• **Formuliere Ratschläge und deren Folgen nach dem Muster.**

1. Travaille mieux au collège et après tu pourras aller au lycée.

   Si tu travaillais mieux au collège, tu pourrais aller au lycée.

2. Mange plus de vitamines et tu seras moins souvent malade.

   ____

3. Lis des livres et tu auras des meilleures notes en orthographe.

   ____

4. Allons faire les courses au marché, les fruits seront plus frais.

   ____

Ob eine Bedingung als erfüllbar gilt oder nicht, hängt von der Ansicht des Sprechers ab, nicht von der objektiven Wirklichkeit.

••• **Fülle die Lücken mit den richtigen Verbformen (jeweils eine Form im Imparfait und eine im Conditionnel présent). Verwandle dann die Sätze in die Vergangenheit (eine Form im Plus-que-parfait und eine im Conditionnel passé).**

1. Si j'avais __________ (avoir) de l'argent, j'__________ (aller) en Espagne.

   ____

2. Si nous __________ (pouvoir) venir avec vous, nous __________ (passer) des vacances super.

   ____

3. Si j' __________ (être) moins fatigué, je __________ (pouvoir) sortir avec toi.

   ____

4. Tout __________ (être) plus facile à apprendre si tu m' __________ (aider).

   ____

11 Formen des *Subjonctif*

BOXENSTOPP

Der Subjonctif ist keine Zeit, sondern ein Modus und darf nicht mit dem deutschen Konjunktiv gleichgesetzt werden. Er wird z.B. immer nach il faut que verwendet. Den Gebrauch des Subjonctif findest du im nächsten Kapitel. Hier kannst du aber schon lernen, wie man ihn bildet: Die regelmäßigen Verben benutzen den Stamm der 3. Person Plural Präsens als Ableitungsform und fügen daran die Endungen **-e**, **-es**, **-e**, **-ions**, **-iez**, **-ent** an.

Verben, die im Präsens zwei Pluralstämme haben, leiten die 1. und 2. Person Plural des Subjonctif aus der **1.** Person Plural Präsens ab.

Fülle nun die Lücken in der Tabelle mit den richtigen Formen.

Il faut que…	parler	acheter	finir	attendre
je/j'				
tu				
il/elle/on				
nous		achetions		
vous				
ils/elles				

Viele Verben haben aber einen unregelmäßigen Subjonctif-Stamm:

faire: **fass-** savoir: **sach-** vouloir: **veuill-**
pouvoir: **puiss-** aller: **aill-** falloir: **faill-**

Avoir und être haben in der 1. und 2. Person Plural vor der Endung ein -y-:

il faut que…
être: je **sois**, tu **sois**, il **soit**, nous **soyons**, vous **soyez**, ils **soient**
avoir: j'**aie**, tu **aies**, il **ait**, nous **ayons**, vous **ayez**, ils **aient**

• **Setze die folgenden Verben erst in die Ableitungsform und dann in die angegebene Person des Subjonctif présent.**

1.	je pars	ils partent	il faut que je ______
2.	on réussit	ils ______	il faut qu'ils ______
3.	vous achetez	ils ______	il faut qu'elle ______
4.	tu connais	ils ______	il faut que tu ______
5.	j'appelle	nous ______	il faut que vous ______
6.	vous payez	ils ______	il faut que tu ______

Mit Ausnahme einiger unregelmäßiger Verben sind die nous- und vous-Formen des Subjonctif présent identisch mit dem Imparfait.

•• **Fülle die Tabelle mit den richtigen Verbformen des Subjonctif présent aus.**

	1. Person Singular Il faut que ...	1. Person Plural Il faut que ...
parler	je ______	nous ______
croire	______	______
avoir	______	______
tenir	______	______
être	______	______
acheter	______	______
prendre	______	______

••• **Finde in der Wortschlange die versteckten Verbformen im Subjonctif présent und schreibe sie mit dem passenden Personalpronomen auf die Schreiblinien. Denke daran, dass die Formen manchmal zu zwei Personen passen können.**

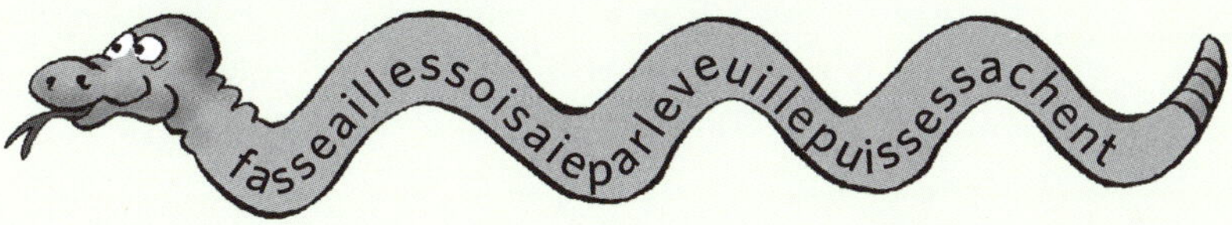

Il faut que ...

______

______

12 Gebrauch des *Subjonctif*

- **Du weißt jetzt, wie man den Subjonctif bildet, interessant ist aber vor allem, wann man diesen Modus verwendet. Unterstreiche im folgenden Text die Subjonctif-Formen.**

Théo voudrait que son ami vienne lui rendre visite. Il faut qu'ils révisent pour le contrôle de sciences naturelles. Cette fois, il est important qu'ils aient une bonne note pour que leurs parents ne les disputent pas. Aurélien doute qu'ils puissent réussir et craint que le contrôle ne soit trop difficile. Mais Théo est optimiste et aimerait bien que leurs efforts soient enfin récompensés.

Der Subjonctif wird nach den folgenden „Auslösern" verwendet: **BOXENSTOPP**

Nach Ausdrücken / Verben	Beispiele	
des Wünschens, Verlangens, Wollens und Verbietens	aimer que, attendre que, demander que, interdire que, vouloir que ...	a
des Vorschlagens, Zustimmens, Ablehnens und Verhinderns	accepter que, empêcher que, proposer que, refuser que ...	b
des subjektiven Empfindens und der wertenden Stellungnahme	admirer que, avoir honte que, comprendre que, craindre que ...	c
des Meinens und Denkens, die verneint sind	ne pas croire que, ne pas espérer que, ne pas trouver que ...	d
des Bezweifelns	douter que, contester que, nier que ...	e
mit être oder trouver + Adjektiv des subjektiven Empfindens	être content que, être déçu que, être désolé que, trouver bien / mal que ...	f
unpersönlicher Art	il est bon / mal / important / possible que, il faut que, il importe que, il vaut mieux que ...	g
Nach folgenden Konjunktionen	à condition que, afin que, avant que, bien que, de peur que, de crainte que, jusqu'à ce que, malgré que, pour que, pourvu que, quoique, sans que, supposé que	h

- Schreibe nun die unterstrichenen Formen hier auf und ordne ihnen eine Erklärung in der Tabelle zu.

vienne (a)

•• **Ergänze die Lücken mit den richtigen Formen des Subjonctif und unterstreiche in jedem Satz die Subjonctif-Auslöser.**

1. Il faut que je ________________ mon cartable pour aller à l'école. **(prendre)**
2. Sa maman lui fait toujours une bise avant qu'il ________________ prendre le car. **(partir)**
3. Je propose que nous ________________ à la piscine samedi prochain. **(aller)**
4. Nous ne voulons pas que vous ________________ trop la télé. **(regarder)**
5. Je ne pense pas qu'il ________________ réussir une chose si difficile. **(pouvoir)**
6. Stéphanie est contente que son amie ________________ la voir pendant les vacances. **(venir)**
7. Il est important que vous ________________ de bonnes chaussures de sport. **(avoir)**
8. Tu attends que je ________________ mon travail ? **(finir)**

••• **Verwandle die Sätze nach dem Muster:**

1. Pensez-vous qu'ils viendront ?

   Je ne sais pas mais je ne pense pas qu'ils viennent.

2. Crois-tu qu'il fera froid au Portugal en février ?

   Je ne sais pas mais je ne crois pas qu' ________________

3. Vous trouvez que le sud de l'Allemagne est une belle région ?

   Nous ne savons pas mais ________________

   ____

4. Vous êtes sûre qu'ils vont écrire ?

   ____

5. Il te semble qu'il va mieux ?

   ____

6. Tu penses qu'il se plaira là-bas ?

   ____

13 Relativsätze

- **Kannst du die folgenden Rätsel lösen? Schreibe das richtige Wort in die Lücke.**

un professeur · la cantine · un camarade · l'ordinateur · la télévision · le week-end · le portable · le ski

1. Une personne **qui** donne des cours aux élèves : ____________
2. Quelque chose **que** les enfants aiment bien regarder : ____________
3. Un endroit **où** les élèves français mangent le midi : ____________
4. Un objet **dont** presque personne ne peut se passer : ____________
5. **Ce qui** vient après la semaine : ____________
6. **Ce que** l'on fait comme sport dans la neige : ____________
7. Une personne **avec qui** on peut jouer : ____________
8. Un objet **avec lequel** on peut apprendre, jouer etc. : ____________

BOXENSTOPP

Die fett gedruckten Wörter sind Relativpronomen. Sie leiten einen Relativsatz ein. Sieh dir die Übersicht in der Tabelle an.

Relativpronomen	vertritt
qui	das Subjekt
que	das Objekt
dont	eine Ergänzung mit de
à qui, avec qui, pour qui, sans qui etc.	eine Ergänzung mit anderen Präpositionen bei Personen
auquel, avec lequel, pour lequel, sans lequel etc.	eine Ergänzung mit anderen Präpositionen bei Sachen
où	eine Ortsbestimmung
ce qui	ein Subjekt
ce que	ein Objekt

Lequel wird in der weiblichen Form Singular zu laquelle, im Plural zu lesquels und lesquelles:
Les livres **avec lesquels** j'apprends ne sont pas très intéressants !
À + lequel wird zu auquel, im Plural heißen die Formen auxquels und auxquelles.

•• Ergänze die Sätze mit den richtigen Relativpronomen.

qui - que - dont - où - ce qui - avec laquelle

Les cadeaux ____________ **(1)** j'ai eus à mon anniversaire me plaisent beaucoup. Mais ____________ **(2)** me plaît le plus, c'est le train électrique. Je ne sais pas ____________ **(3)** je vais pouvoir le mettre car il prend beaucoup de place. Tu sais, c'est le train électrique ____________ **(4)** je t'avais parlé et ____________ **(5)** était dans la vitrine du magasin de jouets ! Mes grands-parents m'ont aussi apporté une guitare ____________ **(6)** je peux faire de la musique.

•• Ergänze die Hauptsätze mit dem richtigen Relativsatz.

1.	Où sont les livres	a.	qui m'intéresse le plus.
2.	Voici le film	b.	où ils empruntent des livres.
3.	Les élèves vont à la bibliothèque	c.	dont je t'ai parlé ?
4.	C'est la piscine	d.	qu'on joue sur une scène.
5.	C'est un spectacle	e.	dans laquelle je fais de la natation.

••• Verbinde die beiden Sätze durch einen Relativsatz.

1. Nous avons fait un contrôle de maths. Le contrôle de maths était facile.

____

2. N'oubliez pas vos cahiers. Vous aurez besoin de vos cahiers en cours.

____

3. Nous lisons des romans pour le cours de français. Nous ne les aimons pas.

____

4. Nous habitons dans une grande ville. Il y a 500 000 habitants dans cette ville.

____

5. La locomotive est cassée. Les enfants ont joué avec la locomotive.

____

14 Hervorhebung mit *c'est ... qui, c'est ... que*

• **Du kennst bereits qui und que. Kannst du die Lücken mit qui und que ergänzen?**

1. C'est **le professeur** _________ donne des cours aux élèves.
2. C'est **le bus** _________ les élèves prennent pour aller à l'école.
3. Ce sont **des fleurs** _________ on offre souvent en cadeau.
4. C'est **à un concert de rock** _________ nous allons.

BOXENSTOPP

Im Deutschen kann man jeden Satzteil durch Betonung hervorheben. Im Französischen ist das nicht möglich.
Um etwas Besonders hervorzuheben, verwendet man daher c'est ... qui und c'est ... que. C'est ... qui wird verwendet, wenn das Subjekt des Satzes hervorgehoben werden soll, c'est ... que, wenn das Objekt, eine adverbiale Bestimmung oder eine Ergänzung mit Präposition hervorgehoben werden soll. Im Plural benutzt man ce sont ... qui und ce sont ... que:

C'est Annie **qui** travaille au café.
Ce sont les BD de Morris **qui** me plaisent.
C'est elle **que** tu connais ?
Ce sont les disques **que** je cherche.
C'est là **que** j'ai oublié ma clé.

Achte darauf, dass man nach c'est / ce sont ... qui / que die unverbundenen Personalpronomen verwendet: C'est **moi**, **toi**, **lui**, **elle**, ce sont **nous**, **vous**, **eux**, **elles** qui / que ...

Nach c'est ... qui und ce sont ... qui richtet sich das Verb nach dem hervorgehobenen Satzteil. Achte daher auf die Person, auf männlich / weiblich, auf Singular / Plural.

C'est **toi** qui **as** pris mes BD.
Ce sont **nous** qui **gagnons** le moins.

•• **Ergänze die Sätze mit c'est ... qui , c'est ... que, ce sont ... qui, ce sont ... que.**

1. ____________________ toujours lui _________ arrive le premier à la course.
2. ____________________ toujours les mêmes _________ gagnent.
3. ____________________ Julien _________ donne des cours d'anglais à ma sœur.
4. ____________________ l'année prochaine _________ nous irons en Bretagne.
5. ____________________ le bus _________ je prends pour aller à l'école.
6. ____________________ les baskets _________ l'on doit mettre pour le cours de sport.

•• Konjugiere die Verben und setze die richtige Hervorhebung ein.

1. Tu as rencontré Pierre ? - Non, ______________ Paul ______ j'__ ______________.
2. L'équipe jouera samedi ? - Non, ______ vendredi ______ elle ______________ .
3. Elles ont fait des gâteaux ? - Non, ______________ des galettes ______ elles ______________ .
4. Vous en avez parlé à vos parents ? - Non, ______________ à nos grands parents ______ nous en ______ ______________ .
5. Elles ont cours de sport ce matin ? - Non, ______________ l'après-midi ______ elles ______________ cours de sport.

•• Verbinde die zusammengehörenden Satzteile.

1.	Les spaghettis,	a.	c'est un instrument que je n'aime pas du tout.
2.	La clarinette,	b.	c'est le plat que je préfère.
3.	L'histoire,	c.	ce sont les livres que je lis le plus !
4.	Les bandes dessinées,	d.	c'est lui qui me l'a racontée !
5.	Les devoirs,	e.	c'est toujours la dernière chose que je fais !

••• Übersetze die deutschen Sätze ins Französische. Das fett gedruckte Wort würde man im Deutschen einfach mündlich betonen. Im Französischen musst du diese Sätze mit c'est / ce sont … qui / que formulieren!

1. **Er** *hat es mir gesagt.*

   ____

2. **Sie** (*die Frau*) *habe ich im Bus gesehen!*

   ____

3. **Sie** (*die Leute*) *sind dem Dieb gefolgt.*

   ____

4. **Ich** (*Annick*) *habe es zuerst gesehen.*

   ____

15 Verneinung

- **Lies den Text und unterstreiche alle Formen der Verneinung, die du findest.**

Lucie n'est pas très gentille avec sa petite sœur. Elle ne lui prête pas ses affaires. Pourtant elle ne joue plus avec ses jouets car elle est grande maintenant. Elle ne veut jamais que sa petite sœur vienne dans sa chambre, elle ne doit rien toucher. La pauvre petite Chloé, personne ne joue avec elle, elle n'a plus qu'à s'occuper toute seule. Mais jouer seule, elle n'aime pas du tout cela, c'est tellement ennuyeux !

BOXENSTOPP

Alle Verneinungen werden aus dem Element ne bzw. n' und einem weiteren Element gebildet. Sieh dir die Übersicht in der Tabelle an.

Formen der Verneinung	Übersetzung	Beispiel
ne … pas	*nicht*	Je **ne** le vois **pas**.
ne … plus	*nicht mehr*	Je **ne** le vois **plus**.
ne … jamais	*nie(mals)*	Je **ne** le vois **jamais**.
ne … pas non plus	*auch nicht*	Je **n'**aime **pas non plus** les oranges.
ne … pas encore	*noch nicht*	Je **n'**ai pas **encore** fait mes devoirs.
ne … pas du tout	*überhaupt nicht*	Je **n'**aime **pas du tout** le poisson.
ne … personne **personne ne**	*niemand*	Je **ne** vois **personne**. **Personne ne** vient me voir.
ne … rien **rien ne**	*nichts*	Je **n'**ai **rien** à dire. **Rien ne** va plus.
ne … que	*nur*	Je **ne** prends **que** quelques affaires.

Wenn du nach Frankreich reist, wirst du merken, dass das ne in der Umgangssprache oft nicht gesprochen wird. In der geschriebenen Sprache darf es aber nicht fehlen!

Nach den Verneinungselementen pas, plus, jamais werden die unbestimmten und die Teilungsartikel durch de bzw. d' ersetzt.
Est-ce que vous avez une voiture ? – Non, je **n'**ai **pas de** voiture !
Nur nach être bleibt der unbestimmte Artikel stehen.
Ce **n'**est **pas un** problème.

•• Bringe die Satzglieder in die richtige Reihenfolge

1. Il | pas | petit-déjeuner | de | ne | prend | le | matin | . |

   ____

2. récréation | jamais | longtemps | assez | ne | La | dure |. |

   ____

3. au | rien | n' | écrit | Le | tableau | professeur | . |

   ____

4. Il | parle | ne | son | de | secret | personne | à | . |

   ____

5. n' | pas | Elle | aime | plus | champignons | non | les | . |

   ____

•• Ergänze die Lücken mit den richtigen Verneinungsformen.

1. Elle ______ frappe ________ à la porte avant d'entrer dans la chambre de sa fille. **(nie)**
2. Le professeur ______ aime _________ que les élèves arrivent en retard. **(nicht)**
3. ________________________________ est venu le chercher à l'école. **(niemand)**
4. Je ________ vais ____________ au cours de théâtre. **(nicht mehr)**
5. Je me demande pourquoi elle ________ est ________ ___________ arrivée. **(noch nicht)**
6. Je ________ sais ___________ du tout ! **(nichts)**

••• Formuliere den zweiten Satz in der Verneinung und achte auf die Artikel.

1. Il a des frères, mais il ______________________________ sœurs.
2. J'achète des fruits au marché, mais ______________________________ œufs.
3. C'est une histoire triste, mais ______________________________

   très intéressante.
4. J'aime bien le rock, mais ______________________________ heavy metal.
5. Je prends du lait dans le café, mais ______________________________ sucre.

16 Indirekte Rede in der Vergangenheit

- **Lies den Dialog zwischen Sophie und Anne. Lies dann, wie Sophie einer anderen Freundin davon berichtet. Unterstreiche alle Verben in den Nebensätzen.**

Salut,

La semaine dernière, j'ai demandé à Anne si elle connaissait la dernière copine de Pascal. Elle m'a dit qu'elle les avait souvent vus au cinéma. Elle a aussi raconté qu'elle s'appelait Clara. J'ai demandé comment Anne allait la traiter alors. Anne a répondu qu'elle ne savait pas, mais qu'elle l'inviterait peut-être pour le lendemain.

BOXENSTOPP

Sicher weißt du noch, dass Aussagesätze in der indirekten Rede mit que / qu' eingeleitet werden und Entscheidungsfragen mit si. Bei den indirekten Fragen fällt est-ce que grundsätzlich weg. Heikel wird es, wenn man den Bericht durch ein Verb in der Vergangenheit einleitet. Welche Zeit wird dann im zweiten Teil des Satzes verwendet? Sieh dir die Übersicht an.

Il a dit à sa mère :	**Il lui a raconté que / qu' …**	**Zeit** - Zeitverhältnis
Elle s'appelle Marie.	elle s'appelait Marie.	**Imparfait** - gleichzeitig
Je l'ai connue aujourd'hui.	il l'avait connue ce jour-là.	**Plus-que-parfait** - früher
Toi, tu vas la trouver sympa.	elle, elle la trouverait sympa.	**Conditionnel** - später

In der indirekten Rede wechseln die Pronomen. Auch die Orts- und Zeitadverbien müssen durch andere ersetzt werden:

maintenant → alors, à ce moment-là
hier → la veille (*am vorigen Tag*)
aujourd'hui → le jour même, ce jour-là
demain → le lendemain
ici → là-bas

Bei der indirekten Rede in der Vergangenheit kann der einleitende Satz auch im Imparfait oder im Plus-que-parfait stehen:
Elle disait / a dit / avait dit que …

•• **Ergänze nun die Lücken mit den richtigen Verbformen.**

Il a dit:	**Il a dit que / qu' ...**
1. « Tu as raison ! »	il / elle ______________ raison.
2. « C'est la vérité ! »	c' ______________ la vérité.
3. « Vous aurez des mauvaises notes ! »	nous ______________ des mauvaises notes.
4. « Ils ont fait trop de bruit ! »	ils ____________________________ trop de bruit.
5. « Nous sommes allés trop loin. »	ils ____________________________ trop loin.
6. « Il va faire beau dimanche. »	il ______________ faire beau dimanche.

••• **Verwandle die folgenden Sätze von der direkten Rede in die indirekte Rede. Wenn du Schwierigkeiten hast, nimm dir die Übersichtstabelle zur Hilfe. Sieh dir aber zuerst das Beispiel an:**

1. Elle disait : « Je pense toujours à toi. »

Elle disait qu' elle pensait toujours à moi / lui / elle.

2. Il m'a dit : « Elle viendra sûrement te voir. »

Il m'a dit que / qu' ____ .

3. Ils disaient : « Nous avons pris le bus de 7 heures. »

Ils disaient que / qu' ____ .

4. Nous avons dit : « Vous aviez beaucoup de courage. »

Nous avons dit que / qu' ____ .

••• **Ändere die Zeit- und Ortsadverbien in der indirekten Rede.**

1. Il habite ici depuis longtemps. → Il a dit qu'il habitait ____________ depuis longtemps.

2. Il est arrivé hier. → Elle a dit qu'il était arrivé ______________________ .

3. Ils nous rendront visite aujourd'hui.
→ J'ai dit qu'ils nous rendraient visite ______________________ .

4. Nous viendrons peut-être demain.
→ Elle a dit que nous viendrions peut-être ______________________ .

17 Bildung der Adverbien

- **Die folgenden Dialoge sind durcheinandergeraten. Verbinde die Aussagen, die zusammen gehören, und unterstreiche die Adverbien.**

1. Tu crois qu'il dit la vérité ?
2. Nous nous amusons beaucoup !
3. Je crois que cela va être difficile !
4. Il est toujours malade ?
5. Il vous reste de l'argent de poche ?

a. Oui, mais vous ne jouez jamais sérieusement !
b. Peut-être, mais il ne dit pas vraiment tout !
c. Mais non, tu y arriveras sûrement !
d. Il ne nous en reste pas beaucoup.
e. Non, il va mieux depuis deux jours.

BOXENSTOPP

Adverbien werden aus Adjektiven gebildet. Ergänze die Lücken mit den richtigen Formen. Du musst immer nur eine Form lernen, denn Adverbien sind immer **unveränderlich**.

Adjektiv	Adverb	
Häufigster Fall	weibliche Form des Adjektivs + **-ment**	naturel, naturelle → naturellement seul, seule → ______ sérieux, sérieuse → ______ pensif, pensive → ______
Adjektive im Maskulinum auf Vokal	männliche Form des Adjektivs + **-ment**	facile → facilement vrai → ______ terrible → ______
Adjektive auf **-ant** oder **-ent** [ɑ̃]	Endung auf **-amment** / **-emment** [amɑ̃]	courant → couramment évident → ______ impatient → ______

Es gibt auch einige unregelmäßige Bildungen, die du lernen solltest:
énorme → énorm**é**ment, précis → précis**é**ment, gentil → gent**i**ment

Sonderformen: bon, bonne → **bien**; meilleur, meilleure → **mieux**; mauvais, mauvaise → **mal**; rapide, rapide → rapidement, **vite**

Orts-, Zeit- und Mengenadverbien musst du auswendig lernen, sie werden nicht aus Adjektiven gebildet. Die meisten kennst du aber schon:

- Ortsadverbien: ici, là, là-bas.
- Zeitadverbien: aujourd'hui, demain, hier, maintenant, toujours, souvent, parfois, jamais, longtemps, déjà, encore, d'abord, ensuite, enfin, tard, tôt, bientôt.
- Mengenadverbien: beaucoup, trop, assez, peu.

•• **Ergänze die nachstehenden Sätze durch das passende Adverb, das du aus den vorgegebenen Adjektiven bildest.**

Je pense ______________________ **(1 sérieux)** à m'inscrire à l'école de musique.

Je suivrai ______________________ **(2 probable)** des cours de clarinette.

______________________ **(3 évident)**, il va falloir que je m'entraîne beaucoup ! Mais

la clarinette, c'est ______________________ **(4 vrai)** un instrument intéressant, je

trouve. Ma mère est ______________________ **(5 absolu)** sûre que cela va me plaire.

•• **Vervollständige die Liste mit den Femininformen und den richtigen Formen des Adverbs:**

clair	claire	clairement
joli		
régulier		
actif	active	
heureux		
doux	douce	
mauvais		
bon		
différent		
énorme		

••• **Übersetze die Sätze ins Französische und achte auf die Adverbien. Die Adjektive, aus denen sie abgeleitet werden, stehen in Klammern.**

1. *Mein Bruder spricht fließend Französisch.* (courant)

____

2. *Das Wetter ist sehr schlecht, man sieht praktisch nichts.* (pratique)

____

3. *Komm direkt zum Schwimmbad!* (direct)

____

18 Gebrauch der Adverbien und Stellung im Satz

- **Lies den Text und unterstreiche die Adverbien. Kannst du schon erraten, wann man sie verwendet?**

Caroline fait souvent du sport, trois fois par semaine. Et ce n'est pas seulement pour s'amuser. Elle en fait vraiment sérieusement. Elle va d'abord dans une salle de sport, puis à la piscine. Là-bas, elle nage longtemps, pendant une heure. Sylvain, lui, parle beaucoup de sport, mais en fait rarement. Il aime bien jouer aux fléchettes, ce n'est pas un sport très fatigant ! Naturellement, il aime bien regarder aussi le sport à la télé !

BOXENSTOPP

Will man die Art und Weise beschreiben, mit der jemand etwas tut, so benutzt man ein Adverb.

- Adverbien können ein Verb genauer bestimmen und stehen meist direkt nach dem konjugierten Verb:
  Tu nages **bien**. – Tu as **bien** nagé.
  Il va **régulièrement** au cinéma.
- Sie können auch ein Adjektiv oder ein anderes Adverb näher bestimmen:
  Il est **très** fort. – Elle nage **assez bien**.
- Sie können auch einen ganzen Satz bzw. einen Satzteil näher definieren. Es sind Adverbien des Ortes und der Zeit und sie stehen entweder am Anfang oder ganz am Ende des Satzes:
  Ils sont partis une semaine **là-bas**.
  Aujourd'hui, je vais commencer mon nouveau livre.

Wenn du Franzosen sprechen hörst, wirst du merken, dass sie die Adverbien oft an verschiedenen Stellen einsetzen: manchmal am Anfang, manchmal nach dem Verb, manchmal am Ende. Es gibt nicht immer feste Regeln, die das bestimmen, es ist oft eine Frage des Sprachgefühls. Aber keine Angst, das bekommst du auch immer mehr!

Verbinde die Adverbien links mit ihren Gegensätzen rechts.

1.	facilement	a.	vite
2.	heureusement	b.	souvent
3.	lentement	c.	mal
4.	rarement	d.	difficilement
5.	bien	e.	malheureusement
6.	ici	f.	indirectement
7.	d'abord	g.	probablement
8.	jamais	h.	toujours
9.	directement	i.	peu
10.	sûrement	j.	là-bas
11.	beaucoup	k.	enfin

Ordne die Wörter in den Sätzen richtig. Manchmal kann man das Adverb an verschiedene Stellen setzen.

1. le | sport, | il | épuisé | complètement | Après | est | . |

   ____

2. ils | réussi | avoir | leur | à | Heureusement , | ont | train | . |

   ____

3. se | Elles | souvent | samedi | le | après-midi | retrouvent | . |

   ____

4. J' | aller | faire | boutiques | bien | aime | les | ma | sœur | avec | . |

   ____

Trage die richtige Form des angegebenen Adverbs in die Lücken ein.

1. Il était tellement vieux qu'il arrivait ______________ à marcher. *(schwer)*
2. Elle est ______________ *(hier)* depuis ______________ *(lange)* mais elle parle ______________ le français *(schlecht)*.
3. J'aime ______________ *(gern)* passer mes vacances à la montagne, le temps y est ______________ *(im Allgemeinen)* beau.

19 Adjektiv oder Adverb

BOXENSTOPP

Jetzt kannst du Adverbien bilden und weißt auch, wann man sie verwendet. Aber schwierig wird es, wenn du dich im Französischen zwischen Adverb und Adjektiv entscheiden musst, da es diesen Unterschied im Deutschen nicht gibt!

Wenn du dir nicht sicher bist, merke dir folgenden Tipp:

Ist das Bezugswort ein **Nomen (bzw. Personalpronomen als Nomenersatz)**, hast du es immer mit einem **Adjektiv** zu tun. **In allen anderen Fällen** verwendest du das **Adverb**!

Les **vacances / Elles** sont **courtes**.
→ Nomen / Personalpronomen als Bezugswort → Adjektiv

Ton père **roule vite**.
→ Verb als Bezugswort → Adverb

In einigen Ausnahmefällen steht im Französischen statt des Adverbs das Adjektiv:
parler haut / bas – *laut / leise sprechen*
chanter juste / faux – *richtig / falsch singen*
sentir bon / mauvais – *gut / schlecht riechen*

Diese Ausnahmen musst du einfach auswendig lernen!

- **Überlege bei folgenden deutschen Sätzen, ob es sich bei den hervorgehobenen Wörtern um ein Adjektiv oder um ein Adverb handelt.**

	Adjektiv	Adverb
1. Ich lief **schnell** nach Hause.	☐	☐
2. Sie ist **verrückt** nach ihm.	☐	☐
3. Wie **schnell** ist dein Fahrrad?	☐	☐
4. Der Computer funktioniert **gut**.	☐	☐
5. Diese Straße ist **gefährlich**.	☐	☐
6. Die Busse fahren **regelmäßig**.	☐	☐

Triff in den folgenden Sätzen die richtige Wahl zwischen Adjektiv und Adverb. Kreise die richtige Form ein.

1. – Est-ce qu'il y a un train direct / directement pour Paris ?
   – Oui, le TGV 737 va direct / directement à Paris.
2. – Et le quai est facile / facilement à trouver ?
   – Bien sûr, vous le trouverez facile / facilement, c'est indiqué, quai n° 1.
3. – Il part prochain / prochainement ?
   – Vous avez encore le temps, le prochain / prochainement train pour Paris part dans une heure.
4. – Je préfère ne pas perdre de temps, il y aura sûr / sûrement du monde dans le train !
   – Je suis sûr / sûrement qu'il y aura encore de la place. Allez donc attendre au café, le café est bon / bien et vous y serez bon / bien !

Übersetze das in Klammern angegebene Wort ins Französische. Achte dabei besonders darauf, ob ein Adjektiv oder ein Adverb gefragt ist.

La famille de Julien est ________________ (1 wirklich) une famille de musiciens. Julien joue ________________ (2 gut) du piano. Il ne joue ________________ (3 praktisch) jamais ________________ (4 falsch). Il apprend toujours très ________________ (5 leicht). Sa sœur est aussi une ________________ (6 gut) musicienne, mais c'est plus ________________ (7 schwer) pour elle d'apprendre les notes. Elle doit s'entraîner ________________ (8 regelmäßig) alors que Julien ne s'entraîne pas beaucoup. ________________ (9 selbstverständlich), leur mère est encore meilleure. Elle est très ________________ (10 berühmt) et elle a déjà donné de ________________ (11 groß) concerts. Ses enfants veulent grandir ________________ (12 schnell) pour être aussi ________________ (13 gut) qu'elle !

20 Steigerung der Adverbien und Vergleich

- **Erinnerst du dich noch daran, wie man den Komparativ (die Vergleichsform) des Adjektivs bildet (vgl. Kap. 21, S. 108)? Dann kannst du sicher die Lücken in der Tabelle ausfüllen!**

Komparativ / Vergleich	Adjektiv	Adverb
aussi ... que ...	aussi rapide que ...	aussi rapidement que ...
plus ... que ...	plus rapide que ...	plus ______ ______ ...
moins ... que ...	______ rapide ______ ...	______ ______ ______ ...

BOXENSTOPP

Der **Komparativ** des Adverbs wird gebildet, indem man plus / aussi / moins vor das Adverb setzt. Der zweite Teil des Vergleichs wird immer mit que eingeleitet:
Elle travaille **plus** sérieusement **que** son frère.
Elle travaille **aussi** sérieusement **que** sa copine.
Il travaille **moins** sérieusement **qu'**elles.

Der **Superlativ** des Adverbs wird durch le plus + Adverb bzw. le moins + Adverb gebildet:
Il comprend **le plus** rapidement.
Elle comprend **le moins** rapidement.

Auch hier musst du dir eine Ausnahme merken:
bien → **mieux** que ... – aussi bien que ... – moins bien que ...
→ **le mieux** / le moins bien
Und merke dir auch, dass man *schlechter* oft mit moins bien statt mit plus mal wiedergibt, auch wenn beide Formen korrekt sind.

- - **Verändere die Sätze wie im Beispiel. In Klammern geben dir die Zeichen +, - und = vor, welche Form des Komparativs du verwenden sollst.**

1. Philippe travaille aussi sérieusement que son frère ? (+)

   – Non, il travaille plus sérieusement que lui !

2. Marie arrive aussi rapidement que sa sœur. (–)

   – Non, elle ______ !

3. Denise danse moins bien que son professeur ! (=)

   – Non, elle ______ !

4. Denise danse aussi bien que sa petite sœur ! (+)

   – Non, elle ______ !

Übersetze folgende Formen ins Französische:

1. *schneller gehen* ______________________________
2. *am schnellsten gehen* ______________________________
3. *besser verstehen* ______________________________
4. *am besten arbeiten* ______________________________
5. *netter reagieren* ______________________________
6. *schlechter sehen* ______________________________
7. *höflicher antworten* ______________________________

Welches Tier verbirgt sich hinter diesen Behauptungen? Unterstreiche den Komparativ einfach und den Superlativ doppelt und ergänze dann die Lücken.

le singe · le guépard · l'escargot · l'oiseau · le chat

L'animal …

1. que les Français mangent plus fréquemment que les Allemands : ______________
2. qui grimpe le plus rapidement aux arbres : ______________
3. qui court le plus vite : ______________
4. que l'on peut acheter le plus facilement : ______________
5. qu'on voit plus souvent en été qu'en hiver : ______________

Ergänze die Sätze mit der richtigen Komparativform des Adverbs oder des Adjektivs.

Dans les Alpes, …

1. on vit ______________________________ **(*bequemer als*)** à Paris.
2. les oiseaux chantent ______________________________ **(*schöner als*)** dans les villes.
3. l'air est ______________________________ **(*besser als*)** dans toutes les autres régions.
4. vous vous sentirez beaucoup ______________________________ **(*besser als*)** chez vous !
5. on arrive ______________________________ **(*leichter*)** à se reposer !
6. on a ______________________________ **(*öfter*)** l'occasion d'aller se promener !

21 Unbestimmte Pronomen und Begleiter

- **Unbestimmte Pronomen und Begleiter beziehen sich auf eine Person oder eine Sache, die ungenau, ungewiss, vage ist. Lies folgenden Text und unterstreiche die unbestimmten Pronomen und Begleiter.**

Avant que Damien parte à l'école, sa maman lui a demandé s'il avait bien tout pris. Comme chaque jour, elle lui a préparé quelque chose à grignoter pour la récréation. Damien lui a demandé si elle avait aussi mis des bonbons, elle a répondu que oui, elle en avait mis quelques-uns. Chacun à l'école est content quand Damien apporte des friandises, comme cela tout le monde en profite ! Ils aiment tous cela, personne ne proteste quand il veut leur en donner !

BOXENSTOPP

Sieh dir folgende Tabelle an. Die unbestimmten Pronomen stehen allein und ersetzen ein Nomen, die unbestimmten Begleiter begleiten immer ein Nomen und richten sich nach diesem Nomen in Geschlecht und Zahl.

Unbestimmte Pronomen			
Personen & Sachen	**chacun** **chacune**	*jeder, jede, jedes*	**Chacun** fait ce qui lui plaît. Elles coûtent 2 euros **chacune**.
Sachen	**tout** [tu]	*alles*	Je prends **tout**.
Personen & Sachen	**tous** [tus] **toutes** [tut]	*alle*	Ils sont **tous** partis. Mes pommes, elles sont **toutes** pourries.
Personen	**tout le monde**	*alle*	**Tout le monde** en parle.

Unbestimmte Begleiter			
Personen & Sachen	**chaque**	*jeder, jede, jedes*	**Chaque** jour, je me lève à 8 heures. Il y a un stylo pour **chaque** enfant.
	tout le [tulə] **toute la** [tutla]	*der, die, das ganze*	Je prends **tout le** reste. Il travaille **toute la** journée.
	tous les [tule] **toutes les** [tutle]	*alle,* *die ganzen*	**Tous les** jours, je me lève à 8 heures. Ils sont partis pendant **toutes les** vacances.

Statt des Artikels bei tout le ... etc. kann auch ein anderer Begleiter stehen:
Elle m'a fait attendre **toute une** heure.
J'ai perdu **tout mon** argent.
Je connais **tous ces** problèmes.

•• Ergänze die Lücken mit dem passenden Pronomen.

tout

tous

toutes

1. ______________ va bien ?
2. Le père, la mère, les enfants, ils y vont ______________ .
3. Est-ce que je prends les poires ? Oui, je les prends ______________ .
4. ______________ est bien qui finit bien.
5. Les filles sont ______________ déjà parties.
6. Ils habitaient là-bas ______________ ensemble.

•• Verbinde die deutschen Sätze mit ihrer französischen Übersetzung.

1.	Chacun l'a embrassée.	a.	*Alle haben sie geküsst.*
2.	Tous l'ont embrassée.	b.	*Jeder hat sie geküsst.*
3.	Tu connais chacune des ces voitures ?	c.	*Kennst du jedes dieser Autos?*
4.	Ces voitures, tu les connais toutes ?	d.	*Kennst du alle diese Autos?*
5.	Il connaît toujours tout.	e.	*Er kennt immer alle.*
6.	Il connaît toujours tout le monde.	f.	*Er kennt immer alles.*
7.	Chacune a son vélo.	g.	*Jeder hat sein Fahrrad.*
8.	Ils ont chacun leur vélo.	h.	*Jede hat ihr Fahrrad.*

••• Setze in die Lücken den passenden Begleiter ein:

toute la — tous les — toutes vos — toutes les — chaque — tout le — tout un

1. D'accord, je vais te raconter ____________________ vérité.
2. Vous prenez le bus ____________________ jours pour aller à l'école ?
3. Ils ont mangé ____________________ cerises !
4. ____________________ mercredi, je vais à mon cours de danse.
5. Il a bu ____________________ litre de lait !
6. À ____________________ fois qu'il vient, nous nous disputons !
7. Ils ont bavardé pendant ____________________ voyage !
8. Vous penserez à prendre ____________________ affaires !

22 Demonstrativ- und Possessivpronomen

BOXENSTOPP

Du kennst schon die Demonstrativbegleiter **ce**, **cet**, **cette**, **ces**.
Ein Demonstrativbegleiter steht vor einem Nomen. Jetzt lernst du die Demonstrativpronomen kennen, sie vertreten ein Nomen und haben auch hinweisende Funktion. Sieh dir die Übersichtstabelle unten an und fülle dann die Lücken mit den richtigen Formen.

Je voudrais ce livre, → ______________ qui est dans la vitrine.

Je prends cette jupe, → ______________ qu'on a vue dans le catalogue.

Vous voulez ces CDs ? → Non, les autres, ______________ qui sont là-bas.

Nous aimons ces fleurs, → ______________ qui fleurissent au printemps.

Demonstrativpronomen		
celui **celle**	*dieser, diese, dieses*	Quel livre lis-tu ? - **Celui** sur la Révolution. Quelle robe achètes-tu ? - **Celle** qui est bleue.
ceux **celles**	*diese (Plural)*	Tu lis tous ces livres ? - Non, je lis **ceux**-là. Tu mets ces chaussures-ci ? - Non, je mets **celles**-là.

Die Demonstrativpronomen stehen nie allein. Entweder folgen ihnen die Stützwörter **-ci** / **-là** (*hier / da = dieser / jener*), ein Relativsatz mit **qui** / **que** / **dont** / **où** oder eine präpositionale Ergänzung mit **de** / **pour** / **avec** etc.

- **Wie bei den Demonstrativpronomen lassen sich aus den Possessivbegleitern die Possessivpronomen ableiten. Sie ersetzen ebenfalls ein Nomen. Ergänze die Lücken in der Übersichtstabelle.**

Possessivbegleiter	Possessivpronomen
mon / ton / son voisin	**le mien, le tien, le sien**
ma / ta / sa voisine	**la mienne, la** ______________ **,** ______________
mes / tes / ses voisins mes / tes / ses voisines	**les miens, les tiens,** ______________ **les miennes, les** ______________ **,** ______________
notre voisin / voisine	**le nôtre, la nôtre**
nos voisins	**les nôtres**
votre voisin / voisine	**le vôtre, la** ______________
vos voisins / voisines	**les v**______________
leur voisin / voisine	**le leur, la leur**
leurs voisins / voisines	**les leurs**

Die Possessivpronomen stehen im Französischen **nie ohne Artikel**.

•• **Ergänze die Lücken mit dem richtigen Demonstrativpronomen. In Klammern wird angegeben, welches Nomen das Pronomen ersetzen soll.**

celui · celle · ceux · celles

1. C'est ________________ que j'ai acheté hier. **(le livre)**
2. C'est ________________ que je veux pour Noël. **(la console de jeux)**
3. Je voudrais voir ________________ qui sont dans la boîte bleue. **(les chaussures)**
4. Tu préfères ________________ de ton ami ? **(les CDs)**
5. Je vais prendre ________________-ci. **(cet album-photo)**
6. Ils habitent dans ________________-là. **(cette maison)**
7. C'est ________________ avec les lunettes. **(le garçon)**

•• **Verbinde die Possessivbegleiter mit den ihnen entsprechenden Possessivpronomen.**

1.	son ami	a.	la sienne
2.	leurs enfants	b.	le vôtre
3.	mes copines	c.	le sien
4.	votre professeur	d.	la tienne
5.	nos bandes dessinées	e.	les miennes
6.	ta montre	f.	le leur
7.	leur voyage	g.	les nôtres
8.	son histoire	h.	les leurs

••• **Übersetze die deutschen Sätze ins Französische.**

1. *Welche Tasche? – Die(jenige), die ich auch zum Einkaufen nehmen kann.*

   ____

2. *Ich nehme die(se) hier. (Stiefel)*

   ____

3. *Ich lese nur Comics, vor allem die(jenigen) mit Asterix.*

   ____

4. *Welches Handy willst du? Dieses oder jenes?*

   ____

Lexik

Grammatik

Rechtschreibung und Zeichensetzung

4. LERNJAHR

1 Falsche Freunde und falsche Wortwahl

Wie in jeder Sprache gibt es auch im Französischen eine Vielzahl so genannter falscher Freunde, Wörter also, die trügerisch sind.
Zum einen sind dies die Homophone (Wörter, die sich gleich anhören, aber eine andere Schreibweise und Bedeutung haben), z.B. l'air (*Luft*) und l'aire (*Fläche*).
Zum anderen sind dies die Wörter, die sich im Französischen und Deutschen ähnlich sehen, aber verschiedene Bedeutungen haben. So bedeutet *die Demonstration* im Französischen la manifestation, la démonstration bedeutet *die Vorstellung* oder *Darstellung*.

Französisch-französische Fälle
Die folgenden Wörter kennst du sicherlich schon längst. Aber die Verwechslungsgefahr zwischen diesen Wörtern bereitet den meisten Französisch-Lernenden lange Probleme.

Die meisten schwierigen Fälle befinden sich in der Kategorie der Wörter, die gleich ausgesprochen, aber anders geschrieben werden. Hier siehst du nur ein paar Beispiele.

la voie - *der Weg, das Gleis*	la voix - *die Stimme*
la tente - *das Zelt*	la tante - *die Tante*
l'air (m) - *die Luft*	l'aire (f) - *die Fläche*

Außerdem gibt es noch eine Reihe von Wörtern, die sich in Aussprache und / oder Schreibung nur geringfügig unterscheiden und daher oft verwechselt werden.

la tache - *der Fleck*	la tâche - *die Aufgabe, die Arbeit*
le côté [kote] - *die Seite*	la côte [kot] - *die Küste*
la partie - *der Teil*	le parti - *die Partei*
ou - *oder*	où - *wo; wohin*

Falsche Freunde aufgrund der trügerischen Ähnlichkeit
Hier einige lexikalische Probleme, die immer wieder auftreten:

deutsches Wort	richtige Entsprechung	falscher Freund
die Attrappe	une imitation, un faux	l'attrape - *die Falle* (für Tiere)
die City	le centre, le centre-ville	la cité administrative - *Verwaltungsviertel*, la cité universitaire (kurz: la cité-U [site y]) - *Studentenwohnheim*; dans les cités - *in den Vororten*
die Demonstration	la manifestation	la démonstration - *die Dar- / Vorstellung*
digital	numérique, z.B. l'appareil numérique - *die Digitalkamera*	

deutsches Wort	richtige Entsprechung	falscher Freund
effektiv (z.B. Arbeit, Strategie)	efficace	le chiffre effectif; l'effectif (m.) - *die Zahl*
die Firma	la société, l'entreprise	
kandidieren	être candidat, se porter candidat	
das Kapital	le capital	la capitale - *die Hauptstadt*
der Monitor	l'écran (m.)	le moniteur - *der Betreuer* (im Ferienlager)
die Notiz	la note	la notice - *die Gebrauchsanleitung*
ordinär	vulgaire	ordinaire - *alltäglich, üblich*
originell	original	originel, -le - *ursprünglich*
der Prospekt	le prospectus, la documentation	
der Protest	la protestation	
die Prozedur	le procédé	
der Prozess	**1.** juristisch le procès; **2.** (die Entwicklung) le processus (z.B. le processus de paix dans le Proche-Orient)	
resignieren	se résigner	
die Synchronisierung (Film)	le doublage	
tendieren zu	avoir tendance à	
der Termin	**1.** (vereinbarter Zeitpunkt) le rendez-vous, **2.** (Frist) le délai	

Falsche Freunde hinsichtlich der Objekte

Schwierig sind auch Verben, die in den beiden Sprachen abweichende Objekte nach sich ziehen. Merke dir daher diese Fälle:

jdn. *fragen*	demander **à qn**
die Eltern fragen	demander aux parents
jdm. *helfen*	aider **qn**
den Freunden helfen	aider les copains
sich ***für*** *etw. interessieren*	s'intéresser **à** qc
sich für Fußball interessieren	s'intéresser **au** foot

Falsche Wortwahl

Einige Fehler entstehen dadurch, dass man die gelernten deutschen Bedeutungen zu stark übernimmt. Z.B.:

man muss / jd. muss – il faut ... / qn doit ...
„man muss" wird bei unpersönlichem Gebrauch mit il faut ... wiedergegeben. Sobald ein Subjekt ausdrücklich genannt wird, handelt es sich um eine persönliche Konstruktion und man muss qn doit (faire qc) verwenden, z.B.
Il faut respecter l'environnement. *Man muss auf die Umwelt Rücksicht nehmen.*
Aber: **Les Allemands doivent** respecter encore plus l'environnement.
Die Deutschen müssen noch mehr Rücksicht auf die Umwelt nehmen.

aussehen – avoir l'air / être
*Sie **sieht** müde / traurig **aus**.* Elle **a l'air** fatiguée / triste. *Sie **sieht** gut **aus**.* Elle est belle.
(Keinesfalls darfst du regarder verwenden!)

dasselbe – la même chose
*Ich wollte **dasselbe** sagen.* Je voulais dire **la même chose**.
Keinesfalls darfst du nur le / la même verwenden!

also, folglich – donc, par conséquent ...
Um in einem Text von einem Satz zum anderen überzuleiten, gibt es eine große Bandbreite von Konjunktionen, z.B.:
Donc, ... Par conséquent, ... En conséquence, ...
Das am Anfang gelernte, beliebte Alors, ..., das auch temporale Konnotationen hat, sollte den genannten Ausdrücken weichen!

deshalb – c'est pour autant que, c'est la raison pour laquelle
Du hast hier sicherlich C'est pourquoi gelernt. Es ist zwar nicht falsch, aber angemessener sind im geschriebenen Französisch andere Konstruktionen wie
C'est pour autant que ..., C'est la raison pour laquelle ...

das – cela
Du kennst natürlich ça als Übersetzung für *das, dies*. Dies ist richtig, gehört aber der Umgangsprache an. Daher solltest du in der schriftlichen und gehobeneren Sprache ***unbedingt*** die vollständige Form, cela verwenden:
Cela signifie que ... Das bedeutet, dass ...
Tipp: Häufig kann cela ohnehin besser durch ce / cette und ein konkretes, in den Zusammenhang passendes Nomen ersetzt werden, z.B. **Cette évolution** implique que ...

• **Setze die fehlenden Wörter ein! Als Hilfe dienen dir hier die deutschen Wörter.**

dasselbe sieht wirklich gut aus resigniere
originell Monitor digital deshalb

1. L'acteur principal ________________.
2. Tu ne trouves pas que les images ________________ sont beaucoup plus nettes que les images traditionnelles ?
3. L'________________ de mon ordinateur est vraiment très grand.
4. Tu as vu la chemise du protagoniste ? Elle est très ________________ !
5. Avec toi, c'est toujours ________________ : tu ne t'intéresses pas du tout au film, tu t'intéresses seulement aux acteurs !
6. Mais oui, ________________ je regarde les films.
7. D'accord, je ________________, j'arrête de parler cinéma avec toi.

•• **Jetzt bist Du dran! Wie heißen diese Wörter auf Französisch?**

	Deutsches Wort	Richtige Entsprechung
1.	*die Demonstration*	
2.	*digital*	
3.	*das Kapital*	
4.	*originell*	
5.	*das Zelt*	
6.	*die Aufgabe, die Arbeit*	
7.	*die Stimme*	
8.	*das Gleis*	
9.	*dasselbe*	
10.	*jdm. helfen*	

2 Wortbildung

Wie im ersten Kapitel angedeutet, lassen sich zahlreiche Wörter leicht aus dem Deutschen oder aus den anderen dir bekannten Sprachen ableiten. Man spricht von Internationalismen, also von Wörtern, die in vielen Sprachen ähnlich sind.

Gute Freunde bei der Herleitung
Einige Grundregeln der Ableitung von Internationalismen aus dem Deutschen ins Französische sind:

Verben auf:
-ieren → **-(i)er**
realisieren – réaliser
initiieren – initier

Adjektive auf:
-os, -ös → **-eux, euse**
rigoros – rigoureux, -euse
nervös – nerveux, -euse

-isch → **-ique**
identisch – identique

Nomen auf:
-tät → **-(i)té**
die Rarität – la rarité
die Priorität – la priorité

-(ier)ung (Aktion) → **-(i)on**
die Intensivierung – l'intensification
die Atmung – la respiration

-ismus → **-isme**
der Individualismus – l'individualisme

-ik → **-ique**
die Gymnastik – la gymnastique

Falsche Freunde in der Wortbildung
Bei den Internationalismen geschieht es aber auch immer wieder, dass sich in verschiedenen Sprachen unterschiedliche Suffixe durchsetzen. Das führt dann ggf. zu falschen Freunden, solche Wörter müssen besonders gut gelernt werden. Hier einige Beispiele:

-loge → **-logiste** oder **-logue**
der / die Biologe / -login – le / la biologiste
der / die Ökologe / -login; der / die Umweltschützer / -in – l'écologiste
dagegen:
der / die Philologe / -login – le / la philologue
der / die Dermatologe / -login – le / la dermatologue

Einzelne Abweichungen bei Nomen:
die Anonymität - l'anonymat
die Athletik - l'athlétisme
die Effektivität, die Effizienz - l'efficacité
der Katalysator - le pot catalytique
die Methodik - la méthodologie
die Prognose - le pronostic
das Recycling - le recyclage
die Reformation - la Réforme
der / die Vegetarier / -in - le végétarien / la végétarienne
das Zitat - la citation

Einzelne Abweichungen bei Adjektiven:
atheistisch - athée
katastrophal - catastrophique
konservativ - conservateur
finanziell - financier
industriell - industriel, aber *die Industrieländer* - les pays industrialisés
kommerziell - commercial (vgl. le centre commercial)

Einzelne Abweichungen bei Verben:
nummerieren - numéroter
optimieren - optimiser

- **Ergänze die folgende Tabelle mit den fehlenden Suffixen, wie du es in diesem Kapitel gelernt hast.**

1. catastroph_______ (Adj.)	**6.** l'écolog_______ (m.)
2. init_______ (Verb)	**7.** la priorit_______
3. optimis_______ (Verb)	**8.** le recycl_______
4. financ_______ (Adj.)	**9.** nerv_______ (Adj.)
5. la méthod_______	**10.** l'individual_______ (m.)

3 Nomen: Pluralbildung und Genus

Formen wie *~~des travails~~, *~~la futur~~, *~~la parti~~ u.ä. tun dir weh? Sehr gut! Es muss schließlich des travaux, le futur und le parti heißen. Wenn du deine Kenntnisse in Sachen Pluralbildung und grammatikalisches Geschlecht ein wenig testen und auffrischen willst – allons-y!

Pluralbildung

BOXENSTOPP

1. Üblich ist die Pluralbildung durch Anhängen von -s. Endet ein Nomen auf -s, -x oder -z, bleibt das Nomen im Plural unverändert (z.B. les Françai**s**, les pri**x**, les ne**z**).

2. Nomen, die auf -eu oder -ou enden, bilden den Plural in der Regel auf -x: le jeu → les jeu**x**, le bijou → les bijou**x**. Ausnahmen sind les pneu**s**, les clou**s**.

3. Viele Nomen auf -al oder -ail bilden den Plural auf -aux, z.B.: le journal → les journ**aux**, le travail → les trav**aux**. Ausnahmen sind hier les détail**s**, les portail**s**, les bal**s**, les festival**s**.

Nicht vergessen:
Gänzlich unregelmäßig sind l'œil → les **yeux**, Madame → **Mesdames**, Monsieur → **Messieurs**, und in der Aussprache: l'œuf → les œufs [Œf, ø], le bœuf → les bœufs [bŒf, bø], l'os → les os [ɔs, o].

Nur im Plural kommen folgende Wörter vor:
les archives (f.) – *das Archiv*
les coûts (m.), les dépens (m.) – *die Kosten*
  aux dépens de – *auf Kosten von*
les environs (m.), les alentours (m.) – *die Umgebung*
  aux alentours de – *in der Umgebung von*
les fiançailles (f.) – *die Verlobung*
les mathématiques (f.) – *die Mathematik*
les mœurs (f.) – *die Sitten*
les toilettes (f.) – *die Toilette*

- **Wähle für jede Lücke das passende Nomen aus und setze es in der richtigen Form (Singular oder Plural) ein!**

le journal   le bal   (les) alentours   le stade
(les) dépens   le détail   le jeu

En 2008, les ________________ (1) Olympiques ont lieu en Chine. Aux ________________ (2) des ________________ (3) de Pékin, on organise des ________________ (4) pour divertir les journalistes. Par conséquent, les ________________ (5) donnent beaucoup de ________________ (6) sur les soirées olympiques aux ________________ (7) d'informations sur la réalité chinoise.

Genus

Die übliche Bildung des Femininums durch Anhängen von **-e** ist für dich sicher kein Problem. Du solltest dich aber daran erinnern, dass es für bestimmte Gruppen von Nomen abweichende, aber dennoch regelmäßige Ableitungen gibt.

1. Nomen, die im Maskulinum auf -(i)en oder -(i)on enden, bekommen zwar im Femininum auch ein -e, **verdoppeln aber gleichzeitig den Nasalkonsonanten**, sodass dieser ausgesprochen wird und der vorausgehende Vokal denasaliert bzw. „normal" zu sprechen ist, also z.B. le lycéen → la lycéen**ne** [liseɛ̃, liseɛn], un Italien → une Italien**ne** [italjɛ̃, italjɛn], un champion → une champion**ne** [ʃɑ̃pjɔ̃, ʃɑ̃pjɔn].
2. Nomen, die im Maskulinum auf -f enden, enden im Femininum auf **-ve**, z.B. le veuf → la veu**ve**, le Juif → la Jui**ve**.
3. Nomen auf -er bilden das Femininum in der Regel auf **-ère**, also z.B. l'ouvrier → l'ouvri**ère**.
4. Nomen auf -teur bilden das Femininum meist auf **-trice**, solche auf -eur auf **-euse**, z.B. l'acteur → l'ac**trice**, aber le menteur → la ment**euse**.
5. Eigens zu lernende Sonderformen sind le héros → **l'héroïne**, le speaker → **la speakerine** (Ansager / -in).

Bestimmte Endungen weisen immer auf ein bestimmtes Geschlecht hin. Hier siehst du einige von Ihnen. Wenn du diese lernst, hast du eine Hilfe beim Bestimmen des Geschlechtes.

Folgende Endungen weisen auf ein männliches Nomen hin:

Endung	Beispiel
- ment	le développement, le sentiment
- isme	le réalisme, le tourisme
- ent	l'argent
- (t)eur	le réalisateur, le bonheur
- aire	le commissaire
-oir	le couloir, l'espoir, le pouvoir

Folgende Endungen weisen auf ein weibliches Nomen hin:

- ance/ -ence	la tolérance, la différence
- (er)ie	la philosophie, la boulangerie
- (i)on	la nation
- (i)té, -(i)tié	la nationalité, l'amitié
-(i)tude	la solitude, l'habitude
- trice	l'actrice

•• **Bestimme das Genus der folgenden Nomen, indem du m. für maskulin oder f. für feminin in Klammern schreibst.**

1. classicisme ( )
2. désarmement ( )
3. complicité ( )
4. condition ( )
5. influence ( )
6. collaborateur ( )
7. chercheuse ( )
8. effondrement ( )
9. diversification ( )

BOXENSTOPP

1. Einige Berufsbezeichnungen gibt es traditionell nur im Maskulinum (z.B. le médecin, le ministre, le professeur, l'ecrivain, le juge, le maire). Wird der Beruf durch eine Frau ausgeübt, wird entweder die maskuline Form verwendet oder man stellt zur Verdeutlichung une femme voraus, also z.B. une femme médecin, une femme écrivain.

2. Einige Wörter kennen im Französischen nur die weibliche Form, egal, ob die bezeichnete Person männlich oder weiblich ist.
   la connaissance – *der / die Bekannte*
   la vedette, la star – *der Star* (Mann oder Frau)
   la victime – *das Opfer*

3. Manche französische Wörter haben verschiedene Bedeutungen, je nachdem, ob sie Maskulinum oder Femininum sind:

le mode – *die Art und Weise*	la mode – *die Mode*
le tour – *die Runde, der Rundgang*	la tour – *der Turm*
(vgl. le tour de France)	(vgl. la tour Eiffel)

4. Es gibt auch Wörter, die sich im Deutschen und Französischen sehr ähnlich sehen, die aber in den beiden Sprachen ein unterschiedliches Genus haben! Das musst du auswendig lernen. Versuche dir jeden Tag einige dieser Paarungen einzuprägen.

Französisch Maskulinum, Deutsch Femininum

un ananas	*eine Ananas*	le métro	*die Metro*
un axe	*eine Achse*	un million	*eine Million*
un chiffre	*eine Zahl, eine Ziffer*	un opéra	*eine Oper*
un débat	*eine Debatte*	un ordre	*eine Order*
un domaine	*eine Domäne*	un parti	*eine Partei (Politik)*
un épisode	*eine Episode*	un rôle	*eine Rolle*
un geste	*eine Geste*	un tour	*eine Tour*
un groupe	*eine Gruppe*	un yacht	*eine Yacht*
un jury	*eine Jury*		

Französisch Femininum, Deutsch Maskulinum / Neutrum

une auto(mobile)	*ein Auto*
une danse	*ein Tanz*
une date	*ein Datum*
une hormone	*ein Hormon*
une idole	*ein Idol*
une interview	*ein Interview*
une manœuvre	*ein Manöver*
la mer	*das Meer*
une photo	*ein Foto*
une planète	*ein Planet*
une place	*ein Platz*
une star	*ein Star (Mann oder Frau)*

••• **Füge jeweils den unbestimmten Artikel und die passende Form des Adjektivs hinzu!**

1. ______ vedette ____________________ **(connu)**
2. ______ chiffre ____________________ **(élevé)**
3. ______ ordre ____________________ **(clair)**
4. ______ ananas ____________________ **(mûr - reif)**
5. ______ rôle ____________________ **(important)**

••• **Wiederhole nun noch einmal die Hauptregeln, die du geübt hast.**

1. Pluralbildung:
   Wörter auf -eu oder -ou bilden den Plural auf ______,
   z.B. le bijou – les ____________.
   Wörter auf -al oder -ail bilden den Plural auf ______,
   wie z.B. le travail – les ______________.

2. Genus:
   Wörter mit den Endungen -ment, -isme; -ent; -(t)eur, -aire oder -oir sind meist ________________, wie tiroir oder tourisme. Dagegen sind Wörter mit den Endungen -ance, -ence, -(i)on, -té, -tié, -tude, -trice meistens ________________, wie directrice oder habitude.

4 Präpositionen

Auch fortgeschrittene Französischlernende haben bisweilen Probleme mit komplexen Präpositionen wie aux dépens de, oder auch mit Unterscheidungen wie jener zwischen der zweigliedrigen Konjunktion pendant que und deren präpositionaler Variante, dem einfachen pendant. Und wie geht es erst nach der Präposition weiter? Das siehst du in diesem Kapitel.

Präpositionen für Fortgeschrittene

Räumliche Beziehungen:

à côté de	*neben (vs. la côte – die Küste)*	en dehors de	*außerhalb von*
au bout de	*am Ende von*	en face de	*gegenüber von*
auprès de (qn.)	*nahe bei (jdm.)*	le long de	*entlang*
au-dessus de	*über (wo?)*	près de (qc.)	*nahe bei etw.; ungefähr*
par-dessus	*über (wohin?)*	à travers	*durch*
au-dessous de	*unter*		

Zeitliche Beziehungen:

en (+ Jahreszahl) – *im Jahre …*

il y a – *vor*

Modale Beziehungen:

grâce à – *wegen* (+ positiver Grund)

à cause de – *wegen* (+ nicht bewerteter oder negativer Grund)

à défaut de / faute de – *in Ermangelung von*

au lieu de – *anstatt*

malgré / en dépit de – *trotz*

en raison de / étant donné (unveränd.) / vu (unveränd.) – *aufgrund, angesichts*

quant à – *was … betrifft*

Unterschiede im Gebrauch:

Präposition	Konjunktion
après	après que
avant	avant que + subj.
depuis	depuis que
dès	dès que
jusqu'à	jusqu'à ce que + subj.
pendant / lors de (gehoben)	pendant que / lorsque (gehoben)
pour	pour que + subj.
sans	sans que + subj.

- Übersetze ins Französische:

1. Wegen des Benzinpreises werden wir dieses Jahr den Zug nehmen.

2. Ich gehe gerne am Fluss (entlang) spazieren.

3. Trotz des Regens gehe ich auch heute aus dem Haus.

4. Ich fahre bis zum Bahnhof.

Verben mit Präpositionalergänzung

BOXENSTOPP

Zehn Verben mit Präpositionen, die bisweilen Probleme bereiten:

aider qn à faire qc – *jdm. helfen, etw. zu tun*
se décider à faire qc – *sich entschließen, etw. zu tun*
demander à qn (de faire qc) – *jdn. fragen (jdn. bitten, etw. zu tun)*
empêcher qn de faire qc – *jdn. daran hindern, etw. zu tun*
réfléchir à qc / sur qc – *über etw. nachdenken*
se réjouir de qc – *sich über / auf etw. freuen*
répondre à qn / qc – *jdm. / auf etw. antworten*
réussir qc – réussir à faire qc – *etw. schaffen / es schaffen, zu ...*
songer à qc – *an etw. denken*
tenir à (faire) qc – *auf etw. Wert legen / darauf Wert legen, etw. zu tun*

Manchmal entspricht die Präpositionalergänzung eines Verbs im Deutschen einem Adverb:

finir par faire qc – *etw. schließlich / zuletzt (doch) tun*
venir de faire qc – *etw. gerade getan haben*

•• Welches Verb passt hier in die Lücke?

songer à qc réfléchir à qc se réjouir de faire qc
se décider à faire qc venir de faire qc finir par faire qc

Je ________________ (1) arriver à la gare. Que faire ?

Je ________________ (2) acheter un billet pour Marseille. Pourquoi ? Je ne sais pas. Il faut que j'________________ (3). Je ________________ (4) soleil qu'il y a normalement là-bas. J'aimerais tellement en profiter, pour ne plus vivre sous cette pluie typique du nord. Je ________________ (5) voir la mer. Oh, à force de rêver, j'ai ________________ (6) rater mon train !

••• Bei den nachfolgenden Sätzen solltest du darauf achten, dass die französischen und die deutschen Präpositionen nicht immer übereinstimmen. Streiche die falsche Präposition durch!

1. Le livre est	sur / en	l'étagère.
2. Je vais	sur / chez	le dentiste.
3. Les enfants jouent	sur / dans	la rue.
4. Les filles sont	en / dans	ville.
5. Nous allons	en / à	Paris le week-end prochain.

••• Wenn du neue Verben oder Ausdrücke lernst, dann schreibe dir diese immer zusammen mit dem präpositionalen Anschluss oder einem Beispielsatz auf. Also nicht aider, sondern aider qn ________________!

5 Teilungsartikel und *de*

Der **Teilungsartikel** bezeichnet den Teil eines Ganzen einer unbestimmten Menge, d.h. etwas Unzählbares. Es gibt ihn nur im Singular; er besteht aus **de + bestimmter Artikel**. Zum Teilungsartikel musst du dir noch merken:

1. er steht nicht nach sans: **Sans sucre**, s'il vous plaît.
2. er steht nicht nach de: J'aurais besoin **d'**argent.
   (de steht hier ja bereits, es ist aus der Wendung avoir besoin de begründet).
3. er steht in einigen festen Wendungen:
   faire **du** foot / volley / basket / **de** la natation etc.
   jouer du piano
   avoir de la chance

Das partitive de ist die verneinte Form des Teilungsartikels (z.B. Il n'y a plus de pain.), aber vor allem auch das Bindeglied zwischen einer bestimmten Mengenangabe und dem bezeichneten Gegenstand (z.B. **un kilo de** pain, **une bouteille de** vin, **deux paquets de** beurre) sowie zwischen der Bezeichnung einer unbestimmten Anzahl und dem fraglichen Gegenstand: **beaucoup de** beurre, **un peu de** fromage, **assez d'**argent.

Der **Plural des unbestimmten Artikels** ist **des**. Im Deutschen steht hier kein Artikel, z.B. un livre - **des** livres, ein *Buch* - ***Bücher***.

- **Was liegt vor?**

a. Teilungsartikel, b. partitives „de“ oder c. Plural des unbestimmten Artikels?

☐ **1.** Jean aime jouer du piano.

☐ **2.** Marie a des problèmes.

☐ **3.** Ils boivent beaucoup d'eau.

☐ **4.** Récemment, il a acheté 50 bouteilles d'eau de source.

Wähle die richtige Lösung aus!

1. Jean, lui, il boit aussi ☐ vin. ☐ du vin.
2. Il ne boit jamais ☐ du thé. ☐ de thé.
3. Par contre, il aime bien le café. Il le boit sans ☐ du sucre. ☐ sucre.
4. De temps en temps, il fait ☐ des rêves étranges. ☐ de rêves étranges.
5. Et si toutes ses vaches, donnaient ... ☐ d'eau ☐ de l'eau
   au lieu de donner ☐ lait ? ☐ du lait ?
6. Alors, il ne devrait plus acheter ☐ de l'eau. ☐ d'eau.

BOXENSTOPP

Letztlich ist das mit dem Teilungsartikel und mit de also gar nicht so schwer, man muss sie nur auseinander halten können! Fasse deshalb hier die wichtigsten Regeln nochmals zusammen:

1. Teilungsartikel:
   a. Form: ______________________
   b. Funktion: ______________________
   c. Ausnahmen: ______________________
2. Partitives „de":
   a. Funktion: ______________________
   b. Beispiele: ______________________
3. „des":
   a. Funktion: ______________________
   b. Beispiel: ______________________

6 Adjektive

Als fortgeschrittener Französischlernender weißt du natürlich, dass Adjektive in Genus und Numerus auf ein Nomen bezogen werden. Allerdings passiert es im Eifer des Gefechts immer wieder, dass man das vergisst. Auf den folgenden Seiten siehst du noch einmal die wichtigsten Regeln zu den Adjektiven.

Besondere Formen im Femininum

Die Grundregel der Ableitung der weiblichen Form des Adjektivs von der männlichen Form - durch Anhängen eines -e - kennst du schon längst: petit → petit**e**. Dadurch wird hier der sonst stumme Endkonsonant ausgesprochen!

Kennst du auch noch die besonderen Endungen von einigen weiblichen Adjektiven?
Endet das Adjektiv bereits auf -e, bleibt das Adjektiv unverändert:
le livre roug**e** → la voiture roug**e**.
Hier die Fälle, die am häufigsten Schwierigkeiten bereiten:

Maskulinum > Femininum	
-f → -ve	neu**f** → neu**ve**, sporti**f** → sporti**ve**
-eux, -eur → -euse	danger**eux** → danger**euse**, moqu**eur** → moqu**euse**
-on → -onne	mign**on** → mign**onne**
-en → -enne	moy**en** → moy**enne**
-(i)er → -(i)ère	ch**er** → ch**ère**, dern**ier** → dern**ière**
-el → -elle	artifici**el** → artifici**elle**

Besondere Pluralbildung

Das Anhängen eines nicht hörbaren -s ist allgemein bekannt. Weißt du auch noch, dass das Adjektiv im Plural unverändert bleibt, wenn es bereits im Singular auf -s oder -x endet? Achte außerdem darauf, dass die Endung der meisten Adjektive auf -al im Plural -aux ist, z.B. national → nation**aux**, principal → princip**aux**.

Aber wie immer bestätigt die Ausnahme die Regel. Die Adjektive banal, final, fatal, naval haben regelmäßige Pluralformen, also banals, finals, fatals, navals. Vielleicht kann dir der folgende Merksatz helfen:
*Das **banale Finale** auf dem **Schiff** war für die französische Nationalmannschaft **fatal**.*

Sonderformen

1. Diese Adjektive musst du dir gut einprägen:

un **beau / nouveau / vieux** château
un **bel / nouvel / vieil** appartement
une **belle / nouvelle / vieille** maison
des **beaux / nouveaux / vieux** châteaux
des **belles / nouvelles / vieilles** maisons

2. Auch diese Adjektive musst du dir gut merken:

blan**c** → blan**che** (*weiß*)
fau**x** → fau**sse** (*falsch*)
fo**u** → fo**lle** (*verrückt*)
lon**g** → lon**gue** (*lang*)
symp**a** → symp**a** (*nett*)

3. Diese Adjektive sind ein wenig einfacher, weil sie unveränderlich sind:

marron (braun), orange, super.

- **Setze das passende Adjektiv in der richtigen Form ein!**

intéressant beau national libre faux
européen nouveau long récent international

L'idée que la construction de l'Europe est ____________ (1) est ____________ (2). L'aventure ____________ (3) est une ____________ (4) suite d'événements ____________ (5). Cela commence dès la colonisation grecque qui a permis à la ____________ (6) langue de Platon d'arriver jusqu'en France. Quand on parle aujourd'hui de ____________ (7) circulation des personnes, ce n'est vraiment pas ____________ (8) ! Depuis, les intérêts ____________ (9) rejoignent petit à petit les intérêts ____________ (10).

Stellung der Adjektive

Im Gegensatz zum Deutschen stehen die Adjektive meist nach dem Nomen. Denke aber immer daran, Adjektive gerade auch dann anzugleichen, wenn sie weit vom Bezugswort entfernt stehen, z.B.

> Ces **mesures** sont particulièrement **importantes** pour l'avenir de l'économie française.
> *Diese Maßnahmen sind besonders wichtig für die Zukunft der französischen Wirtschaft.*
> Le lait et les fruits sont très chers aujourd'hui.
> *Milch und Obst sind heutzutage sehr teuer.*

Wichtig sind auch die kurzen Adjektive. Diese, sowie die Zählwörter stehen **vor** dem Nomen:

> un **petit** garçon, une **jeune** fille, la **deuxième** partie

Sie sind besonders tückisch, weil es sich um oft benutzte Adjektive handelt. Zu diesen kurzen Adjektive gehören auch: autre, dernier, bon, mauvais, grand, petit, vieux, jeune, long, court, gros, nouveau, beau, joli.
Aber Farbadjektive stehen immer nach dem Nomen, auch wenn sie kurz sind, z.B.:
J'ai un pull **bleu**.

In manchen Fällen kann das Adjektiv vor oder nach dem Nomen stehen. Dadurch kann sich jedoch auch die Bedeutung des Ausdrucks ändern:
Un homme **grand** bedeutet *ein großer (großgewachsener) Mann.*
Un **grand** homme bedeutet *ein großer, berühmter Mann.*

•• **Bilde aus den folgenden Elementen sinnvolle Sätze. Achte darauf, dass auch vom Bezugswort entfernt stehende Adjektive angeglichen werden!**

1. Quel | avenir | choisira | européen | l'Irlande ?

____

2. Je voudrais | dans une université | français | faire mes études

____

3. Son stage | petit | une | expérience | dans la vie | professionnel | lui | a apporté

____

4. Je voudrais | international | étranger | pour pouvoir pratiquer les langues | travailler | dans une entreprise

____

5. Les dossiers | très | orange | important | sont

____

Ergänze die Tabellen.

Maskulinum	Femininum
1. important	
2. vieux	
3. vif	
4. heureux	
5. bon	
6. beau	
7. fou	
8. blanc	

Singular	Plural
1. grand	
2. génial	
3. dangereux	
4. beau	
5. nouveau	
6. épais	
7. vieux	
8. banal	

7 Adverbien

Dass Adverbien im Regelfall vom Femininum eines Adjektivs durch Anhängen von -ment abgeleitet werden, das weiß jeder. Dass es auch sog. ursprüngliche Adverbien gibt wie ici, maintenant, vite, tôt, tard usw., ebenfalls. Dennoch bergen Adverbien viele Fehlerquellen. Versuche, diese mithilfe der folgenden Lektion künftig zu umgehen!

Besondere Adverbformen

BOXENSTOPP

Erinnerst du dich an die Bildung folgender Adverbien? Versuche es und ordne anschließend jeder Bildung eine der unten stehenden Regeln zu.

		Regelnr.
1. vrai		
2. absolu		
3. évident		
4. élégant		

Die zugrunde liegenden Regeln lauten wie folgt:

1. Adjektive, die auf hörbaren Vokal (außer -e) auslauten, hängen die Endung **-ment** direkt an die maskuline Form an.
2. Adjektive auf -ant und -ent bilden Adverbien auf **-amment** und **-emment**.

Einige Adverbien werden auch unregelmäßig gebildet. Es sind u.a.:
bon → bien und mauvais → mal, aber auch:
précis, précise → précis**é**ment
énorme → énorm**é**ment
bref, brève → bri**è**vement

- **Übersetze die Sätze, sie enthalten nützliche Wendungen für die Gliederung von darstellenden oder argumentierenden Texten.**

1. Das ist mein Text oder, **genauer gesagt**, mein Gedicht.

2. Ich erkläre euch **in aller Kürze** die Geschichte.

Stellung im Satz

1. Die meisten Adverbien stehen direkt hinter dem konjugierten Verb, z.B.
   J'ai beaucoup travaillé.
2. tôt, tard und ensemble stehen nach dem Participe passé und nach dem Infinitiv, z.B.
   J'aime arriver **tôt**.
3. Adverbien des Ortes und der bestimmten Zeit stehen am Anfang oder am Ende eines Satzes: **Aujourd'hui**, il y a beaucoup de monde.
   Oder: Il y a beaucoup de monde **aujourd'hui**.
4. Sogenannte Satzadverbien, die sich auf einen ganzen Satz beziehen, stehen - durch ein Komma vom Restsatz getrennt - am Satzanfang, z.B.
   Malheureusement, il n'a pas réussi son examen.
   De nos jours, il y a beaucoup de possibilités ...
   De toute façon, il n'aimait pas les glaces italiennes.
   Das ist wichtig zu wissen und nützlich für das Verfassen argumentativer Texte, in denen häufig solche auf ganze Sätze bezogene Adverbien vorkommen.

•• **Bringe die Wörter in die richtige Reihenfolge, um einen sinnvollen Satz zu bilden. Achte auf die Stellung der Adverbien.**

1. je | ne pas | venir | malheureusement | peux | aujourd'hui

   ____

2. est | mon train | trop tard | arrivé

   ____

3. je | ne pas | aurais | de toute façon | eu envie

   ____

4. souvent | pensé à | Géraldine | lui | a

   ____

5. bientôt | venir | allons | nous

   ____

Problemfälle: beaucoup, comme ça ...

Einige Adverbien bereiten, obwohl sie früh gelernt werden, oft dauerhaft Probleme.

beaucoup

Beaucoup vor einem Verb heißt „sehr", z.B. J'ai beaucoup aimé cette chanson.
Nur in Ausnahmefällen heißt es „viel", z.B. J'ai beau coup travaillé. J'ai beaucoup bu.
Vor einem Adjektiv oder einem Adverb dagegen wird das deutsche „sehr" mit très wiedergegeben, z.B. Ce voyage a été **très** intéressant. Ce roman se lit **très** facilement.
Des Weiteren gelten folgende Wortgleichungen:
***sehr** viel* - beaucoup (ggf. énormément, s.o.)
***zu** viel* - trop
Beaucoup kann nicht mit einem anderen Adverb verbunden werden (also niemals *~~très beaucoup~~, *~~trop beaucoup~~ verwenden!)

Häufig hört und liest man auch Entsprechungen für „viele Leute", die mit beaucoup gebildet werden. Richtig wäre hier:
de nombreuses personnes oder:
nombre de personnes (gehobener Stil) - *viele Leute*

Das Adverbiale comme ça

Comme ça erfreut sich bei vielen deutschen Französischlernenden großer Beliebtheit. Es ist im Schriftlichen aber nur in den seltensten Fällen angemessen. Häufig soll ausgedrückt werden:
- *so, auf diese Art und Weise* (Adverb) → ainsi oder de cette façon
- *solche* (Adjektiv) > de tels (m.), de telles (f.), also z.B.

De telles mesures comportent de grands risques.
***Solche Maßnahmen** bergen große Risiken.*

Und für den guten Ton: fast - il a failli ...

Erinnere dich daran, dass man *fast, beinahe* auf elegante Weise mit einer Form des Verbs falloir + Infinitiv wiedergeben kann:
Il a failli tomber. ***Beinahe** wäre er hingefallen.*

••• **Vervollständige den Text mit dem richtigen Adverb. Achte dabei auf die Stellung und ob du ein Komma benötigst.**

de nos jours   de telles   trop   beaucoup (2x)   malheureusement   en 1936

__________ (1) le congé payé (der bezahlte Urlaub) a été introduit en France. __________ (2) presque tous les Français partent en vacances. __________ (3) de Français aiment se rendre sur les plages de l'Hexagone. __________ (4) vacances leur plaisent __________ (5). __________ (6), parfois il y a même __________ (7) de touristes sur les plages.

Der Unterschied zwischen Adjektiv und Adverb ist dir schon längst bekannt. Dennoch musst du darauf achten, dass das Adjektiv in einigen festen Wendungen die Funktion eines Adverbs übernimmt. In diesem Fall bleibt das Adjektiv wie alle Adverbien unveränderlich.

Das ist der Fall bei:

chanter juste / faux	richtig / falsch singen
sentir bon / mauvais	gut / schlecht riechen
coûter cher	teuer sein
payer cher	teuer bezahlen
parler bas / fort	leise / laut sprechen
travailler dur	hart arbeiten

8 Verben: Rechtschreibung und unregelmäßige Verben

Unregelmäßige Verben wiederholst du systematisch am besten mithilfe deiner Grammatik. Hier zur Erleichterung einige orthographische Fallen und unregelmäßige Verben, die immer wieder Probleme bereiten.

Besonderheiten der Orthographie
Bei einigen Verben würden sich durch Anhängen der Konjugationsendung Veränderungen in der Aussprache ergeben. Um dies zu verhindern, müssen einzelne Buchstaben eingeschoben werden.
Die wichtigsten Regeln zur Entsprechung von <Schreibung> und [Aussprache] sind die folgenden:

<g + i / e>	→	[ʒ]	<c + i / e>	→	[s]
<g + u + i / e>	→	[g]	<ç + a / o / u>	→	[s]

Kannst du dich noch an die Verben mit Stammveränderungen im Präsens Singular und in der 3. Person Plural erinnern? Damit dir keine Fehler mehr unterlaufen, sind hier noch einmal die Grundregeln!

1. Verben mit Endungen auf -eler oder -eter verdoppeln die Konsonanten -l oder -t vor einem stummen -e: je jette, j'appelle.
2. Andere Verben bekommen einen Accent grave auf das -e, das vor -t oder -l steht: j'achète, je répète.

- **Wie lautet die entsprechende Form? Achte auf die Rechtschreibung!**

1. nous / commencer (ind. prés.) ____________________
2. je / manger (ind. imparfait) ____________________
3. en / menacer (gérondif) ____________________
4. tu / répéter (ind. prés.) ____________________
5. ils / jeter (ind. prés.) ____________________

Einige häufige Konjugationsfehler im Bereich der Verben passieren dadurch, dass viele Endungen im Französischen gleich ausgesprochen werden, aber unterschiedlich geschrieben werden. Also, gib Acht!
Solche Fälle findest du zum Beispiel bei den Verben auf -er im Présent mit den Endungen -e, -es, -ent oder im Imparfait mit -ais, -ait, -aient, z.B. je mang**e**, tu mang**es**, il mang**e** oder je / tu mange**ais**, il mange**ait**, ils mange**aient**.
Zusätzlich kommt das Problem mit den Verbmodi hinzu: Wie du ja weißt, sind die Endungen -e, -es, -ent auch die Endungen des Subjonctif présent: (il faut) que je mang**e**, que tu mang**es**, qu'il mang**e**.

Bei den Verben auf -er lauern auch viele Verwechslungsgefahren bei den Endungen -er (*Infinitiv*), -ez (2. Pers. Pl.), -é (Participe passé), -ai (Passé simple) und -ais (Imparfait), z.B. compter, comptez, compté, comptai, comptais (*zählen*).
Einen ähnlichen Fall kennst du bei den Verben auf -ir, z.B. j'ai fini, je finis, il finit (*beenden*) oder bei unregelmäßigen Verben wie j'ai reçu, je reçus, il reçut.

Unregelmäßige Verben
Bei den Formen der gängigen unregelmäßigen Verben bist du bestimmt recht sicher. Es gibt aber Formen, die dir seltener begegnen, zum Beispiel die des Subjonctif présent. Oder die Formen des Passé simple – sie sind z.B. in der Gegenwartsliteratur immer noch präsent und daher solltest du die Formen zumindest erkennen können. Wiederhole daher die unregelmäßigen Verben in deiner Schulgrammatik und versuche dann, die folgenden Formen zu bilden oder zu identifizieren.

•• **Bilde folgende Formen des Subjonctif présent.**

1. atteindre (je) — que ______________________
2. réduire (ils) — qu'______________________
3. reconnaître (il) — qu'______________________
4. courir (je) — que ______________________
5. devoir (nous) — que ______________________
6. écrire (tu) — que ______________________
7. rejoindre (tu) — que ______________________
8. valoir (elle) — qu'______________________

••• **Von welchen Verben stammen folgende Passé simple-Formen? Schreibe den Infinitiv in die Lücke.**

1. il tint → ____________
2. il naquit → ____________
3. je m'assis → ____________
4. je joignis → ____________
5. il vainquit → ____________
6. elle vit → ____________
7. je sus → ____________
8. il fuit → ____________
9. elle crut → ____________
10. nous vînmes → ____________

••• **Setze die Verben in die vorgegebene Zeit.**

1. je mange — je ____________ (*Imparfait*)
2. il finit — il ____________ (*Passé composé*)
3. tu achètes — tu ____________ (*Conditionnel*)
4. j'aperçois — j'____________ (*Passé composé*)
5. elle sait — qu'elle ____________ (*Subjonctif*)
6. ils gagnent — ils ____________ (*Imparfait*)
7. vous dites — vous ____________ (*Conditionnel*)
8. tu comprends — tu ____________ (*Futur*)
9. je regarde — j'____________ (*Passé composé*)

9 Passé composé: avoir und être, accord

Haben oder sein? Avoir oder être?

Das ist manchmal schwierig. Die meisten Fälle bewältigst du inzwischen souverän - hier nur noch einige Hilfestellungen.

1. Auch être bildet das Passé composé mit avoir - also j'**ai** été.
2. Verben der **Bewegungsart** bilden das Passé composé mit avoir, also j'**ai** marché, j'**ai** couru, j'**ai** nagé.
3. Verben der **Bewegungsrichtung** und des **Verweilens** sowie deren Komposita werden dagegen mit être konstruiert, z.B. je **suis** allé(e), je **suis** sorti(e) etc.
4. Reflexive Verben bilden das Passé composé mit être, z.B. je me **suis** levé(e).

- **Bilde das Passé composé (1. Person Singular) zu folgenden Verben:**

1. arriver: ______________
2. rester: ______________
3. avancer: ______________
4. intervenir: ______________
5. voyager: ______________
6. entrer: ______________
7. sauter: ______________
8. tomber: ______________

Verben mit avoir und être

Je nach Bedeutung bilden folgende Verben ihr Passé composé mit avoir oder mit être.

mit être	mit avoir
monter - descendre *(hochgehen - heruntergehen)* Je **suis monté(e)** sur la tour Eiffel.	monter qc - descendre qc *(etw. hochheben - herunterholen)* J'**ai monté / descendu** la valise. auch: J'**ai monté** les escaliers. *(transitiver Gebrauch!)*
sortir Hier soir, je **suis sorti(e)**.	sortir qc Hier soir, j'**ai sorti** le chien.
rentrer Hier, je **suis rentré(e)** tard.	rentrer qc J'**ai rentré** le chien après l'avoir laissé jouer dans le jardin.

Wähle die jeweils richtige Form des Passé composé aus.

1. Quand il	est / a	sorti son chien, il a vu qu'il pleuvait.
2. Alors, il	a / est	décidé de prendre le métro.
3. Quand il	a / est	descendu du métro,
4. il	s'est / s'a	rendu compte qu'il était arrivé au pied de Montmartre.
5. Donc, il	est / a	monté la colline et
6. son chien	est / a	été très content.

Angleichen oder nicht – der accord

Die allgemeine Regel kennst du sicherlich: Beim Passé composé mit être richtet sich das Partizip nach dem Subjekt. Beim Passé composé mit avoir dagegen wird das Partizip nur angeglichen, wenn ein direktes Objekt vorangeht. Es gibt jedoch einige Feinheiten zu beachten:

1. Reflexive Verben richten sich im Regelfall nach dem Geschlecht ihres Subjekts, z.B.
   Le roi s'est levé. – aber **La reine** s'est lev**ée**.
2. Folgt dem reflexiven Verb ein Objekt, erfolgt **kein** *accord*, also z.B. **Elle** s'est lav**ée**. aber: **Elle** s'est lav**é les mains**.
3. Verben, deren Passé composé mit avoir gebildet wird, haben dann ein veränderliches Partizip, wenn ihnen ein direktes Objekt vorausgeht. Dieses direkte Objekt kann ein Personalpronomen, aber auch ein Relativpronomen, manchmal sogar auch ein Interrogativpronomen sein, z.B.:
   Les hommes qui entourent Emma Bovary **l'**ont-ils tué**e** ?
   On ne comprend pas **les choses qu'**elle a fait**es**.
   Combien de robes a-t-elle achet**ées** ?

• • • **Finde die richtige Form des Passé composé. Achte dabei auch auf die Angleichung des Partizips.**

Emma Bovary écrit une lettre à Léon:

Aujourd'hui, je sais que tu m'____________________ **(observer 1)**. Quand je ____________________ **(se lever 2)**, j'____________________ **(sentir 3)** qu'il y avait quelqu'un devant la maison. Mais est-ce que tu ne m'as jamais ____________________ **(aimer 4)** ?

Qu'est-ce que tu fais des objets que je t'____________________ **(offrir 5)**?

BOXENSTOPP

Vervollständige hier die Grundregeln des Passé composé, damit sie dir keine Probleme mehr bereiten.

1. Avoir oder être:

Verben wie avoir, être, marcher, courir, prendre qc, monter qc, descendre qc bilden das *Passé composé* mit __________.

Dagegen bilden Verben wie aller, sortir, monter, descendre, se lever, rester das *Passé composé* mit __________.

2. Der accord:

Beim *Passé composé* mit être richtet sich das Partizip nach dem _______________, ebenso bei reflexiven Verben. Steht aber ein ____________________ nach dem reflexiven Verb, erfolgt keine Angleichung.

Beim *Passé composé* mit avoir richtet sich das Partizip nach dem ____________________, jedoch nur wenn dieses dem ____________________ voransteht.

10 Imparfait - Passé composé

Beim Gebrauch der Zeiten ist vor allem die Unterscheidung zwischen Passé composé und Imparfait problematisch. Manchmal sind auch beide Lösungen möglich, es ist dann eine Frage des Stils und der Darstellung der Ereignisse!

Das Imparfait ist eine zeitlich nicht begrenzte Zeit der Vergangenheit. Es schildert Zustände, Begleitumstände und gewohnheitsmäßige oder sich wiederholende Handlungen. Es gibt Erklärungen und Kommentare wieder.
Das Imparfait wird bei der Antwort auf die Fragen: Was war damals, was geschah damals häufig oder regelmäßig? verwendet.

Mon père raconte : « Quand j'**étais** petit, je n'**aimais** pas le chocolat. »
Mein Vater erzählt: „Als ich klein war, mochte ich keine Schokolade."

Dagegen wird das Passé composé als zeitlich begrenzt angesehen. Es steht für Ereignisse mit deutlichem Anfang und / oder Ende. Es beschreibt einmalige Handlungen oder Handlungsketten. Hier kannst du fragen: Was passierte einmal? Was geschah unerwartet? Und dann?

Ma mère raconte : « Un jour, je **suis partie** toute seule me promener et j'**ai eu** très peur. »
Meine Mutter erzählt: „Eines Tages bin ich allein spazieren gegangen und da habe ich große Angst bekommen."

Im Satzgefüge gelten dieselben Regeln wie bei den Hauptsätzen. Allerdings erscheint häufig die Zeitenfolge: Imparfait - Passé composé, da ein Vorgang durch ein unerwartetes Ereignis unterbrochen wird, z.B.

Il **était** en train de lire quand le téléphone **a sonné**.
Er war gerade dabei zu lesen, als das Telefon klingelte.

Folgen im Satzgefüge aber zwei Handlungen aufeinander, so stehen beide Handlungen im Passé composé, z.B.

Quand je l'**ai entendu** crier, je **suis** vite **allé** vers lui.
Als ich ihn schreien hörte, bin ich schnell zu ihm gegangen.

Der Definition nach schildern Relativsätze meistens beschreibende Ergänzungen und stehen dann im Imparfait, z.B.

Mon père qui ne **voyait** pas très bien, s'est acheté des lunettes.
Mein Vater, der nicht gut sah, hat sich eine Brille gekauft.

- **Die Verben in diesem Text stehen im Imparfait oder Passé composé, aber warum? Ordne die unterstrichenen Verben zu und kreuze die richtige Antwort in der Tabelle an.**

Mon père raconte : « Quand j'étais petit, je n'avais (1.) pas beaucoup de chance. Il m'arrivait (2.) sans cesse des malheurs. Un jour, ma mère travaillait (3.) dans le jardin et je jouais (4.) près d'elle. Tout à coup, j'ai crié (5.) : je venais (6.) de sauter un mur de trois mètres de haut. Bien sûr, je me suis cassé (7.) la jambe et il a fallu (8.) aller à l'hôpital. Alors que mes parents m'y conduisaient (9.), nous avons eu (10.) un accident. On s'est tous retrouvés (11.) aux urgences de l'hôpital. »

	Hintergrund / Rahmen	Gewohnheit / Wiederholung	Erklärung / Kommentar	Einmalige Handlung / Ereignis	Handlungskette
1.					
2.					
3.					
4.					
5.					
6.					
7.					
8.					
9.					
10.					
11.					

Kleine Hilfe:

1. Einige Verben (v.a. des Denkens und Meinens) stehen recht häufig im Imparfait, z.B. je croyais que, je pensais que, je ne savais pas si, j'étais convaincu que usw.
   Dasselbe gilt für il y avait (es sei denn, es soll ausgedrückt werden, dass etwas zu einem Moment erst in Erscheinung getreten ist).
   Bei vouloir kann Imparfait auch eine Höflichkeitsform sein (höflicher als Conditionnel présent), z.B.: Je **voulais** te poser une question. *Ich wollte dir eine Frage stellen.*
   Noch höflicher wäre Conditionnel passé:
   J'**aurais aimé** te poser une question. *Ich hätte dir gerne eine Frage gestellt.*

2. Es gibt typische Auslöser für das Passé composé und das Imparfait.

Das Passé composé steht oft nach:
tout à coup, soudain (*plötzlich*), d'abord (*zunächst*), puis, ensuite (*dann*), après (*danach*), enfin, finalement (*schließlich, endlich*), un jour (*eines Tages*), la semaine dernière (*letzte Woche*), ce matin (*heute Morgen*), à ce moment-là (*zu diesem / jenem Zeitpunkt*), cette année-là (*in diesem / jenem Jahr*), cette fois (*dieses Mal*), une fois (*einmal*)

Das Imparfait steht oft nach:
toujours (*immer*), souvent (*oft*), toute la journée (*den ganzen Tag*), tous les matins / chaque matin (*jeden Morgen*), tous les ans / chaque année (*jedes Jahr*), quelques fois (*manchmal*), chaque fois (*jedes Mal*), d'habitude (*gewöhnlich*), comme d'habitude (*wie gewöhnlich*), pendant que (*während*), de temps en temps (*ab und zu*), autrefois (*damals*)

•• **Sind im folgenden Text alle Zeitformen richtig gewählt? Schreibe gegebenenfalls die richtige Form in die rechte Spalte.**

Voici l'histoire de Gaspard, jeune protagoniste du film « Conte d'été » d'Eric Rohmer (1996).

1.	Quand Gaspard arrivait à Dinard, en Bretagne,	
2.	il s'ennuyait.	
3.	Pendant qu'il a attendu sa copine,	
4.	il faisait connaissance de Margot.	
5.	Ils commençaient à s'apprécier	
6.	et, tout à coup, Gaspard ne savait plus quoi faire, qui aimer, où aller ...	

Der Text ist in der Vergangenheit. Schreibe die richtige Verbform in die Lücke.

Un jour, je ________________ **(aller 1)** en Bretagne, à Saint-Malo.

Je ________________ **(vouloir 2)** me baigner dans la piscine d'eau salée.

C'________________ **(être 3)** une piscine qui ________________ **(se remplir 4)**

grâce aux marées. Quand je ________________ **(arriver 5)**,

je ________________ **(ne pas voir 6)** de piscine, mais seulement trois murs sur la plage.

En fait, c'________________ **(être 7)** le moment de la marée basse.

À ce moment-là, j'________________ **(comprendre 8)** comment

________________ **(fonctionner 9)** cette piscine qui n'en ________________ **(être 10)**

pas une en fait !

Welches Tempus antwortet auf welche Frage?

1. Was war? → ________________________________

2. Was geschah? → ________________________________

11 Modi: *Subjonctif* und *Si*-Sätze

Ist's subjektiv, nimm subjonctif!

Die Entscheidung, ob Subjonctif zu verwenden ist oder nicht, ist eigentlich gar nicht so schwer. Eine Grundregel lautet: Wenn etwas „subjektiv angehaucht" dargestellt wird (z.B. als Wunsch oder als Beurteilung einer Tatsache) oder aber in Frage gestellt wird, steht im que-Satz der Subjonctif. Wird etwas als unumstößlich, als Wahrheit präsentiert, steht Indicatif.

BOXENSTOPP

Ordne die folgenden Ausdrücke der richtigen Spalte zu, je nachdem, ob sie den Indikativ oder den Subjonctif auslösen.

il faut que, préférer que, il est clair que, être sûr que, être content que, trouver que, trouver bon que, il est normal que, ne pas croire que, il est évident que, il est incontestable que, il est nécessaire que

Indicatif	Subjonctif

Achtung Falle!

Croire que und penser que gelten im Französischen als Einleitung einer voller Überzeugung geäußerten Tatsache, d.h., diese Verben ziehen den Indikativ nach sich.

Automatische Subjonctif-Auslöser

Außerdem gibt es eine Reihe von Konjunktionen, welche den Subjonctif automatisch auslösen. Es sind v.a. finale, konditionale und konzessive Konjunktionen, aber auch einige modale und temporale Konjunktionen, wenn mit ihnen etwas ausgeschlossen oder aber etwas Zukünftiges und damit als ungewisses Darzustellendes (auch wenn es schon in der Vergangenheit liegt) bezeichnet wird.

Sinnrichtung	Französisch	Deutsch
final	pour que afin que	*dass, damit*
konditional	à condition que pourvu que supposé que à moins que que ... ou que	*unter der Bedingung, dass vorausgesetzt, dass angenommen, dass es sei denn, dass ob ... oder*
konzessiv	quoique bien que	*obwohl*
modal	sans que	*ohne dass*
temporal	avant que jusqu'à ce que	*bevor bis*

Achtung Falle!

Ist das Subjektiv des Haupt- und möglichen Nebensatzes identisch, so steht im Französischen eine Infinitivkonstruktion, oft mit de, z.B.:

J'ai acheté un nouveau vélo **pour pouvoir** rouler plus vite.

Ich habe ein neues Fahrrad gekauft, um schneller fahren zu können.

Il a acheté de nouveaux patins **afin de pouvoir** glisser plus facilement.

Er hat neue Schlittschuhe gekauft, um leichter gleiten zu können.

Il a attendu longtemps **avant de** le **faire**.

Er hat lange gewartet, bevor er es getan hat.

- **Setze das Verb in die jeweils richtige Form.**

Bien que la chanson française ________ **(être 1)** très populaire en Allemagne, aujourd'hui, il y ________ **(avoir 2)** peu de chansons françaises à la radio allemande. Il est dommage que la chanson française actuelle ne ________ **(être 3)** pas très connue des Allemands. L'État français entreprend pas mal de mesures pour que les Allemands ____________ **(apprendre 4)** à apprécier la musique d'aujourd'hui.

Toutefois, à moins que les médias allemands ____________ **(se mettre 5)** à contribuer à sa diffusion, il est incontestable que ces mesures ____________ **(ne pas avoir 6)** d'effet sur le grand public. À part Alizée et Manu Chao, ____________-vous **(connaître 7)** Zazie, Kent, Corneille, Cali, Keren Ann, Olivia Ruiz, Diam's ... ?

Für Profis:
Folgende Ausdrücke mit Subjonctif können beim Erstellen argumentativer Texte Pluspunkte einfahren:
autant que je sache / pour ce que je sache *soweit ich weiß*
que cela (lui) plaise ou non *ob (ihm / ihr) das gefällt oder nicht*

Avec des «si», on mettrait Paris en bouteille - die Bedingungssätze
Si j'avais su ... - *Wenn ich das gewusst hätte*, hast du dir vielleicht schon einmal gedacht, wenn du wieder einen Fehler in einer Wenn-Konstruktion gemacht hast. Dabei ist es gar nicht so schwierig, es gibt drei Dinge, die du beachten musst.

1. Sind Bedingung und Folge möglich, steht in beiden Fällen Indikativ. Bezieht sich die Folge auf die Gegenwart, steht im Hauptsatz Präsens, bezieht sich die Folge auf die Zukunft steht im Hauptsatz Futur:
   Si j'ai de la monnaie avec moi, je peux prendre un café.
   Wenn ich Geld dabei habe, kann ich einen Kaffee trinken.
   Si tu as le temps, nous irons à la piscine cet après-midi.
   Wenn du Zeit hast, gehen wir heute Nachmittag ins Schwimmbad.
2. Komplizierter wird es erst, wenn die Bedingung irreal (unwahrscheinlich) ist. Dann steht - ähnlich wie im Englischen - im Si-Satz *Imparfait*, und im Hauptsatz - ähnlich wie im Deutschen - *Conditionnel*:
   Si j'av**ais** de l'argent, j'achète**rais** un scooter.
   Wenn ich Geld hätte, würde ich mir einen Roller kaufen.
3. Der irreale Bedingungssatz in der Vergangenheit (unmögliche Bedingung) wird ganz analog gebildet:
   si + Plus-que-parfait → Conditionnel passé, also z.B.:
   Si j'avais su, j'aurais fait moins d'erreurs.
   Wenn ich es gewusst hätte, hätte ich weniger Fehler gemacht.

•• **Verbinde die Elemente der linken mit denen der rechten Spalte, sodass sich sinnvolle Sätze ergeben, und vervollständige die Satzteile rechts.**

1.	Si plus de personnes écoutaient les chansons françaises,	a.	je ______ **(gagner)** un casting.
2.	Si j'ai de la chance,	b.	______ **(avoir convaincu)** le jury.
3.	Si j'avais chanté mieux,	c.	les Allemands ______ **(apprendre)** le français plus facilement.

BOXENSTOPP

1. Subjonctif

Ergänze die folgende Regel mit jeweils zwei Beispielen.
Merke dir! Der *Subjonctif* steht

nach Verben und Ausdrücken des Wünschens, Verlangens, Wollens, Verbietens, z.B.

a. ____________, ____________,

nach Ausdrücken des Vorschlagens, Zustimmens, Ablehnens und Verhinderns, z.B.

b. ____________, ____________,

bei subjektiven Empfindungen und wertenden Stellungnahmen, z.B.

c. ____________, ____________,

bei verneinten Verben des Meinens und Denkens, z.B.

d. ____________, ____________,

nach Ausdrücken mit être oder trouver + Adjektiv, z.B.

e. ____________, ____________,

nach einigen unpersönlichen Ausdrücken, z.B.

f. ____________, ____________

und nach bestimmten Konjunktionen, z.B. g. ____________.

2. Si-Sätze

Ergänze die Übersicht mit der richtigen Zeit oder dem richtigen Modus.

	Si-Satz	Hauptsatz
a. wahrscheinlich	Présent	Présent oder ____________
b. unwahrscheinlich	____________	Conditionnel présent
c. unmöglich	Plus-que-parfait	____________

12 Konjunktionen

Was heißt noch einmal „Da, weil" am Satzanfang? Und was heißt „bis", wenn ich einen Nebensatz einleiten möchte? Das folgende Kapitel gibt dir einen Überblick über Konjunktionen, die immer wieder Schwierigkeiten bereiten.

Unterordnende Konjunktionen

comme oder puisque statt parce que

Um eine Begründung einzuleiten, steht am Satzanfang in einem guten Französisch comme oder puisque, also z.B.:

> J'ai envie d'aller à la piscine parce qu'il fait beau.
> *Ich habe Lust ins Schwimmbad zu gehen, weil schönes Wetter ist.*

aber eleganter:

> **Comme / Puisqu'**il fait beau, j'ai envie d'aller à la piscine.
> *Da schönes Wetter ist, habe ich Lust, ins Schwimmbad zu gehen.*

jusqu'à ce que – bis

„bis" heißt jusqu'à ce que und steht mit Subjonctif, wenn du es besonders gut machen möchtest, verwendest du im Nebensatz dann ein ne (sog. „ne explétif"), das nicht von pas gefolgt wird und nicht ins Deutsche übersetzt werden kann, z.B.:

> Je travaille **jusqu'à ce que j'aie** une bonne note en français. *oder:*
> Je travaille **jusqu'à ce que je n'aie** une bonne note en français.
> *Ich arbeite so lange bis ich eine gute Note in Französisch bekomme.*

quand oder si

Die meisten Schüler wissen es, viele machen es doch immer wieder falsch – also versuche es dir gut einzuprägen:

> quand ist eine zeitliche (temporale) Konjunktion: ***wenn*** (immer, dann).
> si ist eine konditionale Konjunktion: ***wenn*** (Bedingung).

Das ist in den anderen Sprachen, die du lernst, nicht anders, z.B.:

Englisch	Französisch	Latein	Italienisch	Spanisch
when	quand	quando	quando	cuando
if	si	si	se	si

Ein Synonym zu quand ist in der gehobenen Sprache lorsque (vgl. bei den Präpositionen: lors de als Synonym zu pendant).

Weitere unterordnende Konjunktionen

Hier eine Übersicht über weitere unterordnende Konjunktionen, die dir vielleicht nicht ganz geläufig sind (weitere Konjunktionen siehe im Kapitel zu Subjonctif).

avant que + Subj.	*bevor*
après que + Ind. (seltener Subj.)	*nachdem*
depuis que	*seit, seitdem*
dès que	*sobald*
pendant que	*während*
tandis que	*während, hingegen (adversativ)*

Noch ein Tipp, um sich gewählt auszudrücken: Bei unterordnenden Konjunktionen gibt es oft eine Möglichkeit, eine Infinitivkonstruktion zu verwenden, wenn Subjekt in Haupt- und Nebensatz identisch sind. Dies gilt für alle Konjunktionen, die eine entsprechende Präposition haben, z.B. avant que - avant de, afin que - afin de.

Statt:

Avant que je puisse aller au cinéma, je dois faire mes devoirs.

Besser:

Avant de pouvoir aller au cinéma, je dois faire mes devoirs.

Bevor ich ins Kino gehen kann, muss ich meine Hausaufgaben machen.

- **Wähle jeweils die passende Konjunktion aus!**

dès que   jusqu'à ce que   depuis que   tandis que

_______________ **(1)** j'habite en France, je me sens beaucoup mieux.

_______________ **(2)** j'y suis arrivé, j'ai senti le soleil. Je suis heureuse,

_______________ **(3)** en Allemagne, j'étais toujours triste. Je voudrais y rester

_______________ **(4)** je meure.

Beiordnende Konjunktionen

Bei den beiordnenden Konjunktionen (d.h., Konjunktionen, die zwei gleichberechtigte Hauptsätze miteinander verbinden), gibt es kaum Schwierigkeiten (z.B. et - *und*, ou - *oder*). Zwei Fälle verdienen hier besondere Erwähnung:

(ne ...) ni ... ni ...

Um „weder ... noch" auszudrücken, verwendet man im Französischen (ne ...) ni ... ni.

Je **ne** veux aller **ni** à Marseille **ni** à Toulouse !
Ich will weder nach Marseille noch nach Toulouse fahren!
Tu veux du café ou du thé ? - **Ni** l'un **ni** l'autre.
Möchtest du Kaffee oder Tee? Weder das eine noch das andere.

ou bien

Möchtest du dich in einem Text stilistisch gewählt ausdrücken, dann versuche doch ou bien, im Sinne von „oder, oder aber" zu verwenden, z.B.:

Un jour, je travaillerai pour Arte **ou bien** je me chercherai un autre travail dans les relations franco-allemandes.
Eines Tages werde ich für Arte arbeiten, ***oder aber*** *ich suche mir eine andere Arbeit im Bereich der deutsch-französischen Beziehungen.*

Übersetze ins Französische.

1. Möchtest du Eis oder Obst als Nachtisch? - Weder noch.

   ____

2. Diesen Sommer würde ich gerne nach Monaco fahren, oder aber nach Saint-Tropez.

   ____

Die folgenden Sätze sind korrekt. Aber versuche sie stilistisch etwas schöner zu formulieren. **BOXENSTOPP**

1. Je vais allumer la télévision parce que je veux regarder le match de football.

   ____

2. Je vais l'attendre jusqu'à ce qu'il fasse nuit.

   ____

3. Quand Paul est arrivé, nous étions déjà partis.

   ____

4. Prenez-vous du thé ou du café ? – Non merci, je ne veux pas de thé et pas de café.

   ____

13 Personalpronomen

Es gibt Personalpronomen, die wir aus der deutschen oder aus anderen Sprachen kennen und die oft im Französischen nachgeahmt werden. Hier ist Konzentration angesagt! Sehen wir uns mal die Fälle der Objektpronomen, der Possessivpronomen und der betonten Subjektpronomen an.

Objektpronomen

Direkte Objektpronomen

Die Formen des (unbetonten) direkten Objetpronomens lauten: me, te, le / la (l'), nous, vous, les. Sie stehen direkt vor dem Verb. Bitte verwende Sätze wie ~~*Il quitte elle~~. nicht, sie sind nicht französisch. Es muss natürlich richtig heißen: Il la quitte.

- **Zum Aufwärmen: Ersetze jeweils die unterstrichenen Elemente durch ein Personalpronomen!**

1. Je vois Cécile et Lucie. ______________________.

2. Elle aime son chien. ______________________.

3. Léa cherche sa clé. ______________________.

Indirekte Objektpronomina

Nicht vergessen: Im Französischen gibt es eine eigene Formenreihe des (unbetonten) indirekten Objektpronomens: me, te, lui; nous, vous, leur. Bitte verwenden! Die Formen à + betontes Pronomen finden hier normalerweise ***keine*** Anwendung; sie werden nur zur besonderen Hervorhebung verwendet!

Je **lui** donne le livre. nicht: ~~*Je donne le livre à elle.~~

Der letzte Satz wäre nur denkbar, wenn dadurch ein Gegensatz ausgedrückt werden soll:

Je ne donne pas le livre **à son copain**, je le donne **à elle**.

Achtung! Verwechsle das Objektpronomen leur nicht mit dem Possessivbegleiter leur(s). Also denke daran:

Mes parents ont rendu visite à **leurs** amis en Dordogne.

*Meine Eltern haben **ihre** Freunde in der Dordogne besucht.*

aber:

Ils **leur** ont rendu visite. *Sie haben **sie** besucht.*

•• **Ersetze die unterstrichenen Elemente durch die passenden Pronomen.**

1. Je voudrais offrir un livre <u>à Jean</u>.

____.

2. Pourquoi tu as dit ça <u>à Muriel et à David</u> ?

____.

3. Tu as rendu le journal <u>à Pauline</u> ?

____.

Possessivpronomen

„Von mir", „von dir", was im Deutschen manchmal akzeptabel ist, kann im Französischen so nicht nachgeahmt werden. Statt ~~*Il veut l'argent d'elle.~~, muss es natürlich heißen:
Il veut **son** argent.
Denke auch daran, dass sich das Pronomen nach dem Besitzgegenstand richtet und nicht nach dem Besitzer:
C'est son chien. *Das ist **sein / ihr** Hund.*

Betonte Personalpronomen

Wird ein Personalpronomen betont oder steht nach einer Präposition oder in einem Satz ohne Verb Et ...?, stehen die betonten Personalpronomina moi, toi, lui / elle (reflexiv soi), nous, vous, eux / elles (reflexiv soi). Es heißt also z.B. Et toi ?

••• **Welche Pronomen passen in die Lücken? Achtung, es haben sich auch ein paar falsche eingeschlichen!**

sa lui son le lui l' la leur l' leurs

L'année dernière, Pierre, _____ **(1)**, avait recherché un job pour les vacances. Les entreprises où il se présentait ne _____ **(2)** proposaient rien. Alors _____ **(3)** père avait fini par demander à son cousin et sa cousine qui étaient agriculteurs. Et quelle chance ! Ces derniers _____ **(4)** avaient accepté pour couper le maïs. Tous les matins, ils _____ **(5)** emmenaient très tôt aux champs. Après l'été, Pierre _____ **(6)** avait dit qu'il voulait revenir l'année suivante.

Kombinierte Personalpronomen

Treffen zwei Pronomen in einem Satz aufeinander - gibt es also in ein und demselben Satz sowohl eine Kombination aus indirektem und direktem Personalpronomen - müssen diese in einer bestimmten Reihenfolge stehen. Auch y und en können mit Personalpronomen verbunden werden (vgl. Kap. 14, S. 222).

Dabei ergibt sich folgende Reihenfolge:

I	II	III	IV
me te se nous vous	le (l') la (l') les	lui leur	y en

Im schwäbischen Raum soll es einst den Merkspruch gegeben haben:
Me le, te le, se le, nous le, vous le - mais jamais ne dites leur le,
sonst zieh ich Dich am Öhrle.

Dieser Spruch verweist einerseits auf die Kombinationsmöglichkeiten, die zum einen ein striktes Einhalten der oben dargestellten Reihenfolge verlangen, andererseits dass y und en in dieser Reihenfolge am Ende der Kette stehen, z.B.
Combien de baguettes vous restent-t-il ? - Il **y en** a encore cinq.

Logischerweise ist die Kombination der Spalten I und III (zwei indirekte Objektpronomen!) ausgeschlossen, Verbindungen von III und IV werden gemieden.
Möglich sind Kombinationen aus:

I und II	Il **me les** a montrés.
I und IV	Il **m'en** donne trois.
II und III	Je **le lui** donne.
II und IV	Je **l'y** rencontre souvent.

••• **Bilde sinnvolle Sätze! Achte vor allem auf die Stellung der Pronomen.**

1. demandé | gentiment | nous | lui | le | avons

____

2. vont | de temps en temps | y | ils

____

3. m' | une | en | souvent | elle | garde

____

4. en | ne | pas | je | veux | t'

____

5. l' | nous | a | pas encore | Pierre | envoyé | ne

____

BOXENSTOPP

Vervollständige diese wichtigen Regeln, die du schon gelernt hast.

1. Wenn Personalpronomen direkte Objektpronomen sind, dann steht das Personalpronomen ____________ dem Verb.
2. Stehen im Satz aber zwei Objektpronomen, dann steht grundsätzlich die Reihenfolge: indirektes ____________ direktem Personalpronomen, außer bei lui und leur, die ____________ dem direkten Pronomen stehen.

14 Die Adverbialpronomen *y* und *en*

Die Grundregeln für den **Gebrauch** der Adverbialpronomen y und en sind dir sicherlich bekannt.

en vertritt Ergänzungen mit de.
y vertritt Ergänzungen mit à oder anderen räumlichen Präpositionen, die auf die Fragen *wo?* und *wohin?* antworten (z.B. dans, en, chez, sur).

Komplexer ist die **Stellung** dieser Adverbialpronomen.

1. Grundsätzlich gilt: Sie stehen direkt vor dem konjugierten Verb, z.B.
   J'**y** pense. *Ich denke daran.*
   J'**y** vais. *Ich gehe dorthin.*
   J'**en** viens. *Ich komme von dort.*

2. Folgt auf das Verb ein Infinitiv, stehen sie direkt vor dem Infinitiv, z.B.
   Je vais **y** aller demain. *Ich werde morgen hingehen.*
   Je vais **en** acheter vendredi. *Ich werde am Freitag davon kaufen.*

3. An den bejahten Imperativ werden sie nach einem Bindestrich angehängt, z.B.
   Cours-y ! *Lauf hin.* Prends-en ! *Nimm davon.*
   Bei Verben auf -er und bei aller wird ein -s eingefügt, also z.B.
   Va**s**-y ! *Geh dorthin.* Mange**s**-en ! *Iss davon.*

4. Stehen bei der zu ersetzenden de-Ergänzung genaue Mengenangaben oder Zahlwörter, so muss man diese nach dem Verb wieder aufgreifen, z.B.
   Vous prenez **une** bouteille d'huile d'olive ? – Oui, j'**en** voudrais **une**.
   Nehmen Sie eine Flasche Olivenöl? – Ja, ich hätte gerne eine.

5. Zur Erinnerung: Stehen in einem Satz y und en, so stehen sie in dieser Reihenfolge (oft in dem melodischen Ausdruck il y en a ...), z.B.
   Combien de pommes y a-t-il encore ? – **Il y en a** encore cinq.
   Wie viele Äpfel gibt es noch? – Es gibt noch fünf.

- **Ergänze die Sätze mit y oder en.**

Quand je suis arrivée à La Rochelle, j'______ (1) ai trouvé des bâtiments d'une architecture extraordinaire. Je n'_____ (2) avais jamais vu de si beaux ! Je ne m'_________ (3) attendais pas du tout. Comme j'attendais deux copains, j'______ (4) ai profité pour visiter le centre historique de la ville. Quand mes copains sont arrivés, je leur _________ (5) ai parlé. Mais ils n'_______ (6) avaient rien à faire : ils préféraient aller à la plage !

BOXENSTOPP

Abschließend gehen wir noch einmal auf die Suche nach den Problemfällen. Ergänze die Sätze. Achte dabei auf die Stellung der Adverbialpronomen. Bei jedem Satz ist eine Lücke falsch.

1. **Stellung von y und en bei einem konjugierten Verb:**

   Et si on _______ allait _______ ensemble ?

2. **Stellung von y und en bei einem bejahten Imperativ:**

   _______ Donnes-_______ à ton frère !

3. **Stellung von y und en, wenn beide im Satz vorkommen:**

   Il _______ en _______ a assez pour demain ?

4. **Stellung von en mit Mengenangaben mit de oder Zählwörtern:**

   Tu veux un morceau de sucre ? – J'_______ veux _______ un, s'il te plaît !

5. **Stellung von y und en bei einem Infinitiv:**

   Tu _______ peux _______ reprendre encore si tu veux.

15 Indefinitbegleiter und -pronomen

Indefinitbegleiter sind wie ein Artikel oder als Ergänzung eines Artikels zu verwenden, z.B. **chaque + Nomen, certain(e)s + Nomen, un autre + Nomen** usw. Daneben gibt es auch noch Indefinitpronomen - also Wörter, die für etwas oder jemand Unbestimmtes stehen - z.B. chacun (jeder), certains (gewisse Leute) oder das hinlänglich bekannte on. Beide Kategorien dürfen im Gebrauch nicht verwechselt werden, darin liegt eine der Hauptschwierigkeiten. In diesem Kapitel werden einige Besonderheiten in Rechtschreibung und Anwendung vorgestellt bzw. in Erinnerung gerufen.

Indefinitbegleiter

n'importe quel / n'importe quelle
jeder beliebige / jede beliebige, z.B.
Il est tellement désespéré, il accepterait **n'importe quel travail.**
Er ist so verzweifelt, er würde jede Arbeit annehmen.

certain(e)s
gewisse, ***manche***, ***einige***, z.B.
Certaines personnes disent qu'on fait trop peu pour la protection de l'environnement.
Manche Leute sagen, dass man zu wenig für den Umweltschutz tut.
Certain(e)s steht immer ohne weitere Begleiter!

plusieurs
mehrere, z.B. **Plusieurs personnes** pensent que ...
Auch plusieurs steht ohne weiteren Begleiter, v.a. aber ist es unveränderlich, d.h., es gibt keine eigene Form für das Femininum!

(le) même
(der)selbe, z.B.
la même place - *der gleiche Platz*, **ce même jour** - *am gleichen Tag*
Vor même steht also immer ein anderer Begleiter (le / la, ce / cette).
Anderseits ist même eben selbst ein Begleiter und ihm folgt als solchem, bis auf wenige Ausnahmefälle, immer ein Nomen!
So hört man fälschlicherweise:
~~C'est le même.~~ statt **C'est la même chose.** oder
~~Je voulais dire la même.~~ statt **Je voulais dire la même chose.**

Eine weitere, aber weniger häufige Fehlerquelle betrifft die Stellung von même:
Wir sprechen hier vom Indefinitbegleiter, also von:

1. Begleiter + même + Nomen = *der- / dieselbe*
   Es gibt aber auch:
2. Begleiter + Nomen + même = hervorhebendes *selbst*, z.B.
   Le patron même s'occupe de cette affaire.
   Der Chef kümmert sich ***persönlich*** *(selbst) um diese Sache.*
3. même + Begleiter + Nomen = *sogar, selbst* (même als Adverb), z.B.
   Même le patron s'en était rendu compte.
   Sogar *der Chef hatte es bemerkt.*

(un) autre
ein anderer, z.B.
Une autre fois, j'aimerais bien venir me promener avec vous.
Ein anderes Mal, würde ich gerne mit euch spazieren gehen.
Auch vor autre steht also jeweils ein anderer Begleiter (hier ggf. auch der unbestimmte Artikel). Häufigste Fehlerquelle bei autre ist der Plural des unbestimmten Artikels, der zu d' verkürzt wird:
Mais il doit bien y avoir **d'autres** possibilités !
Aber es muss doch noch ***andere*** *Möglichkeiten geben!*
J'ai connu **d'autres** personnes bien plus sympa que lui.
Ich habe ***andere*** *Leute kennen gelernt, viel sympathischer als er.*
Ohne Artikel steht autre in der festen Wendung autre chose, z.B.
Voulez-vous qu'on fasse **autre chose** ?
Möchtet ihr, dass wir ***etwas anderes*** *machen?*

(un) tel, (une) telle
(ein) solcher, z.B.
Je n'ai jamais entendu **un tel** bruit !
Ich habe noch nie so einen Lärm gehört!
De tels arguments ne nous convainquent pas.
Solche Argumente überzeugen uns nicht.
Telles sont les solutions proposées par le Ministre des Finances.
Das sind die Lösungen, die der Finanzminister vorgeschlagen hat.
Üblicherweise steht vor tel der unbestimmte Artikel, im Plural nur de (vgl. autre).
Greift tel in einem schriftlichen Text etwas vorher Gesagtes resümierend auf, dann kann tels / telles am Satzanfang ohne Begleiter stehen.

- **Setze die Indefinitbegleiter an der passenden Stelle und in der richtigen Form ein!**

plusieurs autre tel certain

__________ (1) personnes pensent que l'immigration est un problème majeur de l'Europe contemporaine. Pourtant, il y a __________ (2) arguments en faveur de la thèse contraire. Entre autres, la diminution de la population européenne exige presque des afflux de main d'œuvre d'ailleurs. _______ (3) est l'argument avancé par d'__________ (4) hommes politiques.

Indefinitpronomen

Zu den Indefinitpronomina zählen z.B. auch die Negationen ne ... personne, ne ... rien usw., die üblicherweise kaum Schwierigkeiten bereiten. Folgende Indefinitpronomina sind aber ebenfalls hilfreich:

n'importe qui – *jeder beliebige, egal wer* (auch verächtlich)
n'importe quoi – *irgendetwas* (auch verächtlich)
quelqu'un – *jemand*
chacun / chacune – *jede(e) einzelne*
certains – *gewisse Leute, einige*

Feste Ausdrücke mit Indefinitbegleitern und -pronomen

Die folgenden Ausdrücke können beim Verfassen eines Textes hilfreich sein:

en tout cas – *auf jeden Fall*	depuis quelque temps – *seit einiger Zeit*
de toute façon – *jedenfalls, sowieso*	en quelque sorte – *gewissermaßen*
à tout prix – *unbedingt*	autre chose – *etwas anderes*
toutes sortes de – *alle möglichen ...*	l'autre jour – *neulich*
ni l'un ni l'autre – *weder noch; keine(r) von beiden*	un autre jour – *ein anderes Mal*

Finde die passenden Indefinitbegleiter oder -pronomen bzw. die mit diesen gebildeten idiomatischen Ausdrücke!

toutes sortes de | chacun | en quelques sortes | en tout cas | on | n'importe qui | certains

__________ (1), __________ (2) sait, par exemple, que les campagnes françaises sont très peu peuplées. __________ (3) peut constater qu'à la campagne, __________ (4) manque de __________ (5) services. Dans __________ (6) cas, l'immigration pourrait être __________ (7) un remède à ces problèmes.

BOXENSTOPP

Merke unbedingt:

Je voulais dire **la même chose**. *Ich wollte dasselbe sagen.*

C'est **la même chose**. *Das ist dasselbe / das Gleiche.*

D'autres (ministres ont dit ...) ***Andere*** (Minister haben gesagt ...)

Notiere hier weitere Ausdrücke aus diesem Kapitel, die du dir merken willst:

____

____

____

16 Interrogativbegleiter und -pronomen

Obwohl - oder vielleicht gerade - weil sie bereits aus dem Anfangsunterricht bekannt sind, bereiten die Interrogativpronomen immer wieder Schwierigkeiten.

Unterscheide folgende drei Gruppen von Fragewörtern:

1. einfache Interrogativpronomen, z.B. qui ?, où ?, quand ?, comment ?
2. die Interrogativbegleiter quel ?, quelle ?, quels ?, quelles ?
3. die Interrogativpronomen lequel ?, laquelle ?, usw.

Während dir die Wörter der Gruppe 1 sicherlich keine Probleme mehr bereiten, ist zwischen 2. und 3. genauer zu unterscheiden: quel ? heißt so viel wie „welcher" v.a. in festen Wendungen mit völlig offener Antwort wie:

Quel est ton nom ?	Quel âge as-tu ?
Quelle heure est-il ?	Quel jour sommes-nous aujourd'hui ?

Dagegen fragt lequel ? - auf Deutsch ebenfalls meist „welcher" - nach einem Element einer bereits bekannten bzw. genannten Gruppe, also z.B.:

J'ai déjà lu un livre de Zola. - Lequel ?
Ich habe schon ein Buch von Zola gelesen. - Welches?

Von lequel gibt es auch Verbindungen mit den Präpositionen à und de, wobei im Maskulinum Singular und in beiden Geschlechtern im Plural eine Verschmelzung der beiden Elemente eintritt (duquel, auquel, desquel(le)s, auxquel(le)s).

- **Formuliere Fragen, die sich auf die unterstrichenen Elemente beziehen! Verwende dafür quel, lequel und ihre abgeleiteten Varianten.**

1. ________________________________
   - Je m'appelle <u>Muriel</u>.
2. ________________________________
   - Ma couleur préférée est <u>le bleu</u>.
3. ________________________________
   - J'ai parlé <u>à celle de droite</u>. (*NB: on voit deux employées*)
4. ________________________________
   - On a discuté <u>de ceux de Balzac</u>. (*NB: on parle de livres*)

Qui / que + est-ce que / est-ce qui

Die Fragen mit qui und que in der est-ce que-Form führen manchmal zu Verwechslungen.

1. Mit qui est-ce qui und qu'est-ce qui fragt man immer nach dem Subjekt, z.B.
Qui est là ? - Qui est-ce qui est là ? ***Wer** ist da?* (Subjekt, Person)
Que t'arrive-t-il ? - Qu'est-ce qui t'arrive ? ***Was** ist mit dir los?* (Subjekt, Sache)

2. Mit qui est-ce que oder qu'est-ce que fragt man nach dem direkten Objekten, z.B.
Qui aimes-tu ? - Qui est-ce que tu aimes ? ***Wen** magst du?* (Objekt, Person)
Que veux-tu ? - Qu'est-ce que tu veux ? ***Was** willst du?* (Objekt, Sache)

Also: Fragen nach Personen beginnen mit qui, Fragen nach Sachen beginnen mit que. Bei Fragen nach dem Subjekt endet das Fragewort mit qui, bei Fragen nach dem Objekt mit que.

BOXENSTOPP

1. Überlege nochmals, wann quel bzw. lequel zu verwenden ist:

In einer Frage mit einer völlig offenen Antwort und meist in festen Wendungen fragt man mit ________ nach *welchem*. Wenn man jedoch von einem bereits vorher genannten Element spricht, stellt man die Frage mit ____________.

2. a. Bei der Frage mit est-ce que, musst du ______________ oder ______________ verwenden, wenn du nach dem Subjekt fragst.

b. Willst du nach einem Objekt fragen, dann musst du ______________ oder ______________ verwenden.

17 Relativpronomen und -sätze

Auch in diesem Bereich kommt es immer wieder zu Verwechslungen im Gebrauch, obwohl die Grundregeln eigentlich schnell wiederholt sind – allons-y !

Qui, que, dont, où

Form	Funktion
qui	das Pronomen hat im Relativsatz die Funktion des Subjekts
que	das Pronomen hat im Relativsatz die Funktion des direkten Objekts
dont	das Pronomen ersetzt im Relativsatz eine Ergänzung mit de; häufig: Genitivergänzung („dessen, deren")
où	das Pronomen vertritt Ortsangaben

Z.B.:

Monsieur Dupont **dont** le père a été constructeur de ponts a peur de traverser des ponts.

Herr Dupont, ***dessen*** *Vater Brückenbauer war, hat Angst Brücken zu überqueren.*

Voici le pont **dont** j'ai beaucoup parlé.

Hier ist die Brücke, ***von der*** *ich viel gesprochen habe.*

C'est la ville **où** il y a le plus grand nombre de ponts.

Das ist die Stadt, ***in der*** *es die meisten Brücken gibt.*

Gibt es für einen Relativsatz kein Bezugswort, verwendet man ce qui bzw. ce que ((*das,*) *was*):

ce qui	das Pronomen hat im Relativsatz die Funktion des Subjekts
ce que	das Pronomen hat im Relativsatz die Funktion des Objekts
ce dont	das Pronomen ersetzt im Relativsatz eine Ergänzung mit de

Z.B.:

Je fais **ce qui** m'intéresse.

Ich mache das, was mich interessiert. (**qc** m'intéresse: „das, was" ist Subjekt)

Je fais **ce que** me dit ma copine.

Ich mache das, was meine Freundin mir sagt. (ma copine me dit **qc**: „das, was" ist Objekt)

Ce qui / ce que bezieht sich also auf einen ganzen (ggf. nur gedachten) Satz; es stellt eine häufige Fehlerquelle dar, obwohl es bei Beachtung der genannten Regeln nicht schwierig ist.

- **Füge die passenden Relativpronomen ein.**

C'est ma mère _____ (1) me paye mes vacances. Normalement, je vais _____ (2) je veux. Et je fais ________ (3) me plaît. Par contre, ma mère n'aime pas toujours que je fasse ________ (4) j'ai envie. À vrai dire, c'est souvent elle ______ (5) décide ________ (6) je fais.

Lequel und Co.

Ein weiterer Problemfall ist lequel, laquelle (auch duquel, auquel) usw. als Relativpronomen:

1. es steht nach Präpositionen, also z.B.

> Les vacances **pendant lesquelles** j'ai connu Mathieu ont été formidables.
> *Die Ferien, in denen ich Mathieu kennen gelernt habe, waren toll.*

2. duquel steht nur bei zweiteiligen Präpositionen wie près de oder bei der Ergänzung einer Präpositionalgruppe, bei der wiederum eine weitere Präposition auf de trifft, also z.B.

> Cette ville, **près de laquelle** se trouve un lac, est assez grande.
> *Diese Stadt, in deren Nähe ein See liegt, ist ziemlich groß.*
> L'étudiant **pour** l'avenir **duquel** je me fais du soucis, n'est pas venu en cours.
> *Der Student, um dessen Zukunft ich mir Sorgen mache, ist nicht zum Unterricht gekommen.*

Einfache de-Ergänzungen werden durch dont ersetzt (s.o.), z.B.

> Le lac, dont j'ai parlé récemment, est vraiment beau.
> *Der See, von dem ich neulich gesprochen habe, ist wirklich schön.*
> (→ parler **de** qc)

•• **Verbinde die beiden Aussagesätze, indem du die unterstrichenen Wörter durch ein Relativpronomen ersetzt. Manchmal werden durch die Verbindungen weitere Änderungen erforderlich (z.B. bei den Artikeln, Accord).**

1. Je te montre les photos. J'ai fait <u>ces photos</u> en France.

   ___

2. Voici une ville. Je t'ai parlé de <u>cette ville</u> récemment.

   ___

3. C'est une place. J'ai bien aimé me balader sur <u>cette place</u>.

   ___

4. Ce séjour a été formidable. J'avais rêvé de <u>ce séjour</u> depuis longtemps.

   ___

„derjenige, welcher“ - „alle, die“

Nicht vergessen: Im Falle von „derjenige, welcher“ wird „derjenige“ vor dem Relativpronomen durch celui (bzw. celle; ceux / celles) ersetzt, ebenso wie bei „alle, die“, z.B.

C'est qui, **Véronique** ? - Mais c'est **celle qui** joue du piano !

Wer ist Véronique? - Aber das ist diejenige, die Klavier spielt!

Tous ceux qui veulent de la glace, venez ici !

Alle diejenigen, die ein Eis möchten, kommt her!

BOXENSTOPP

Grundsätzlich kannst du dir merken, dass es drei Gruppen von Relativpronomen gibt.

1. Hat der Relativsatz ein Bezugswort, dann ersetzt das Relativpronomen ____________ das Subjekt, ____________ das direkte Objekt, ____________ die Ergänzung mit de oder ein Genitiv und ____________ eine Ortsangabe.
2. Hat der Relativsatz aber kein Bezugswort, dann brauchst du das Relativpronomen ____________ als Subjekt, ____________ als Objekt oder ____________ als Ergänzung mit de.
3. Das Relativpronomen ____________ und seine Formen steht nach Präpositionen. Nach zweiteiligen Präpositionen mit de wird es zu ____________, nach à wird es zu ____________.

18 Rechtschreibung und Aussprache

Rechtschreibung und Aussprache können auf deinem Sprachniveau als weitgehend gesichert gelten. Dennoch gibt es immer wieder kleinere Unsicherheiten - schauen wir uns also ausgewählte Zweifelsfälle zum Abschluss nochmals an.

- **Zum Aufwärmen schau dir den folgenden Text genau an. Such die neun versteckten Rechtschreibfehler und schreibe die korrekten Wörter in die Tabelle. Die Fehler werden in der Reihenfolge nummeriert, in der sie auftauchen.**

Le temps des discusions infinies au sujet de la construction de la pyramide du Louvre est bien loin. La France est en plein boom est les grands travaux se multiplient de Lille à Marseille. De nombreux projets interessants sont déjà en cours où vont bientôt voir le jour. Citons l'idée ingénieuse du musée des Arts et Çivilisations à Paris au pied de la tour Eiffel, le dynamisme exemplaire du centre historique de Lille, la transformation osée du port de la Joliette à Marseille ou encore le pont futuriste de Millau. Et ce ne sont que quelques examples ! La France chersche a guarder sa différence afin de ne pas ce perdre dans la mondialisation.

1. ______	2. ______	3. ______
4. ______	5. ______	6. ______
7. ______	8. ______	9. ______

Besondere Schrift-Laut Kombinationen BOXENSTOPP

g	+	i/e	→	[ʒ]	génial, dirigea
g	+ u +	i/e	→	[g]	guide
c	+	i/e	→	[s]	cinéma
c	+ u +	i/e	→	[k]	cuisine
ç	+	a	→	[s]	ça
ch			→	[ʃ]	chauffeur
gn	+		→	[ɲ]	ignorer

Diese Schrift-Laut-Kombinationen sind dir natürlich grundsätzlich bekannt, man muss aber im Eifer des Gefechts auch daran denken, v.a., wenn die betreffenden Wörter oder Formen nicht allzu häufig vorkommen, wie z.B. ignorer oder Passé simple-Formen wie dirigea, mangea u.a.

im- ist nicht gleich im-, en- nicht gleich en-

Du hast gelernt, dass z.B. im- in den meisten Fällen nasal [ɛ̃], en- ebenfalls nasal [ã] ausgesprochen wird. Das ist grundsätzlich richtig, gilt aber nur, wenn diese Vorsilben vor anderen Konsonanten stehen. Wenn indes auf **im(m)- / in-** oder **en(n)-** ein Vokal folgt, wird die Vorsilbe denasaliert, d.h., für uns hörbar vokalisch ausgesprochen und der Nasalkonsonant selbst wird wieder ausgesprochen, vgl. z.B.:

intéressant	[ɛ̃teʀesɑ̃]	vs.	**in**imaginable	[inimaʒinabl]
enfin	[ɑ̃fɛ̃]	vs.	**en**nemi	[enmi]

Die Cedille nicht vergessen (ç)!

Immer wieder liest man in Schülerarbeiten ~~décu~~, ~~recu~~ statt déçu oder reçu – das sind keine peanuts oder besser cacahouètes, das sind Fehler, die das Wort in seiner Aussprache vollkommen entstellen! Hier gilt wie generell bei Schrift-Laut-Entsprechungen: am besten das Schriftbild immer durch eigenes Schreiben und Visualisierungen einprägen, z.B. durch gut leserliche Plakate im Falle für dich besonders schwieriger Wörter.

é und e, ré- und re-

Auch hier gibt es zahlreiche Unsicherheiten, die sich nur durch Memorieren von Laut- und / oder Schriftbild beheben lassen. Nimm dir also ausreichend Zeit, um dir die folgenden Beispiellisten immer wieder mal anzusehen – es geht hier um die Unterscheidung zwischen der Schreibung ré- und re-:

ré-	re-
réagir, réaction	recevoir
réception	recette
réchauffer, réchauffement	recherche, rechercher
récipient	recommander, recommandation
rédacteur	recommencer
réduire, réduction	recycler, recyclable
réflexe, réflexion	redire
réfléchir	refléter, reflet
réformer, la réforme	refuge (Achtung: se **ré**fugier!)
réfugié, se réfugier (Achtung: le **re**fuge!)	**regarder (!)**
région	regret, regretter
régner, règne	regroupement (familial)
régulier	rejet, refus
se réjouir de	relation
répandu	religion, religieuse
réparer	relire
répartition, répartir (*teilen*)	remarque, remarquer
répéter, répétition	remercier, remerciement

répondre, réponse, répondeur	remettre
république	remorque, remorquer
réseau	renommée
résidence, résidentiel, résider	renoncer
résultat, résulter	renouveler, renouvellement
résumer	repas
révélation, révéler	reporter, reportage
révolution	repos
	représentant [ʀ(ə)pʀezɑ̃tɑ̃]
	ressembler [ʀ(ə)sɑ̃ble]
	respecter, respect [ʀɛspɛ]
	responsable, responsabilité [ʀɛspɔ̃sabilite]
	restaurer [ʀəstɔʀe]
	retard, retarder
	se retirer
	retour, retourner
	retraite, retraité [ʀ(ə)tʀete]
	revendication, revendiquer
	revenir, revenu
	revue

Weitere „Fehlerklassiker" sind, hier in der richtigen Form:
int**é**r**e**ssant, prom**e**nade, pr**e**mier.

Andere Fälle lassen sich durch Erkennen der Logik der französischen Rechtschreibung beheben, z.B. folgen auf -e (außer in der Vorsilbe re-) zwei Konsonanten, bedarf es keines Akzents, z.B. **e**sp**é**rer, én**e**rver.

Falsche Freunde im Bereich der Orthographie
Es gibt auch einige falsche Freunde, auch im Vergleich zum Englischen: Auf Französisch heißt das *Beispiel* l'ex**e**mple, das *Wochenende* le week**-**end oder le su**cc**ès, *der Erfolg*!

Sieh dir die folgende Liste mit deutschen Fremdwörtern an, auch hier unterscheidet sich die Schreibweise zum Französischen oft!

Deutsch	Französisch
Aggression, aggressiv	agression (f.), agressif
Alkohol	alcool (m.)
Amnestie	amnistie (f.)
Appell	appel (m.)
Asyl	asile (m.)
Bestseller	best-seller (m.)
Charakter	caractère (m.)
Etappe	étape (f.)
Fassade	façade (f.)
Giraffe	girafe (f.)
Gitarre	guitare (f.)
Karneval	carnaval (m.)
Komfort	confort (m.)
Krawatte	cravate (f.)
naiv	naïf, naïve (Achtung, häufiger Fehler!)
Parlament	parlement (m.)
Partner	partenaire (m.)
Pionier	pionnier (m.)
Plattform	plate-forme (f.)
Rhythmus	rythme (m.)
Stil	style (m.)
Symmetrie	symétrie (f.)

Homophone

Homophone sind Wörter, die gleich ausgesprochen werden, aber anders geschrieben werden. Es gibt eine Reihe von meistens kurzen, einsilbigen Wörtern, die je nach Funktion im Satz anders geschrieben werden. Achte auf die Details, weil sie hier wichtig sind!

a - *(er, sie, es) hat*	à - *in; nach; um*
on - *man; wir* (ugs.)	ont - *haben* (3. Pers. Pl.)
son - *sein; ihre*	sont - *sind* (3. Pers. Pl.)
se - *sich*	ce - *dieser, dieses*, ceux - *diejenigen*
ses - *seine, ihre* (Pl.)	ces - diese (Pl.)
sa - *sein; ihr*	ça - *das, es* (ugs.), ça (alors !) - *So etwas!*
cet - *dieser, dieses* (vor Vokal oder stummem h)	cette - *diese* (f.)
leur - *ihnen*	leur(s) - *ihre* (Pl.)
tout - *alles; ganz* (Pronomen oder Adverb)	tous - *alle*
quand - *wann*	quant (à toi) - *was dich betrifft*

BOXENSTOPP

Wenn du dir all diese Beispiele an mehreren Tagen in Ruhe eingeprägt hast, kannst du nunmehr folgende Wörter ohne nachzusehen auf Französisch notieren:

1. Rhythmus ______________________
2. nachdenken ______________________
3. ähneln ______________________
4. Reflex ______________________
5. Etappe ______________________
6. wir essen ______________________

19 Zeichensetzung

Bei der Zeichensetzung gibt es einige Unterschiede zwischen dem Deutschen und dem Französischen. Insbesondere im Bereich der Kommasetzung sind diese mitunter so bedeutend, dass du sie dir einprägen solltest.

Ausrufezeichen
In Sätzen mit Imperativ und in der Anrede im Brief steht im Französischen **kein** Ausrufezeichen:
Allons-y. *Lasst uns gehen!*
Eine Ausnahme sind hier Befehle, diese werden durch das Ausrufezeichen noch verstärkt:
Viens ici ! *Komm her!*

Strichpunkt
Generell wird mit dem Semikolon (Strichpunkt) im Französischen sparsamer umgegangen als im Deutschen, wobei von übermäßigem Gebrauch ja auch im Deutschen abzuraten ist.

Anführungszeichen « »
Die Anführungszeichen (les guillemets, m.) sehen im Französischen so aus: « ». Sie solltest du in schriftlichen Sprachproduktionen nachzuahmen versuchen - das ist eigentlich ganz einfach!

Kommasetzung
Nun aber zu dem Bereich, in dem die Unterschiede am größten sind:

1. Keine Kommata vor Nebensätzen
Vor durch Konjunktionen eingeleiteten Nebensätzen steht normalerweise kein Komma, also z.B. Je vous téléponerai_quand je serai à la maison.

2. Keine Kommata vor Objektsätzen mit que und vor indirekten Fragesätzen!
In der indirekten Rede steht nach dem einleitenden Verb **nie ein Komma** vor dem häufig mit „dass" ins Deutsche zu übersetzenden que, also z.B.
Stéphanie a dit que ... *Stéphanie hat gesagt**,** dass ...*
Je pense que ... *Ich denke**,** dass ...*
Dasselbe gilt für indirekte Fragesätze, bei denen auch kein Komma vor dem Fragewort steht (z.B. vor si - *ob*):
Elle a demandé si je viens lundi.
Sie hat gefragt, ob ich am Montag komme.

3. Keine Kommata vor Infinitivgruppen!

Anders als im Deutschen steht auch vor Infinitivgruppen kein Komma, also z.B. in **réfléchir_pour savoir** si ... - *nachdenken, ob* (wörtl.: **,** um zu ...)

4. Keine Kommata vor notwendigen Relativsätzen!

Bei Relativsätzen gilt im Wesentlichen dieselbe Regel wie im Englischen: Gibt der Relativsatz für das Verständnis des Satzes nicht notwendige, zusätzliche Informationen, wird er durch Kommata „eingeklammert". Ist der Relativsatz jedoch zum Verständnis des Gesamtsatzes **notwendig**, so stehen **keine Kommata**, z.B.:

Florence**, dont je t'ai déjà parlé,** habite à Biarritz.
- Mais qui est Florence ?
C'est la fille **qui m'a aidée à réussir mon examen**.

Erklärung:

Der Satz Florence habite à Biarritz. ist auch ohne den Zusatz des ersten Relativsatzes verständlich, daher wird er durch Kommata vom Hauptsatz abgetrennt.
Der Satz C'est la fille. wäre alleine nicht verständlich, also handelt es sich bei qui m'a aidée à réussir mon examen um einen notwendigen Relativsatz, folglich steht kein Komma.

5. Kommata nach Adverbialbestimmungen

Wenn Adverbiale am Anfang eines Satzes stehen, werden sie durch ein Komma vom darauf folgenden „eigentlichen" Satz abgetrennt, z.B.:

Cette année, je passe mes vacances en Bretagne.
Dieses Jahr verbringe ich meine Ferien in der Bretagne.
L'année dernière, j'ai été sur la Côte d'Azur.
Letztes Jahr war ich an der Côte d'Azur.

• **Füge ein Komma ein, wenn es nötig ist.**

1. Je ne sais pas si je peux venir ce soir.
2. Ce serait bien que tu viennes !
3. Depuis hier je suis très fatiguée.
4. Je comprends. C'est le temps qui te fait ça.

•• **In welchen Fällen steht im Französischen abweichend vom Deutschen ein Komma, in welchen keines?**

Steht im Französischen in diesen Fällen	ein Komma?
1. Vor Nebensätzen?	☐ ja ☐ nein
2. Vor Objektsätzen mit que und vor indirekten Fragesätzen?	☐ ja ☐ nein
3. Vor Infinitivgruppen?	☐ ja ☐ nein
4. Vor notwendigen Relativsätzen?	☐ ja ☐ nein
5. Nach Adverbialbestimmungen?	☐ ja ☐ nein

ANHANG

ANHANG

Verbkonjugationen, Wochentage, Monate & Zahlen

Lösungen

1. Regelmäßige und unregelmäßige Verben

Hier kannst du die Verbformen noch einmal nachschlagen und lernen. Du findest die Konjugationen im Präsens und die Ausgangsformen für Passé composé, Imparfait, Subjonctif und Conditionnel.

Die Hilfsverben être und avoir / **Verben auf -er**

	être	avoir	aimer
je / j'	suis	ai	aime
tu	es	as	aimes
il / elle / on	est	a	aime
nous	sommes	avons	aimons
vous	êtes	avez	aimez
ils / elles	sont	ont	aiment
Passé composé	j'ai été	j'ai eu	j'ai aimé
Imparfait	j'étais	j'avais	j'aimais
Subjonctif	que je sois que nous soyons	que j'aie que nous ayons	que j'aime que nous aimions
Conditionnel	je serais	j'aurais	j'aimerais

Verben auf -er mit Besonderheiten

	préférer	appeler	acheter
je / j'	préfère	appelle	achète
tu	préfères	appelles	achètes
il / elle / on	préfère	appelle	achète
nous	préférons	appelons	achetons
vous	préférez	appelez	achetez
ils / elles	préfèrent	appellent	achètent
Passé composé	j'ai préféré	j'ai appelé	j'ai acheté
Imparfait	je préférais	j'appelais	j'achetais
Subjonctif	que je préfère que nous préférions	que j'appelle que nous appelions	que j'achète que nous achetions
Conditionnel	je préférerais	j'appellerais	j'achèterais

	manger	commencer	payer
je/j'	mange	commence	paie
tu	manges	commences	paies
il/elle/on	mange	commence	paie
nous	mangeons	commençons	payons
vous	mangez	commencez	payez
ils/elles	mangent	commencent	paient
Passé composé	j'ai mangé	j'ai commencé	j'ai payé
Imparfait	je mangeais	je commençais	je payais
Subjonctif	que je mange que nous mangions	que je commence que nous commencions	que je paie que nous payions
Conditionnel	je mangerais	je commencerais	je paierais

Verben auf -dre **Verben auf -indre**

	vendre	craindre	joindre
je/j'	vends	crains	joins
tu	vends	crains	joins
il/elle/on	vend	craint	joint
nous	vendons	craignons	joignons
vous	vendez	craignez	joignez
ils/elles	vendent	craignent	joignent
Passé composé	j'ai vendu	j'ai craint	j'ai joint
Imparfait	je vendais	je craignais	je joignais
Subjonctif	que je vende que nous vendions	que je craigne que nous craignions	que je joigne que nous joignions
Conditionnel	je vendrais	je craindrais	je joindrais

Verben auf -ir

Verben auf -ir mit Stammerweiterung

	dormir	partir	finir
je/j'	dors	pars	finis
tu	dors	pars	finis
il/elle/on	dort	part	finit
nous	dormons	partons	finissons
vous	dormez	partez	finissez
ils/elles	dorment	partent	finissent
Passé composé	j'ai dormi	je suis parti(e)	j'ai fini
Imparfait	je dormais	je partais	je finissais
Subjonctif	que je dorme que nous dormions	que je parte que nous partions	que je finisse que nous finissions
Conditionnel	je dormirais	je partirais	je finirais

Unregelmäßige Verben

	aller	s'asseoir	boire
je/j'	vais	m'assois	bois
tu	vas	t'assois	bois
il/elle/on	va	s'assoit	boit
nous	allons	nous asseyons	buvons
vous	allez	vous asseyez	buvez
ils/elles	vont	s'assoient	boivent
Passé composé	je suis allé(e)	je me suis assis(e)	j'ai bu
Imparfait	j'allais	je m'asseyais	je buvais
Subjonctif	que j'aille que nous allions	que je m'assoie que nous nous asseyions	que je boive que nous buvions
Conditionnel	j'irais	je m'assoirais	je boirais

	conduire	connaître	courir
je / j'	conduis	connais	cours
tu	conduis	connais	cours
il / elle / on	conduit	connaît	court
nous	conduisons	connaissons	courons
vous	conduisez	connaissez	courez
ils / elles	conduisent	connaissent	courent
Passé composé	j'ai conduit	j'ai connu	j'ai couru
Imparfait	je conduisais	je connaissais	je courais
Subjonctif	que je conduise que nous conduisions	que je connaisse que nous connaissions	que je coure que nous courions
Conditionnel	je conduirais	je connaîtrais	je courrais

	croire	devoir	dire
je / j'	crois	dois	dis
tu	crois	dois	dis
il / elle / on	croit	doit	dit
nous	croyons	devons	disons
vous	croyez	devez	dîtes
ils / elles	croient	doivent	disent
Passé composé	j'ai cru	j'ai dû	j'ai dit
Imparfait	je croyais	je devais	je disais
Subjonctif	que je croie que nous croyions	que je doive que nous devions	que je dise que nous disions
Conditionnel	je croirais	je devrais	je dirais

	dormir	écrire	faire
je/j'	dors	écris	fais
tu	dors	écris	fais
il/elle/on	dort	écrit	fait
nous	dormons	écrivons	faisons
vous	dormez	écrivez	faites
ils/elles	dorment	écrivent	font
Passé composé	j'ai dormi	j'ai écrit	j'ai fait
Imparfait	je dormais	j'écrivais	je faisais
Subjonctif	que je dorme que nous dormions	que j'écrive que nous écrivions	que je fasse que nous fassions
Conditionnel	je dormirais	j'écrirais	je ferais

	lire	mettre	mourir
je/j'	lis	mets	meurs
tu	lis	mets	meurs
il/elle/on	lit	met	meurt
nous	lisons	mettons	mourons
vous	lisez	mettez	mourez
ils/elles	lisent	mettent	meurent
Passé composé	j'ai lu	j'ai mis	je suis mort(e)
Imparfait	je lisais	je mettais	je mourais
Subjonctif	que je lise que nous lisions	que je mette que nous mettions	que je meure que nous mourions
Conditionnel	je lirais	je mettrais	je mourrais

	naître	ouvrir	partir
je / j'	nais	ouvre	pars
tu	nais	ouvres	pars
il / elle / on	naît	ouvre	part
nous	naissons	ouvrons	partons
vous	naissez	ouvrez	partez
ils / elles	naissent	ouvrent	partent
Passé composé	je suis né(e)	j'ai ouvert	je suis parti(e)
Imparfait	je naissais	j'ouvrais	je partais
Subjonctif	que je naisse que nous naissions	que j'ouvre que nous ouvrions	que je parte que nous partions
Conditionnel	je naîtrais	j'ouvrirais	je partirais

	pouvoir	prendre	savoir
je / j'	peux	prends	sais
tu	peux	prends	sais
il / elle / on	peut	prend	sait
nous	pouvons	prenons	savons
vous	pouvez	prenez	savez
ils / elles	peuvent	prennent	savent
Passé composé	j'ai pu	j'ai pris	j'ai su
Imparfait	je pouvais	je prenais	je savais
Subjonctif	que je puisse que nous puissions	que je prenne que nous prenions	que je sache que nous sachions
Conditionnel	je pourrais	je prendrais	je saurais

	sortir	suivre	venir
je / j'	sors	suis	viens
tu	sors	suis	viens
il / elle / on	sort	suit	vient
nous	sortons	suivons	venons
vous	sortez	suivez	venez
ils / elles	sortent	suivent	viennent
Passé composé	je suis sorti(e)	j'ai suivi	je suis venu(e)
Imparfait	je sortais	je suivais	je venais
Subjonctif	que je sorte que nous sortions	que je suive que nous suivions	que je vienne que nous venions
Conditionnel	je sortirais	je suivrais	je viendrais

	vivre	voir	vouloir
je / j'	vis	vois	veux
tu	vis	vois	veux
il / elle / on	vit	voit	veut
nous	vivons	voyons	voulons
vous	vivez	voyez	voulez
ils / elles	vivent	voient	veulent
Passé composé	j'ai vécu	j'ai vu	j'ai voulu
Imparfait	je vivais	je voyais	je voulais
Subjonctif	que je vive que nous vivions	que je voie que nous voyions	que je veuille que nous voulions
Conditionnel	je vivrais	je verrais	je voudrais

2. Verbanschlüsse

Hier die wichtigsten Verbanschlüsse zum Wiederholen:

Mit nur einem Objekt:

acheter qc – etw. kaufen
adorer qn / qc – jdn. / etw. lieben, bewundern
aider qn – jdm. helfen
aimer qn / qc – jdn. / etw. lieben, mögen
allumer qc – etw. anschalten
appeler qn – jdn. anrufen

apprendre qc - etw. lernen
arrêter qc - etw. anhalten, stoppen
attacher qc - etw. anhängen
attendre qn / qc - auf jdn. / etw. warten
attraper qn - jdn. fangen
avoir qc - etw. haben
casser qc - etw. brechen, kaputt machen
chercher qn / qc - jdn. / etw. suchen
coller qc - etw. kleben
commencer qc - etw. beginnen
comprendre qc - etw. verstehen
défendre qn / qc - jdn. verteidigen, etw. verbieten
désirer qc - etw. wünschen
devenir qc - etw. werden
écouter qn / qc - jdm. / etw. zuhören
embrasser qn - jdn. küssen
emporter qc - etw. mitnehmen
entendre qn / qc - auf jdn. / etw. hören
épeler qc - etw. buchstabieren
faire qc - etw. tun
garder qc - etw. behalten
jouer **à** qc - etw. (*Spiel, Sport*) spielen
jouer **de** qc - etw. (*Musikinstrument*) spielen
manger qc - etw. essen
marquer qc - etw. markieren, anstreichen
mettre qc - etw. setzen, legen, stellen
organiser qc - etw. organisieren
penser **à** qn / qc - an jdn. / etw. denken
photographier qn / qc - jdn. / etw. fotografieren
préférer qc - etw. bevorzugen
prendre qc - etw. nehmen
préparer qc - etw. vorbereiten
ramasser qc - etw. aufheben
ranger qc - etw. aufräumen
regarder qc - etw. ansehen, betrachten
rencontrer qn - jdn. treffen
respecter qn / qc - jdn. / etw. respektieren
rêver de qn / qc - von jdm. / etw. träumen
téléphoner à qn - mit jdm. telefonieren

terminer qc - etw. beenden
traverser qc - etw. überqueren
trouver qc - etw. finden
vendre qc - etw. verkaufen
voir qc - etw. sehen
voler qc - etw. stehlen
vouloir qc - etw. wollen

Mit zwei Objekten:
demander à qn de faire qc - jdn. um etw. bitten
donner qc à qn - jdm. etw. geben
écrire qc (à qn) - (jdm.) etw. schreiben
expliquer qc à qn - jdm etw. erklären
parler à qn (de qn / qc) - mit jdm. (über jdn. / etw.) sprechen
poser une question à qn - jdm. eine Frage stellen
proposer qc à qn - jdm. etwas vorschlagen
raconter qc à qn - jdm. etw. erzählen
répondre (qc) à qn - jdm. (etw.) antworten

Mit Infinitiven:
aimer faire qc - etw. tun möchten
aller faire qc - etw. tun werden
avoir envie de faire qc - Lust haben etw. zu tun
demander à qn de faire qc - jdn. bitten etw. zu tun
devoir faire qc - etw. tun müssen / sollen
être en train de faire qc - gerade dabei sein etw. zu tun
oublier de faire qc - vergessen etw. zu tun
pouvoir faire qc - etw. tun können
préférer faire qc - vorziehen etw. zu tun
savoir faire qc - etw. tun können
venir de faire qc - etw. gerade gemacht haben
venir faire qc - kommen, um etw. zu tun
venir chercher qn - jdn. abholen
vouloir faire qc - etw. machen wollen

Monate

Januar	janvier
Februar	février
März	mars
April	avril
Mai	mai
Juni	juin
Juli	juillet
August	août
September	septembre
Oktober	octobre
November	novembre
Dezember	décembre

Wochentage

Montag	lundi
Dienstag	mardi
Mittwoch	mercredi
Donnerstag	jeudi
Freitag	vendredi
Samstag	samedi
Sonntag	dimanche

Zahlen

Grundzahlen

0	zéro
1	un, une
2	deux
3	trois
4	quatre
5	cinq
6	six
7	sept
8	huit
9	neuf
10	dix
11	onze
12	douze
13	treize
14	quatorze
15	quinze
16	seize
17	dix-sept
18	dix-huit
19	dix-neuf
20	vingt
21	vingt et un / une
22	vingt-deux
23	vingt-trois
24	vingt-quatre
25	vingt-cinq
26	vingt-six
27	vingt-sept
28	vingt-huit
29	vingt-neuf
30	trente
31	trente et un / une
32	trente-deux
33	trente-trois
40	quarante
41	quarante et un / une
42	quarante-deux
50	cinquante
51	cinquante et un / une
52	cinquante-deux
60	soixante
61	soixante et un / une
62	soixante-deux
70	soixante-dix
71	soixante et onze
72	soixante-douze
73	soixante-treize
74	soixante-quatorze
75	soixante-quinze
76	soixante-seize
77	soixante-dix-sept
78	soixante-dix-huit
79	soixante-dix-neuf
80	quatre-vingt**s**
81	quatre-vingt-un / une
82	quatre-vingt-deux
83	quatre-vingt-trois
90	quatre-vingt-dix
91	quatre-vingt-onze
92	quatre-vingt-douze
100	cent
101	cent un / une
102	cent deux
110	cent dix
153	cent cinquante-trois
200	deux cent**s**
210	deux cen**t** dix
300	trois cent**s**
385	trois cen**t** quatre-vingt-cinq
1000	mille
1001	mille un / une
1140	mille cent quarante
2000	deux mille

Ordnungszahlen

1er/(iè)re	le premier / la première
2e 2nd/nde	le / la deuxième *oder* le second / la seconde
3e	le / la troisième
4e	le / la quatrième
5e	le / la cinquième
6e	le / la sixième
7e	le / la septième
8e	le / la huitième
9e	le / la neu**v**ième
10e	le / la dixième
11e	le / la onzième
12e	le / la douzième
13e	le / la treizième
14e	le / la quatorzième
15e	le / la quinzième
16e	le / la seizième
17e	le / la dix-septième
18e	le / la dix-huitième
19e	le / la dix-neuvième
20e	le / la vingtième
21e	le / la vingt et **unième**
22e	le / la vingt-deuxième
23e	le / la vingt-troisième
30e	le / la tren**ti**ème
70e	le / la soixante-dixième
71e	le / la soixante et onzième
80e	le / la quatre-vingtième
81e	le / la quatre-vingt-**unième**
90e	le / la quatre-vingt-dixième
91e	le / la quatre-vingt-onzième
97e	le / la quatre-vingt-dix-septième
100e	le / la centième

1. LERNJAHR

1 NOMEN UND ARTIKEL

S. 8 •

Cher papie,
Regarde <u>la</u> carte postale. C'est <u>une</u> carte avec <u>des</u> photos de <u>la</u> ville. Sur <u>une</u> photo, il y a <u>un</u> collège. C'est <u>le</u> collège Alphonse Karr. Et regarde <u>la</u> tour. Elle est dans <u>le</u> château de Mondoubleau. Tu aimes <u>les</u> châteaux ? Moi, oui.
Voilà <u>l'</u>hôtel de Mondoubleau. C'est <u>un</u> hôtel connu.
À bientôt,
Patrick

	bestimmt		unbestimmt	
	männlich	weiblich	männlich	weiblich
Singular	le / **l'**	**la / l'**	**un**	une
Plural	**les**		**des**	

S. 9 ••

1. männlich: le chien, l'ordinateur, le cadeau, le cahier, le pantalon, l'hôtel
2. weiblich: la porte, la rue, la lettre, l'amie

Denke daran, l'amie und l'ami hört sich zwar gleich an, aber das erste ist *die Freundin* (daher weiblich) und das zweite *der Freund*.

S. 9 •••

1. un / l'; **2.** le; **3.** l'; **4.** la; **5.** un / le; **6.** la; **7.** un; **8.** une; **9.** la; **10.** la; **11.** une; **12.** le; **13.** une; **14.** une; **15.** la; **16.** l'; **17.** un; **18.** un; **19.** des; **20.** Les; **21.** le

Die Antwort auf Patricks Frage, wie man einen solchen Wehrturm noch nennt lautet: **un donjon**. Aber keine Angst, dieses Wort musst du dir nicht unbedingt merken!

Markiere in einer Vokabelliste die Nomen je nach Geschlecht farblich, z.B. maskuline Nomen mit blau, feminine Nomen mit rot. So hast du gleich im Blick, welches Geschlecht sie haben.

2 NOMEN - SINGULAR UND PLURAL

S. 10 •

Singular	**le DVD**	le livre	le cadeau	l'ours en peluche	**l'adresse e-mail**
Plural	les DVD	**les livres**	les cadeaux	**les ours en peluche**	les adresses e-mail

S. 10 BOXENSTOPP

1. les livres; **2.** le cadeau - les cadeaux; **3.** les DVD; **4.** les ours en peluche; **5.** les adresses e-mail

Wenn du dir Vokabelkärtchen schreibst, dann notiere dir Nomen mit Besonderheiten im Plural auch immer sowohl im Singular als auch im Plural, also: le gâteau, les gâteaux - *Kuchen*.

S. 11 • •

2. cinq BD; **3.** deux stylos; **4.** deux ours en peluche; **5.** dix DVD; **6.** trois pulls super; **7.** cinq euros (d'argent de poche); **8.** deux magazines de sport

Im Gegensatz zum Deutschen bekommt euro im Französischen ein Plural-s, also: cinq euro**s** – *fünf Euro*.

S. 11 • • •

1. bandes dessinées; **2.** études dirigées; **3.** chance; **4.** vacances; **5.** jeux; **6.** vœux **7.** pommes de terre; **8.** verres; **9.** bonheur; **10.** film d'horreur

3 PRÄPOSITIONEN UND VERSCHMELZUNGEN

S. 12 •

Bsp. im Text	steht für
de l'internat	de + le
au château	à + le
aux garçons	à + les
à l'église	à la

Bsp. im Text	steht für
du château	de + le
l'ami	Le

S. 12 • •

bereits unterstrichene Präpositionen: devant – *vor*, à côté de – *neben*, sous – *unter*, derrière – *hinter*, sur – *über*

gesucht waren noch: pour – *für*, après – *nach*, avant – *vor*, avec – *mit*

Merke dir: devant (*vor*) und derriere (*hinter*) sind räumliche Präpositionen, die sagen, **wo** etwas ist, avant (*vor*) und après (*nach*) dagegen sind zeitliche Präpositionen, die benutzt werden, um zu sagen, **wann** etwas passiert!

Wenn du möchtest, kannst du dir zum Text aus dieser Übung eine entsprechende Zeichnung anfertigen und die entsprechenden Präpositionen hineinschreiben. So kannst du sie dir besser merken.

S. 13 • • •

1. à la; **2.** au; **3.** au; **4.** du; **5.** de la; **6.** à la; **7.** à l'

Übrig geblieben sind: à la, aux und des.

Hattest du die richtige Lösung bei Nr. 5? Denk daran, es heißt jouer **au** foot, aber jouer **de** la guitare (vgl. Kap. 15, S. 36).

S. 13 • • •

1. sur; **2.** sous; **3.** dans; **4.** avec; **5.** avant; **6.** dans; **7.** dans; **8.** devant; **9.** à côté de; **10.** dans; **11.** devant; **12.** avec

4 DAS VERB *ÊTRE*

S. 14 BOXENSTOPP

Französisch: être
je suis
tu es
il / elle / on est
nous sommes
vous êtes
ils / elles sont

S. 15 •

1. tu es; **2.** vous êtes; **3.** il / elle / on est; **4.** nous sommes; **5.** ils / ells sont; **6.** je suis

S. 15 • •

1. suis; **2.** suis; **3.** suis; **4.** est; **5.** es; **6.** suis; **7.** est; **8.** es

S. 15 • • •

1. Je suis Nathalie.
2. Ça, c'est ma copine Julie.
3. Nous sommes dans la même classe.
4. Notre prof d'allemand est sympa.
5. Mais les cours d'allemand sont difficiles.
6. Après les cours, on est toujours fatigué.

5 DAS VERB *AVOIR*

S. 16 •

avoir	
j'ai	nous avons
tu as	vous avez
il / elle / on a	ils / elles ont

S. 17 • •

1. il / elle / on a; **2.** nous avons; **3.** j'ai; **4.** tu as; **5.** vous avez; **6.** ils / elles ont

S. 17 • • •

1.b.; **2.**c.; **3.**g.; **4.**f.; **5.**a.; **6.**e.; **7.**d.

S. 17 • • •

1. as, ai; **2.** as, ai; **3.** avez, avons, a; **4.** avez, ont, ont, ont; **5.** as, ai, as

6 PRÄSENS: REGELMÄSSIGE VERBEN AUF *-ER*

S. 18 •

Collège et internat cherche surveillant
Nous cherchons un surveillant pour le collège. Il travaille avec les élèves, il corrige leurs devoirs etc. Il habite à l'internat et surveille les jeunes. Nous sommes un collège avec un internat. Nous travaillons beaucoup avec les clubs. Les externes arrivent tous les jours à 7:30 heures. Nous organisons aussi des excursions le week-end pour nos élèves de l'internat. Vous parlez anglais et vous cherchez un travail intéressant ? Téléphonez au 02.54.78.33.54

	chercher	travailler	habiter	arriver
je/j'	cherche	travaille	habite	arrive
tu	cherches	travailles	habites	arrives
il/elle/on	**cherche**	**travaille**	**habite**	arrive
nous	**cherchons**	**travaillons**	habitons	arrivons
vous	**cherchez**	travaillez	habitez	arrivez
ils/elles	cherchent	travaillent	habitent	**arrivent**

Lies neue Verbkonjugationen als Reihe mehrmals laut. Es ist wie mit dem Einmaleins: Man kann jede einzelne Aufgabe auch nach den Regeln ausrechnen. Aber mit den auswendig gelernten Reihen geht es einfach schneller.

S. 19 ••

Waagrecht: 2. vous quittez; **4.** j'arrive; **6.** il aide; **8.** ils travaillent; **10.** je cherche
Senkrecht: 1. tu travailles; **3.** nous visitons; **5.** vous entrez; **7.** il entre; **9.** tu regardes

S. 19 •••

1. entre; **2.** oublies; **3.** trouve; **4.** montres; **5.** cherches; **6.** regarde; **7.** trouve; **8.** cherchons; **9.** aide

Hast du bei der letzten Lücke die richtige Form gewählt? Das Subjekt hier war je, t' ist nur ein direktes Objektpronomen (vgl. Kap. 22, S. 50).

S. 19 •••

1.c.; **2.**d.; **3.**b.; **4.**a.
a. Oui, entre, il est dans sa chambre.
b. Regardons la télé !
c. Cherche sur l'étagère !
d. Aidez-moi !

7 PRÄSENS: VERBEN AUF *-ER* MIT BESONDERHEITEN

S. 20 •

	commencer	manger	appeler	préférer	acheter	payer
je/j'	commence	mange	appelle	préfère	achète	**paie**
tu	**commences**	manges	appelles	préfères	achètes	paies
il/elle/on	commence	mange	**appelle**	**préfère**	achète	paie
nous	**commençons**	**mangeons**	**appelons**	préférons	achetons	**payons**
vous	**commencez**	**mangez**	appelez	**préférez**	**achetez**	payez
ils/elles	commencent	mangent	appellent	préfèrent	**achètent**	**paient**

Es gibt appeler qn. - *jdn (an)rufen* und s'appeler - *heißen*. Für *heißen* brauchst du immer das passende Reflexivpronomen: je **m'**appelle, tu **t'**appelles, il / elle **s'**appelle, nous nous appelons, vous **vous** appelez, ils / elles **s'**appellent.

S. 21 ••

1. nous ach**e**tons; **2.** nous commen**ç**ons; **3.** ach**e**tez; **4.** nous nag**e**ons; **5.** vous appel**e**z; **6.** nous pa**y**ons

S. 21 •••

1. l**è**ve; **2.** préf**è**re; **3.** commencent; **4.** aime; **5.** commen**ç**ons; **6.** mang**e**ons; **7.** paie; **8.** ach**è**tent; **9.** nous promenons; **10.** bougez; **11.** recommencent; **12.** changent; **13.** chang**e**ons; **14.** recommence; **15.** mange

8 REGELMÄSSIGE VERBEN AUF *-(D)RE*

S. 22 •

	attendre	répondre
je/j'	**attends**	réponds
tu	attends	réponds
il/elle/on	attend	**répond**
nous	**attendons**	répondons
vous	**attendez**	répondez
ils/elles	**attendent**	répondent

S. 23 ••

1.e.; **2.**b.; **3.**d.; **4.**a.; **5.**c.

S. 23 •••

1. Attendez; **2.** entendez; **3.** répond; **4.** entends; **5.** entendons; **6.** attends; **7.** attends; **8.** entends; **9.** attend; **10.** entend; **11.** attendent; **12.** Réponds; **13.** entendent

9 PRÄSENS: REGELMÄSSIGE VERBEN AUF *-IR*

S. 24 •

1. sor- / par- ; **2.** sort- / part-

	sortir	partir
je / j'	**sors**	pars
tu	**sors**	pars
il / elle / on	sort	**part**
nous	sortons	partons
vous	**sortez**	partez
ils / elles	**sortent**	partent

Mache dir eine Verbkartei: Schreibe die einzelnen Verbformen mit Pronomen auf je eine Karteikarte. Auf die Rückseite schreibst du die dazu passende Person und / oder Übersetzung. Damit kannst du dich selbst abfragen. Das sollte etwa so aussehen:

je pars	**1.** Pers. Sg. von partir ich gehe fort
Vorderseite	Rückseite

S. 25 ••

1. sortent; **2.** partent; **3.** part; **4.** pars; **5.** sortons; **6.** repart; **7.** partez; **8.** sa tante Eigentlich ist es Aschenputtels Patentante, eine Fee, die ihr hilft, in anderen Versionen des Märchens sind es aber auch die Tauben. **9.** c. Cendrillon *(Aschenputtel) heißt dieses Märchen.* Blanche Neige ist das Märchen *Schneewittchen* und Le Chat botté ist *Der Gestiefelte Kater.*

S. 25 •••

1. dorment; **2.** sortent / partent; **3.** pars, pars; **4.** sortez; **5.** dors; **6.** sortons ; **7.** partez

10 *ALLER* UND *FAIRE* IM PRÄSENS

S. 26 •

	aller	faire
je / j'	**vais**	fais
tu	vas	**fais**
il / elle / on	**va**	fait
nous	**allons**	**faisons**
vous	**allez**	**faites**
ils / elles	vont	font

Lösungen

S. 27 - 33

S. 27 ••

2. Il fait beau.
3. Je fais un jeu.
4. Tu vas à l'école.
5. Vous faites les devoirs.
6. Tu vas au cinéma ce soir ?
7. Le mercredi, Stéphanie fait du sport. / Stéphanie fait du sport le mercredi.
8. En vacances, Benjamin va à la mer.

Faire, dire und être haben in der zweiten Person Plural nicht die Endung -ez, sondern -tes: vous **ê**tes, vous dit**es**, vous fait**es**.

S. 27 •••

1. faisons; **2.** allons; **3.** allez; **4.** allons; **5.** vont; **6.** fait; **7.** fais; **8.** Faites; **9.** font; **10.** va; **11.** fais;

Faites vos jeux ! *Machen Sie ihr Spiel!* und Rien ne va plus ! *Nichts geht mehr!* sind feststehende Sätze beim Roulette-Spiel, die du vielleicht schon mal gehört hast.

11 *POUVOIR, VOULOIR, SAVOIR* IM PRÄSENS

S. 28 •

	savoir	pouvoir	vouloir
je/j'	**sais**	**peux**	veux
tu	sais	peux	veux
il/elle/on	sait	**peut**	veut
nous	savons	**pouvons**	voulons
vous	**savez**	pouvez	**voulez**
ils/elles	savent	peuvent	veulent

S. 29 ••

1. vous voulez; **2.** ils / elles savent; **3.** je / tu veux; **4.** nous savons; **5.** vous pouvez; **6.** ils / elles veulent; **7.** vous savez **8.** ils / elles peuvent; **9.** nous voulons; **10.** je / tu sais; **11.** nous pouvons; **12.** je / tu peux; **13.** il / elle sait; **14.** il / elle veut

S. 29 •••

2. Le bon élève, veux, peux, sais
3. Les enfants pas sympas, pouvons, savons, pouvons
4. Les garçons, veulent, peuvent, savent

12 *PRENDRE, COMPRENDRE, APPRENDRE* IM PRÄSENS

S. 30 •

1.d.; **2.**c.; **3.**e.; **4.**a.; **5.**b.

S. 31 BOXENSTOPP

	vendre	prendre
je / j'	vends	**prends**
tu	vends	**prends**
il / elle / on	vend	**prend**
nous	vendons	**prenons**
vous	vendez	**prenez**
ils / elles	vendent	**prennent**

Du kannst dir im Plural die -n-s im Wortstamm farbig markieren. So kannst du die Unterschiede besser erkennen und sie dir besser merken.

S. 31 ••

2. vous comprenez; **3.** tu apprends; **4.** il reprend; **5.** nous reprenons; **6.** ils apprennent; **7.** nous apprenons; **8.** il apprend, il comprend

S. 31 •••

1. vends; **2.** vendez; **3.** prends; **4.** prends / (prenez); **5.** prends; **6.** vendez; **7.** prenons; **8.** Reprenez; **9.** prend; **10.** reprennent; **11.** vend

13 *DIRE, LIRE, ÉCRIRE* IM PRÄSENS

S. 32 •

Le prof : Aïcha, qu'est-ce que tu écris là ? Ahhh … une petite lettre. Lis la lettre, s'il te plaît !
Aïcha : Je suis désolé, Monsieur … Je n'écris plus.
Le prof : Bon, d'accord. Alors, les devoirs pour demain : Lisez le texte sur la page 46 et écrivez le résumé dans vos cahiers. Apprenez aussi le vocabulaire de la leçon.
La classe : Ahhhh … non …
Le prof : Qu'est-ce que vous dites ?
Julien : C'est beaucoup Monsieur. Notre match est cette après-midi.
Le prof : Bon, d'accord. Alors seulement le vocabulaire. Vous savez, nous avons une interrogation la semaine prochaine …

S. 32 BOXENSTOPP

	écrire	dire	lire
je / j'	**écris**	dis	lis
tu	**écris**	dis	**lis**
il / elle / on	écrit	dit	lit
nous	**écrivons**	disons	lisons
vous	**écrivez**	**dites**	**lisez**
ils / elles	écrivent	disent	lisent

Im Plural haben diese Verben einen anderen Stamm als im Singular: ecrire hat ein **-v-** im Stamm und lire und dire haben ein **-s-** im Stamm der 1. und 3. Person Plural.

S. 33 ••

Waagrecht: 1. ils écrivent; **3.** nous disons; **5.** ils lisent; **7.** écrire; **9.** apprendre; **11.** vous lisez
Senkrecht: 2. écouter; **4.** je lis; **6.** vous dites; **8.** elles disent; **10.** vous écrivez; **12.** elle écrit
Das hilft dir beim Lernen von Sprachen: écrire, écouter und apprendre.

S. 33 •••

1. dis, **2.** lisez, **3.** écrivez, **4.** lisez, **5.** Dites, **6.** Écrivez, **7.** écrivez, **8.** écrivez
Lösungssatz: Le bonbon, c'est bon !

Konntest du das Rätsel lösen? Wenn nicht, dann hier noch eine kurze Erklärung, wie der Lösungssatz zustande kommt:
le nom à l'envers : Nob → **bon**, deux fois = **bonbon**, un article devant cette partie :
le bonbon, une forme d'être = **est**, le nom à l'envers : Nob → **bon**.

14 *BOIRE, VOIR, OUVRIR, VENIR* IM PRÄSENS

S. 34 •

	ouvrir	boire	voir	venir
je / j'	**ouvre**	**bois**	**vois**	viens
tu	**ouvres**	**bois**	**vois**	**viens**
il / elle / on	**ouvre**	**boit**	**voit**	**vient**
nous	**ouvrons**	**buvons**	voyons	venons
vous	**ouvrez**	**buvez**	voyez	venez
ils / elles	**ouvrent**	**boivent**	**voient**	**viennent**

S. 35 ••

1.h.; **2.**a.; **3.**d.; **4.**e.; **5.**c.; **6.**f.; **7.**g.; **8.**b.

S. 35 •••

C'est un conte sur deux sœurs. Quand les gens voient la première, ils ne la trouvent pas sympa : Elle ouvre la bouche et est méchante. Une fois, une femme vient et demande : « Donne-moi à boire. » Elle répond seulement : « Buvez, si vous voulez. »
La seconde est sympa. Elle aussi va au puits et voit une vieille femme - une fée. La femme dit : « Je viens pour chercher de l'eau. » La fille répond : « Je bois après vous. » Et la femme boit. Mais c'est pourquoi la jeune fille revient trop tard du puits. Elle ouvre la porte et sa mère crie. Qu'est-ce qu'elle voit ? Quand sa fille ouvre la bouche, on voit sortir des fleurs et des diamants.
Les gens aiment voir la seconde fille. Et à la fin, c'est un prince qui vient et dit à la jeune fille : « Viens voir mon château. »

Dir kommt die Geschichte bekannt vor, aber dann doch wieder nicht? Dieses Märchen ist von Charles Perrault und heißt Les fées. Die Brüder Grimm haben eine etwas andere Version unter dem Titel *Frau Holle* geschrieben.

15 VERBEN MIT UND OHNE PRÄPOSITIONEN

S. 36 •

joue au foot (Fußball spielen); jouer du piano (Klavier spielen); rêver de qc (von etwas träumen)

S. 37 ••

1. les, à, les, à; **2.** d', au; **3.** le; **4.** le , de, à, à; **5.** les, les; **6.** le, au, le; **7.** le, le; **8.** d', à la

S. 37 • • •

1. Patrick rêve d'Amélie.
2. Il veut aller au cinéma avec elle.
3. Je demande à Amélie de sortir avec moi.
4. Il écrit un petit message à Amélie.
5. Et elle répond à sa question : Elle dit oui.

Wenn du in den Übungen auf S. 36 und 37 viele Fehler gemacht hast, dann notiere dir die Verben mit ihren Anschlüssen auf eine Karteikarte oder in ein Vokabelheft und wiederhole sie öfters. Zu Übung S. 37 • • • könntest du dir folgende Kärtchen schreiben:
rêver **de** qn / qc - *von etw. / jdn. träumen*
aller **à** - *gehen zu / in*
demander **à** qn **de** faire qc - *jdn. fragen / bitten etw. zu tun*
écrire qc **à** qn - *jdm. etw. schreiben*
répondre **à** qc / qn - *jdm. antworten, auf etw. antworten*

16 VERBEN GEFOLGT VON INFINITIVEN

S. 38 •

1.b.; **2.**a.; **3.**e.; **4.**d.; **5.**f.; **6.**c.

S. 39 • •

2. On aime faire les courses.
3. Nous savons faire des calculs en maths.
4. Nous ne savons pas parler anglais.
5. Tu veux faire une promenade.
6. Tu ne veux pas jouer au foot.

S. 39 • • •

1. Le nouveau, Ibrahim, sait raconter des histoires drôles.
2. Frank veut voir la ville de son ami Ibrahim en Algérie.
3. Ibrahim et Franck veulent visiter le Sahara.
4. Mais pour aller en Algérie, il doit apprendre l'arabe.
5. Ibrahim dit: « Tant pis. Je viens te chercher. »
6. Et en Algérie on sait aussi parler français.

17 *FUTUR COMPOSÉ*

S. 40 •

1. Tu vas venir à la bibliothèque avec moi après le cours.
2. Vous regardez d'abord la photo et puis vous allez la décrire.
3. Nous allons écrire un test la semaine prochaine.
4. Demain, tu vas chercher un morceau de craie avant le cours.
5. Demain, on va utiliser les livres.
6. Tu vas donner tes devoirs demain au surveillant !
7. Vous allez apprendre le vocabulaire sur la page 23 pour la prochaine fois.
8. Fais tes devoirs et tu vas être fort en maths.

Das kannst du dir sicher gut merken: Wenn man **geht**, um etwas zu **machen**, hat man es ja noch vor sich, also Zukunft (Futur).

S. 40 • •

1. Präsens; **2.** Futur composé; **3.** Imperativ; **4.** Präsens; **5.** Futur composé; **6.** Imperativ; **7.** Futur composé; **8.** Präsens

Lösungen

S. 41 - 47

S. 41 •••

1. vais aller; **2.** ne vont pas travailler; **3.** vais visiter; **4.** allons passer; **5.** va se voir; **6.** allez rester; **7.** vas répondre

S. 41 •••

1. tu vas faire une petite pause de 5 minutes avant.
2. vous allez jouer le soir après les devoirs.
3. tu ne vas pas faire deux choses en même temps.
4. tu vas faire tes devoirs d'abord seul.

18 *PASSÉ COMPOSÉ*

S. 42 •

Infinitiv	Passé composé	Deutsch	Englisch
chercher	j'ai cherché	**ich habe gesucht**	I have searched
être	tu as été	du bist gewesen	you have been
avoir	il a eu	du hast gehabt	you have had
aller	nous sommes allé(e)s	**wir sind gegangen**	we have gone
venir	vous êtes venu(e)s	**ihr seid gekommen**	you have come
repondre	ils ont répondu	**sie haben geantwortet**	they have answered

Merkhilfen lassen sich mit Sätzen erstellen, in denen alle zu lernenden Wörter vorkommen. Hier ein Beispiel für einen kleinen Merksatz, der dir dabei hilft, dir einige Verben zu merken, die das Passé composé mit être bilden:

Darum merke dir:
aller und venir,
entrer und sortir,
monter und revenir,
arriver, rester und partir
sind „Fallen" wie: tomber.
Sie brauchen être im passé composé!

S. 43 ••

1.b.; **2.**d.; **3.**a.; **4.**c.; **5.**f.; **6.**g.; **7.**e.; **8.**i.; **9.**k.; **10.**h.; **11.**j.; **12.** avec sa tante

S. 43 •••

1. est arrivée; **2.** sommes partis, sommes allées; **3.** sommes arrivées, avons entendu; **4.** ont crié; **5.** ai écouté; **6.** ai montré, ai entendu; **7.** avons cherché, avons trouvé

19 SUBJEKTPRONOMEN

S. 44 •

Surveillant : Amélie, qu'est-ce que tu fais ?
Amélie: Je ne fais rien. C'est Ayméric.
Surveillant : Alors, Ayméric ?
Ayméric: Je ne fais rien. Je veux jouer. C'est Amélie. Elle prend toujours mon ballon.
Surveillant : Vous arrêtez, tous les deux !

	Singular	Plural
1. Person	**je**	nous
2. Person	tu	**vous**
3. Person	il / **elle** / on	ils / elles

S. 45 ••

1. je, Nous; **2.** Il, Tu; **3.** Elle; **4.** ils; **5.** j'

S. 45 •••

1. J'; **2.** on; **3.** Je; **4.** Moi; **5.** je; **6.** il; **7.** Il; **8.** Vous; **9.** Moi; **10.** je; **11.** J'; **12.** Toi; **13.** je; **14.** tu; **15.** elle; **16.** vous; **17.** ils; **18.** Moi; **19.** je; **20.** Nous; **21.** Vous

20 POSSESSIVBEGLEITER

S. 46 •

	Patrick	Hund	Patricks Eltern	Patrick und Familie	Marten	Marten und Familie
Voilà une photo de **mon** chien Nougat.	☒	☐	☐	☐	☐	☐
Nougat aime **son** repas !	☐	☒	☐	☐	☐	☐
Comment va **ta** famille ?	☐	☐	☐	☐	☒	☐
Voilà **mes** parents ...	☒	☐	☐	☐	☐	☐
... et **leur** chat.	☐	☐	☒	☐	☐	☐
Voilà **notre** maison.	☐	☐	☐	☒	☐	☐
Comment est **votre** maison ?	☐	☐	☐	☐	☐	☒

S. 46 BOXENSTOPP

	Nomen		
	männlich Singular	weiblich Singular	Plural
ein Besitzer	**mon** chat	ma souris	**mes** chats
	ton chat	**ta** souris	tes chats
	son chat	sa souris	ses chats
mehrere Besitzer	**notre** chat / souris		nos chats
	votre chat / souris		vos chats
	leur chat / souris		leurs chats

S. 47 ••

1. mon; **2.** mon; **3.** sa; **4.** son; **5.** tes; **6.** leurs, ses; **7.** notre; **8.** votre

Denke auch wieder an die Liaison, wenn auf den Possessivbegleiter ein Nomen mit Vokal oder stummem h folgt: mon‿ami, ses‿amies.

S. 47 •••

1. ton; **2.** ta; **3.** tes; **4.** tes; **5.** mes; **6.** ma; **7.** mon; **8.** ma; **9.** ma; **10.** mon; **11.** sa; **12.** mes; **13.** Tes; **14.** votre / ton; **15.** notre / ma

S. 47 •••

2. 2.a. Mon, **2.**b. Mon
3. tes, **3.**a. Ma, **3.**b. Ma
4. tes, **4.**a. mes parents travaillent, **4.**b. mon père / ma mère, **4.**c. mes

21 DEMONSTRATIVBEGLEITER

S. 48 •

1.b.; **2.**c.; **3.**d.; **4.**a.

S. 48 BOXENSTOPP

Vor männlichen Nomen, die mit Vokal oder stummen h beginnen, steht **cet**.

S. 49 ••

1. Tu peux aller au cinéma cet après-midi ?
2. ...Ce travail est trop dur.
3. ...Ces devoirs sont faciles.
4. ...Qu'est-ce que tu penses de cette idée ?
5. ...Elle est sympa, cette copine !

S. 49 •••

2. Je fais cet exercice d'abord.
3. Où est ce crayon, alors ?
4. Tu as cherché sous cette table ?

S. 49 •••

1. C'est; **2.** Ce; **3.** Cette; **4.** C'est; **5.** ces; **6.** ses;
Das Element cet ist übrig geblieben!
7.b. Troja

Wenn du mehr darüber erfahren willst, wie Heinrich Schliemann so viele Sprachen gelernt hat und wie schnell das jeweils ging, gib doch im Internet in einer Suchmaschine die Begriffe „Schliemann" und „Sprachen" ein. Du wirst erstaunt sein!

22 DIREKTE OBJEKTPRONOMEN

S. 50 •

Was hast du angekreuzt? Hier die Punktzahlen für die jeweiligen Antworten. Zähle sie zusammen.
1. a = 0, b = 3, c = 2, d = 1;
2. a = 3, b = 2, c = 1, d = 0;
3. a = 3, b = 0, c = 2, d = 1;
4. a = 0, b = 2, c = 1, d = 3

Auswertung:
11 - 12 Punkte: Wenn das so stimmt, zeigt es ein sehr gutes Arbeitsverhalten. Du arbeitest regelmäßig das Neue auf. Du vergisst weder Vokabeln noch Grammatik. So brauchst du auch nur jeden Tag relativ kurze Zeit zu lernen.

8 - 10 Punkte: Du weißt, dass Lernen zur Schule gehört. Du tust es regelmäßig, wenn auch nicht täglich. Das ist schon ein guter Anfang. Lerne und übe lieber jeden Tag ein bisschen, damit du deine guten Anfänge noch besser ausbauen kannst.
3 - 7 Punkte: Lernen ist Arbeit, aber wenn du es kannst, macht (sogar) Französisch Spaß! Lerne energiesparend. Jeden Tag ein bisschen. Du putzt doch auch nicht einmal im Monat drei Stunden lang die Zähne, sondern täglich mehrmals kurz. Mach es genauso mit Französisch.

0 - 2 Punkte: Nun ja, je weniger du übst, um so weniger wirst du verstehen. Aber wenn du gerade mit diesem Buch arbeitest, kann es wiederum nicht so schlimm sein: Du hast erkannt, dass du etwas tun musst. Lerne und übe jeden Tag ein bisschen. Vergiss dabei weder Vokabeln noch die Grammatik. Auch in diesem Übungsbuch solltest du nicht fünf Kapitel auf einmal machen - lieber jeden Tag nur eines und dazu noch 10 Vokabeln wiederholen.
Viel Erfolg bei der Neuorganisation und: Bon courage ! („guten Mut").

S. 51 ••

	dir. Objekt	indir. Objekt
1. Patrick demande les devoirs de Français.	☒	☐
2. Il parle à Amélie.	☐	☒
3. Surveillant : Je veux le voir ici tout de suite, Patrick.	☒	☐
4. Amélie, tu aides Patrick à faire les devoirs ?	☒	☐
5. Patrick, tu as trouvé ton livre ?	☒	☐
6. Le surveillant demande le résultat du contrôle au prof.	☐	☒

S. 51 •••

2. je la prépare; **3.** je la range; **4.** je ne l'oublie pas; **5.** je l'aime; **6.** je veux le finir

S. 51 •••

1. Oui, je veux venir te voir demain.
2. Oui, je la cherche.
3. Non, je ne le connais pas.
4. Non, merci, je ne veux pas le lire.

23 FARBADJEKTIVE

S. 52 •

1.d.; **2.**b.; **3.**c.; **4.**a.

S. 52 BOXENSTOPP

Sg. m.	Sg. f.	Pl. m.	Pl. f.
noir	noire	noirs	noires
vert	verte	verts	**vertes**
blanc	blanche	blancs	blanches
rouge		**rouges**	
jaune		jaunes	

S. 53 ••

1. jaune; **2.** rouge; **3.** bleu; **4.** gris; **5.** rouge; **6.** bleues; **7.** jaune; **8.** vert; **9.** jaunes; **10.** rouges; **11.** orange; **12.** grise; **13.** verte; **14.** jaune; **15.** bleu; **16.** jaune; **17.** rouge; **18.** brune; **19.** marron; **20.** blanc; **21.** blanche; **22.** noir

S. 53 •••

1. bleu, blanc, rouge, France;
2. jaune, Louis XIV – *Ludwig der Vierzehnte*, man nannte ihn auch le roi soleil, *der Sonnenkönig*.
3. bleus, Allez les bleus ! – Das ist der Schlachtruf der Fans der französischen Fußballnationalmannschaft.
4. noir, jaune (orange), rouge, Belgique

24 ADJEKTIVE – FORM UND STELLUNG

S. 54 •

une solution fausse, Chers amis, des filles françaises, un pull long

S. 55 ••

1. bonne; **2.** petit; **3.** bons; **4.** sportifs; **5.** grand; **6.** bonne; **7.** petit; **8.** joli; **9.** folle; **10.** bon; **11.** sales; **12.** super; **13.** gentils; **15.** fous

S. 55 •••

1. au petit matin; **2.** un bruit fort; **3.** les petits yeux; **4.** un grand monstre, **5.** les yeux rouges; **6.** les dents bleues; **7.** grande peur; **8.** sympa; **9.** sympa; **10.** tête bizarre; **11.** joli; **12.** bon, **13.** mauvais rêve

25 VERNEINUNG

S. 56 •

1.c.; **2.**e.; **3.**d.; **4.**a.; **5.**b.

S. 57 ••

1. Ça ne va pas
2. Je n'ai pas froid.
3. Je ne mange jamais de légumes
4. Je n'ai plus les chocolats de **mon** anniversaire.
5. Je ne lis rien.
6. Je ne vais pas venir dans quinze jours

S. 57 •••

1. Non, je ne lis jamais dans le car.
2. Non je n'ai pas vu la tour Eiffel.
3. Non, je n'ai plus faim.
4. Non, merci, je ne veux rien boire.

26 FRAGEGFORMEN: ENTSCHEIDUNGS- UND ERGÄNZUNGSFRAGE

S. 58 •

1. Tu es Patrick ?
2. Oui, je suis Patrick.
3. Ton anniversaire est quand ?
4. Mon anniversaire est le 13 août.

S. 58 BOXENSTOPP

a. Tu es Patrick ? - Entscheidungsfrage
b. Ton anniversaire est quand ? - Ergänzungsfrage

S. 59 ● ●

1.f.; **2.**a.; **3.**d.; **4.**c.; **5.**h.; **6.**e.; **7.**b.; **8.**g.

S. 59 ● ● ●

1. qui; **2.** pourquoi; **3.** où; **4.** comment; **5.** qui; **6.** où; **7.** pourquoi; **8.** où; **9.** quand

Du hast es bestimmt schon selbst herausgefunden: das erste Märchen ist *Schneewittchen* (Blanche-Neige) und das zweite Märchen ist *Hänsel und Gretel* (Hansel et Gretel).

27 FRAGEFORMEN: FRAGEN MIT *EST-CE QUE*

S. 60 ●

1. Qu'; **2.** Pourquoi; **3.** Où; **4.** Comment

S. 61 ● ●

Hier findest du nun die Fragen und auch jeweils eine Musterlösung für eine Antwort:

1. Est-ce que tu dors ? - *Non, maintenant, je ne dors plus !*
2. Où est-ce que tu as fait tes devoirs ? - *J'ai fait mes devoirs à la maison, pourquoi ?*
3. Est-ce que tu veux toujours vivre chez tes parents ? - *Non, je ne veux pas rester trop longtemps à la maison.*
4. Est-ce que tu parles anglais ? - *Oui, j'apprends l'anglais et le français à l'école.*
5. Est-ce que tu aimes le jazz ? - *Non, mais mon grand-père l'aime. Moi, j'aime le rock.*
6. Comment est-ce que tu vas à l'école ? - *Je prends le vélo pour aller à l'école.*
7. Qu'est-ce que tu manges à midi ? - *Je mange un sandwich.*

S. 61 ● ● ●

1. Où est-ce que tu habites ?
2. Est-ce que tu as des frères et sœurs ?
3. Est-ce que tu aimes le foot / le sport ?
4. Est-ce que tu aimes l'école ?
5. Pourquoi est-ce que tu aimes le français ?

28 ZAHLEN, DATEN UND UHRZEIT

S. 62 ●

1.g.; **2.**c.; **3.**d.; **4.**b.; **5.**f.; **6.**i.; **7.**h.; **8.**a.; **9.**e.; **10.**j.

Zählen lernen - einfach gemacht. So kannst du dir die Zahlen dauerhaft merken:
- Zähle die Treppenstufen auf Französisch.
- Spiele mit Freunden Bingo auf Französisch.
- Schlaflos? Zähle die Schäfchen auf Französisch. Dann kommt der Schlaf bestimmt und die Träume verarbeiten die französischen Zahlen.

Und so kannst du dir das Datum einfach merken:
- Mache dir zur Regel, über die Französisch-Hausaufgaben immer ein französisches Datum zu schreiben.
- Ergänze deinen Wochenplaner bzw. dein Aufgabenheft um das französische Datum, hänge einen französischen (mehrsprachigen) Kalender über deinem Schreibtisch auf.

Lösungen

S. 63 - 71

S. 63 ••

cinquante 50
cent-vingt-cinq 125
cinq 5
cent-quarante-neuf 149
quinze 15
seize 16
soixante-six 66
quatre-vingt-onze 91
soixante-seize 76
zéro 0
vingt-quatre 24
quatre-vingt-dix-sept 97
quatre-vingt-sept 87
trente-deux 32
quarante-huit 48
treize 13

S. 63 •••

4. April - 4 avril / quatre avril
6:45 - sept heures moins le quart
7:00 - sept heures
7:45 - huit heures moins le quart
8:00 - huit heures
12:15 - midi et quart / douze heures et quart
10:00 - dix heures
1:30 - une heure et demie
4:30 - quatre heures et demie
20:00 - huit heures / vingt heures
22:00 - dix heures / vingt-deux heures
2. April - le 2 avril / le deux avril
23:45 - minuit moins le quart
1. April - 1er avril / premier avril

29 MENGENANGABEN MIT DE

S. 64 •

1.d.; **2.**b.; **3.**a.; **4.**e.; **5.**f.; **6.**g.; **7.**c.

S. 65 ••

1. d', de, de; **2.** de; **3.** / , / , / ; **4.** de; 5. de

Willst du es mal nachmachen? Éclairs zu machen ist nicht so ganz einfach, weil es sich um einen so genannten Brandteig handelt - aber die Mühe lohnt sich, sie schmecken lecker!
Das genaue Rezept nachlesen (und vielleicht besser verstehen) kannst du recht einfach: Du findest es sicher sofort in einer Suchmaschine im Internet mit den Stichwörtern recette éclairs oder *Rezept éclairs* auf Französisch bzw. auf Deutsch.

S. 65 •••

1. de; **2.** beaucoup de; **3.** de; **4.** d'; **5.** d'; **6.** pas d'; **7.** un peu d'; **8.**b. une pâte à modéler (Knetmasse)

2. LERNJAHR

1 BESTIMMTER UND UNBESTIMMTER ARTIKEL

S. 68 •

1.d. - un, à la; **2.**h. - des, au; **3.**b. - un, à la; **4.**f. - un, à la; **5.**c. - un, au; **6.**a. - un, à la; **7.**e. - une, au; **8.**g. - un, au

S. 68 BOXENSTOPP

	maskulin vor Konsonant	feminin vor Konsonant	maskulin oder feminin vor Vokal	Plural
unbestimmter Artikel	**un**	**une**	un / une	des
bestimmter Artikel	le	**la**	l'	les
à + bestimmter Artikel	**au**	à la	à l'	aux
de + bestimmter Artikel	du	de la	de l'	**des**

S. 69 ••

A. un atlas, un éléphant, une orange, une annonce, une idée
B. un appartement, une interview, un abricot, un instrument, un album
C. un escalier, un œuf, une armoire, une assiette, une étagère, un oignon

Präge dir besonders dieses Gegensatzpaar ein: **la** lune - der *Mond* **le** soleil - die *Sonne*

S. 69 ••

1. un, de la; **2.** une, du; **3.** des, de la; **4.** des

S. 69 •••

1. à l'école; **2.** au café; **3.** de la fête; **4.** à l'exposé; **5.** au restaurant; **6.** au supermarché; **7.** de la guitare; **8.** à l'hôpital; **9.** de la gare
Lösungswort: Éric est à la **cafétéria**.

2 SINGULAR UND PLURAL DER NOMEN

S. 70 BOXENSTOPP

1. Alle Wörter enden auf -al: a. animal; b. hôpital; c. journal; d. cheval; e. principal
2. Alle Wörter enden auf -eau: a. bateau; b. bureau; c. chapeau; d. tableau; e. gâteau
3. les cheveux; **4.** les cailloux

S. 70 •

1. souris; **2.** mois; **3.** bus; **4.** atlas; **5.** cours; **6.** pays; **7.** fils

S. 70 ••

1. conductrice, directrice; **2.** danseuse, vendeuse; **3.** pâtissière; **4.** chienne

S. 71 ••

1. animaux; **2.** danseuse; **3.** vendeuse; **4.** gâteaux; **5.** copine; **6.** hôpitaux; **7.** feux; **8.** chanteuse; **9.** journaux; **10.** directrice; **11.** cadeaux; **12.** cheveux
Senkrechtes Lösungswort: institutrice

Lösungen
S. 71 - 76

S. 71 •••

Sg. m.	Sg. f.	Pl. m. mit -s	Pl. m. mit -x	Plural = Singular
le cuisinier	**la cuisinière**	**les cuisiniers**		
le chanteur	**la chanteuse**	**les chanteurs**		
le bus				**les bus**
la souris				**les souris**
le journal			**les journaux**	
le pâtissier	**la pâtissière**	**les pâtissiers**		
le tableau			**les tableaux**	
le pays				**les pays**
le cheval			**les chevaux**	
le fils				**les fils**
le musicien	**la musicienne**	**les musiciens**		
le travail			**les travaux**	
le boulanger	**la boulangère**	**les boulangers**		
le feu			**les feux**	

3 DEMONSTRATIV- UND POSSESSIVBEGLEITER

S. 72 •

1.f.; **2.**b.; **3.**c.; **4.**a.; **5.**d.; **6.**e.

	Nomen		
	männlich Singular	weiblich Singular	Plural
ein Besitzer	mon	**ma**	mes
	ton	**ta**	tes
	son	sa	**ses**
mehrere Besitzer	notre		**nos**
	votre		vos
	leur		leurs

Die französischen Possessivbegleiter richten sich nur nach dem nachfolgenden Nomen, nicht aber – wie im Deutschen – auch nach dem Besitzer.

sein Fahrrad	←	C'est son vélo.	→	ihr Fahrrad
sein Auto	←	C'est sa voiture.	→	ihr Auto
seine Fotos	←	Ce sont ses photos.	→	ihre Fotos

Artikel	le	la	l'	les
Demonstrativbegleiter	ce	**cette**	**cet / cette**	**ces**

S. 73 ••

1. votre, notre; **2.** votre, notre; **3.** cette, votre, nos; **4.** Ce, votre, notre, notre; **5.** cet, votre, notre, notre; **6.** Ce, vos, ces, notre

S. 73 •••

1. mes; **2.** ta; **3.** ma; **4.** ta; **5.** sa; **6.** ses; **7.** tes; **8.** mes; **9.** Notre / Mon

4 REGELMÄSSIGE VERBEN IM PRÄSENS

S. 74 •

- Où est-ce qu'on dort pendant les vacances sur la Côte d'Azur ?
- Moi, je dors sur la plage. Et toi, où est-ce que tu dors ?
- Mon copain et moi, nous dormons dans notre camping-car.
- Et Patrick, où est-ce qu'il dort ?
- Il dort à l'hôtel. Et les autres dorment à l'auberge de jeunesse. C'est moins cher.

S. 74 •

1. je passe; **2.** tu cherches; **3.** il adore; **4.** nous aimons; **5.** vous montrez; **6.** ils arrivent

S. 74 •

1. Moi, j'attends devant la poste et vous attendez derrière la maison.
2. M. Carel vend des fruits au marché et nous vendons des légumes.
3. Julie et Pascal répondent à la question. Pourquoi est-ce tu ne réponds pas ?

S. 75 ••

1. jou**ent**; **2.** cherch**ent**; **3.** téléphon**e**; **4.** cherch**ons**; **5.** chant**es**; **6.** jou**ez**; **7.** jou**e**; **8.** s'appell**e**; **9.** trouv**e**; **10.** Écout**e**; **11.** sor**s**; **12.** parl**e**; **13.** demand**e**; **14.** répond**s**; **15.** attend**ons**

Vielleicht hast du im Satz « Je vous trouve super ! » (Lücke 9) nicht die richtige Endung gefunden. Dann erinnere dich daran, dass sich die Endung des Verbs immer nach dem Subjekt richtet. Und das Subjekt in diesem Satz ist je. Vous ist nur ein direktes Objektpronomen (vgl. Kap. 18), das vor das Verb gestellt wurde.

S. 75 •••

1. Wortschlange			2. Wortschlange		
Pronomen	**Verbform**	**Infinitiv**	**Pronomen**	**Verbform**	**Infinitiv**
nous	attendons	attendre	ils / elles	répondent	répondre
il, elle, on	part	partir	nous	jouons	jouer
ils / elles	discutent	discuter	je / il, elle, on	marche	marcher
vous	fermez	fermer	vous	pensez	penser
tu	aides	aider	je / tu	descends	descendre
ils / elles	servent	servir	je / tu	dors	dormir

5 REFLEXIVE VERBEN IM PRÄSENS

S. 76 •

1. je me couche; **2.** nous nous amusons; **3.** il / elle se lève; **4.** ils / elles se promènent; **5.** tu te douches; **6.** vous vous intéressez **7.** je m'appelle; **8.** il / elle s'amuse; **9.** tu t'habilles; **10.** ils / elles s'occupent **11.** il ne se lave pas; **12.** nous ne nous rencontrons pas; **13.** je ne m'ennuie pas

Lösungen

S. 77 - 81

S. 77 ••

1. me lève; **2.** nous amusons; **3.** se promènent; **4.** se retrouve; **5.** se reposent; **6.** nous baignons; **7.** se couchent;
Lösungswort: la Provence

S. 77 •••

1. ne me réveille pas; **2.** ne s'intéressent pas; **3.** ne s'amuse pas

S. 77 •••

1. m'amuse; **2.** me couche; **3.** s'appelle; **4.** se promènent

Wenn du bei den Konjugation von se lever, se promener oder s'appeler Schwierigkeiten hattest, dann solltest du das nächste Kapitel, Kapitel 6 durcharbeiten. Es behandelt die Verben, die eine Veränderung im Stamm haben.

6 VERBEN MIT VERÄNDERUNGEN IM STAMM

S. 78 •

1. il commence - nous commen**ç**ons; **2.** il mange - nous mang**e**ons

S. 78 BOXENSTOPP

	se lever	acheter	compléter	répéter
je/j'	me l**è**ve	**achète**	compl**è**te	**répète**
tu	te l**è**ves	**achètes**	compl**è**tes	**répètes**
il/elle/on	se l**è**ve	**achète**	compl**è**te	**répète**
nous	nous levons	**achetons**	complétons	**répétons**
vous	vous levez	**achetez**	complétez	**répétez**
ils/elles	se l**è**vent	**achètent**	compl**è**tent	**répètent**

Bei den Verben auf -yer (payer, essayer) kannst du das y jedoch in allen Formen beibehalten.

S. 78 ••

2. réfléchir - nous réfléchissons, vous réfléchissez, ils réfléchissent

S. 79 ••

1. achetez, achète; **2.** lèves, essaie; **3.** ennuie, appelle; **4.** commencent, commençons; **5.** mangez, mangeons; **6.** répètes, répète

S. 79 •••

1. appe**ll**e; **2.** l**è**ve; **3.** prom**è**ne; **4.** emm**è**ne; **5.** commen**ç**ons; **6.** je**tt**e; **7.** essa**i**e; **8.** fini**ss**ons; **9.** ach**è**te; **10.** mang**e**ons; **11.** préf**è**re

S. 79 •••

je compl**è**te - j'ach**è**te - il esp**è**re - nous esp**é**rons

7 AVOIR, ÊTRE, ALLER, FAIRE

S. 80 •

1. b.; **2.** b.; **3.** a.
Mon père a 45 ans, ma mère a 42 ans et moi, j'ai 13 ans.

S. 80 •

	avoir	être
je/j'	**ai**	**suis**
tu	as	**es**
il/elle/on	**a**	est
nous	**avons**	**sommes**
vous	avez	êtes
ils/elles	**ont**	**sont**

S. 80 ••

	aller	faire
je/j'	**vais**	fais
tu	**vas**	**fais**
il/elle/on	**va**	**fait**
nous	allons	**faisons**
vous	**allez**	**faites**
ils/elles	**vont**	**font**

S. 81 ••

1. sont; **2.** ont; **3.** vont; **4.** ont; **5.** ont; **6.** sont; **7.** ont

S. 81 •••

1. est, fait (être - faire); **2.** as (avoir); **3.** a (avoir); **4.** avez (avoir); **5.** suis (être); **6.** faisons (faire); **7.** fais, vas (faire - aller)

S. 81 •••

1.d. as; **2.**a. es; **3.**b. a; **4.**f. est; **5.**c. êtes; **6.**e. faites

Altersangaben werden im Französischen immer mit avoir gemacht.
J'**ai** 12 ans. - *Ich* bin *12* (*Jahre alt*).

8 MODALVERBEN: POUVOIR, VOULOIR, DEVOIR, PRÉFÉRER

S. 82 •

Salut Karine,
Encore une journée à l'école et puis une semaine de vacances en Bretagne avec toi et ta famille ! Mais je dois d'abord faire mes exercices de maths. Notre prof (il est terrible !) veut absolument écrire un test demain. Comme mes parents veulent partir demain tout de suite après l'école, il faut encore faire les valises ce soir. Quelle horreur ! Je préfère commencer les vacances sans stress. Mais mon père n'aime pas voyager le samedi.
Je vais emporter mon nouveau VTT, comme ça nous pouvons faire une excursion à Carnac. À propos, mon frère ne peut pas venir avec nous parce qu'il doit travailler la semaine prochaine.
À samedi donc, grosses bises Martine

S. 82 BOXENSTOPP

	pouvoir	vouloir	devoir	préférer
je/j'	peux	veux	**dois**	**préfère**
tu	peux	veux	dois	préfères
il/elle/on	**peut**	**veut**	**doit**	préfère
nous	**pouvons**	voulons	devons	préférons
vous	pouvez	voulez	devez	préférez
ils/elles	peuvent	**veulent**	doivent	préfèrent

S. 83 ••

je/j'	(osid)	**dois**	(xeup)	**peux**	(xuev)	**veux**
tu	(soid)	**dois**	(xupe)	**peux**	(vxue)	**veux**
il/elle/on	(tevu)	**veut**	(teup)	**peut**	(otid)	**doit**
nous	(souvoul)	**voulons**	(seovdn)	**devons**	(nvoosup)	**pouvons**
vous	(eedvz)	**devez**	(zvopue)	**pouvez**	(zevuol)	**voulez**
ils/elles	(onvtdei)	**doivent**	(vleeunt)	**veulent**	(nevupte)	**peuvent**

S. 83 •••

1. doit, veut; **2.** devons, veut; **3.** doivent, veut; **4.** doit, veulent; **5.** peut, doit

S. 83 •••

1. veux; **2.** peux; **3.** dois; **4.** devons; **5.** voulons; **6.** peut; **7.** veut

9 UNREGELMÄSSIGE VERBEN I

S. 84 •

Kellner : Qu'est-ce que vous prenez, madame ?
Mutter : Je prends un café, et toi, Martine, qu'est-ce que tu prends ?
Martine : Corinne et moi, nous prenons un coca ?
Corinne : Et papa, qu'est-ce qu'il prend ?

1. prendre - je prends, tu prends, il prend, nous prenons, vous prenez, ils prennent

S. 84 ••

y	**é**	**c**	**r**	**i**	**v**	**e**	**z**	q	j	d
m	f	**l**	**i**	**s**	**o**	**n**	**s**	z	d	a
é	**c**	**r**	**i**	**v**	**e**	**n**	**t**	i	o	x
n	k	**m**	**e**	**t**	**t**	**o**	**n**	**s**	w	v
r	s	**d**	**i**	**s**	**e**	**n**	**t**	z	i	m
d	**i**	**s**	k	s	e	**d**	**i**	**t**	**e**	**s**
k	**m**	**e**	**t**	o	**é**	**c**	**r**	**i**	**s**	v
o	l	n	**l**	**i**	**t**	f	q	m	r	x
j	**m**	**e**	**t**	**t**	**e**	**n**	**t**	h	h	d
n	f	p	j	w	m	e	r	t	p	u
e	v	**d**	**i**	**t**	f	y	b	b	u	j

	mettre	dire	lire	écrire
je/j'	mets	**dis**	lis	écris
tu	mets	dis	lis	**écris**
il/elle/on	**met**	**dit**	**lit**	écrit
nous	**mettons**	disons	**lisons**	écrivons
vous	mettez	**dites**	lisez	**écrives**
ils/elles	**mettent**	**disent**	lisent	**écrivent**

S. 85 •••

1. prend; **2.** met; **3.** dit; **4.** écrire; **5.** met; **6.** écrit; **7.** lit

S. 85 •••

1. mets; **2.** écrit; **3.** écrivons; **4.** dit; **5.** comprend; **6.** prenons; **7.** lisons; **8.** prennent; **9.** met

10 UNREGELMÄSSIGE VERBEN II

S. 86 •

1.d.; **2.**a.; **3.**b.; **4.**g.; **5.**e.; **6.**h.; **7.**f.; **8.**c.
Lösungswort: ils tiennent

S. 86 •

1. je tiens, tu tiens, il/elle tient, nous tenons, vous tenez, ils/elles tiennent
2. j'offre, tu offres, il/elle offre, nous offrons, vous offrez, ils/elles offrent

S. 86 ••

	boire	voir	connaître
je/j'	**bois**	vois	**connais**
tu	**bois**	**vois**	**connais**
il/elle/on	**boit**	**voit**	connaît
nous	**buvons**	voyons	**connaissons**
vous	buvez	**voyez**	**connaissez**
ils/elles	boivent	voient	connaissent

S. 87 •••

1. viens, venez, venons, vient; **2.** connaissons, connais, connais; **3.** bois, boire, buvons; **4.** offrez, offre, offrent

S. 87 •••

1. la boisson : boire - nous buvons;
2. une offre : offrir - il offre;
3. la connaissance : connaître - ils connaissent;
4. une ouverture : ouvrir - tu ouvres

11 INFINITIVKONSTRUKTIONEN OHNE PRÄPOSITION

S. 88 •

Luc : Bientôt, les correspondants de Stuttgart vont venir à Tours. Mais qu'est-ce qu'on va faire avec eux pendant une semaine ?
Carole : Je veux aller à la nouvelle piscine avec ma corres.
Pierre : Nous préférons faire une excursion au bord de la mer.
Marc : Nous pouvons aussi visiter quelques châteaux.
Carole : Le prof d'allemand va préparer un rallye à Tours.
Marc : Et toi, Pascal, qu'est-ce que tu veux faire avec ton correspondant ?

S. 89 ••

1. Je n'aime pas jouer au foot.
2. Tu ne vas pas faire tes devoirs ?
3. Nous n'allons pas partir en vacances.
4. Il ne faut pas faire les courses.

S. 89 •••

1. vont préparer; **2.** va acheter; **3.** vont apporter; **4.** va préparer; **5.** vais m'occuper; **6.** allons faire; **7.** vas acheter; **8.** vais aller; **9.** va préparer

S. 89 •••

1.c. dois; **2.**d. voulons; **3.**e. préfère; **4.**a. dois; **5.**b. peut

12 INFINITIVKONSTRUKTIONEN MIT PRÄPOSITION

S. 90 BOXENSTOPP

A. **1.**c.; **2.**b.; **3.**d.; **4.**e. ; **5.**a.; **6.**f.; **7.**g.
B. **1.**f.; **2.**e. ; **3.**g.; **4.**d.; **5.**c.; **6.**a.; **7.**i.; **8.**b.; **9.**h.

S. 90 •

1. On s'amuse à jouer de la guitare ? - Non, je n'ai pas envie de jouer de la guitare aujourd'hui.
2. Vous m'aidez à préparer le repas ? - Nous n'avons pas le temps de le préparer maintenant.
3. Tu as appris à jouer du piano ? - Oui, j'arrive déjà à jouer très bien.
4. J'ai oublié de faire mes devoirs. - Mais je peux t'aider à les faire maintenant.

S. 91 ••

1. a envie de; **2.** propose d'; **3.** est difficile de; **4.** propose de; **5.** demandent de; **6.** sont en train de

S. 91 ••

1.d.; **2.**b.; **3.**a.; **4.**c.

S. 91 •••

1. facile; **2.** arrivons; **3.** apprennent; **4.** temps; **5.** aide; **6.** offrent; **7.** proposent
Senkrechtes Lösungswort: content

Wenn du neue Verben lernst, solltest du diese immer mit der jeweiligen Präposition lernen. Du kannst dir auch ganze Wendungen beispielsweise auf eine Karteikarte schreiben, z.B. apprendre à faire qc - *lernen etw. zu tun.*

13 *PASSÉ COMPOSÉ* MIT *AVOIR*

S. 92 •

1. j'ai invité; **2.** tu as fait; **3.** il a téléphoné, il a dit, on a joué; **4.** nous avons dormi, nous avons été, nous avons pris; **5.** vous avez joué; **6.** ils ont attendu, ils ont gagné

S. 92 •

1. faire - fait; **2.** avoir - eu; **3.** être - été; **4.** boire - bu; **5.** lire - lu; **6.** mettre - mis; **7.** prendre - pris; **8.** ouvrir - ouvert; **9.** dire - dit

Um dir die Partizipien besser merken zu können, kannst du kleine Gruppen bilden von Partizipien, die ähnlich gebildet werden, z.B. su, pu, bu, lu, voulu oder pris, mis etc.

S. 93 ••

1. ai dormi; **2.** ai pris; **3.** ont travaillé; **4.** ai pris; **5.** ai fait; **6.** avons invité; **7.** avons fait; **8.** avons joué; **9.** a perdu; **10.** as fait

S. 93 •••

2. J'ai déjà fait les devoirs.
3. Nous avons déjà préparé le repas.
4. Il a déjà passé l'aspirateur.
5. Ils ont déjà joué au foot.
6. J'ai déjà mis les chaussures.

S. 93 •••

1. a travaillé; **2.** n'a pas compris; **3.** a téléphoné; **4.** a fini; **5.** a eu; **6.** a donné; **7.** a dormi

14 *PASSÉ COMPOSÉ* MIT *ÊTRE*

S. 94 •

1. f; **2.** g; **3.** 2f; **4.** 2f; **5.** f; **6.** 2g / g et f

Auch wenn das Subjekt je, tu, nous oder vous ist, muss in manchen Fällen das Participe passé angeglichen werden. So schreibt ein Mädchen: je suis arrivé**e**.

S. 95 ••

1. parti**e**; **2.** disputé**es**; **3.** descendu**es**; **4.** retourné**s**; **5.** levé**e**; **6.** arrivé**s**; **7.** tombé**e**; **8.** réveillé**es**

S. 95 ••

1.e.; **2.**a.; **3.**d.; **4.**b.; **5.**c.

S. 95 •••

1. je suis arrivé; **2.** nous sommes allé**s**; **3.** nous nous sommes retrouvé**s**; **4.** nous sommes monté**s**; **5.** nous sommes retourné**s**; **6.** je me suis levé; **7.** je suis allé; **8.** nous sommes parti**s**; **9.** est monté**e**

Hast du in dieser Übung an alle Angleichungen gedacht? Wir haben sie hier fett hervorgehoben. Markiere sie doch auch vorne in deinem Übungsteil und überlege noch mal auf welche Subjekte sich die sechs angeglichenen Partizipien beziehen. Hast du auch bei der Nr. 3 und Nr. 6 an das Reflexivpronomen gedacht?

15 *IMPARFAIT*

S. 96 •

Infinitiv	1. Pers. Pl. Präsens	Imparfait
partir	nous partons	je **partais**
prendre	nous prenons	tu **prenais**
parler	nous parlons	tu **parlais**
ouvrir	nous ouvrons	ils **ouvraient**
choisir	nous choisissons	vous **choisissiez**
faire	nous faisons	il **faisait**
venir	nous venons	nous **venions**
boire	nous buvons	je **buvais**

S. 97 ••

nous passions; ils allaient; vous étiez; je / tu sortais

S. 97 ••

Senkrecht: 1. tu étais; **3.** vous commenciez; **5.** je nageais; **7.** il était; **9.** vous étiez
Waagrecht: 2. il commençait; **4.** nous nagions; **6.** ils étaient

S. 97 •••

1. étaient; **2.** vivaient; **3.** n'avait pas; **4.** écoutait; **5.** avait; **6.** n'existaient pas encore; **7.** allais; **8.** habitais; **9.** me promenais; **10.** regardais

16 *IMPARFAIT* ODER *PASSÉ COMPOSÉ*

S. 98 •

Verbform	Beschreibung Zustand	Gewohnheit Wiederholung	einmalige, neue Handlung
Pierre **attendait**	☒	☐	☐
on lui **a volé**	☐	☐	☒
il ne **pouvait** pas voir	☒	☐	☐
Pierre **est rentré**	☐	☐	☒
Luc **faisait**	☐	☒	☐
tu **n'es pas allé**	☐	☐	☒
il **m'est arrivé**	☐	☐	☒
je **voulais** acheter	☒	☐	☐
quelqu'un **a volé**	☐	☐	☒

S. 99 ••

1. est rentré, était; **2.** préparait, est entré; **3.** prenaient, a sonné; **4.** a regardé, avait; **5.** se sont installés, était; **6.** est resté, avait

Hast du die Zeiten richtig gewählt? Wenn nicht, hier noch mal im Überblick die Erklärung für jede Zeit:
1. est rentré - **neue Handlung** (Auslöser: quand), était - **Beschreibung**
2. préparait - **Beschreibung**, est entré - **neue Handlung** (Auslöser: quand)
3. prenaient - **Beschreibung** (Auslöser: pendant), a sonné - **neue Handlung**
4. a regardé - **neue Handlung**, avait - **Beschreibung, Zustand**
5. se sont installés - **neue Handlung**, était - **Beschreibung**
6. est resté - **neue Handlung**, avait - **Beschreibung, Zustand**

S. 99 •••

1. vivaient; **2.** était; **3.** regardait; **4.** a gonflé; **5.** a commencé; **6.** a été; **7.** a appelé; **8.** a eu; **9.** a fait

Hast du die Zeiten richtig gewählt? Bei Nr. 1-3 muss das Imparfait stehen, weil hier die Beschreibung eines Zustandes stattfindet. Bei der Nr. 1 findest du einen Auslöser für das Imparfait: depuis des années. Nr. 2 und 3 sind dagegen die Beschreibung der Hintergrundumstände für die Handlung, die danach einsetzt. Bei der Nr. 4-9 geht es dagegen um die eigentliche Handlung. Hier finden sich daher auch z.T. klassische Auslöser für das Passé composé: tout à coup (Nr. 4, 5), tout de suite (Nr. 7) oder das konkrete Datum + die Angabe son **premier** vol, die auf eine einmalige, neue Handlung hinweisen.

17 SUBJEKTPRONOMEN

S. 100 •

1.d.; **2.**a.; **3.**c.; **4.**f.; **5.**e.; **6.**b.

1. Pourquoi est-ce que Paul ne vient pas ce soir ?
2. Qu'est-ce que ta sœur fait dimanche ?
3. Tes parents travaillent le samedi ?
4. Est-ce que les filles mangent à la cantine ?
5. Tu as compris l'exercice d'allemand ?
6. Quand est-ce que vous venez ?

a. Elle va danser avec sa copine.
b. Nous venons à 10 heures.
c. Non, ils sont libres.
d. Parce qu'il est malade.
e. Oui, je l'ai déjà fait.
f. Non, elles rentrent à midi.

Lösungen

S. 100 – 107

S. 100 BOXENSTOPP

1. Donne-moi le ballon ! **e**
2. C'est toi qui as rangé la cuisine? **a**
3. Nous, on va en Bretagne, et eux, ils restent à Paris. **b**
4. À qui est le stylo ? À moi. **a / c**
5. Mon frère est arrivé. Je vous présente à lui. **c**
6. Qui prépare le repas demain ? Moi. **a**
7. Tes parents partent en vacances sans toi ? **c**
8. Avec lui, on s'amuse toujours bien. **c**
9. Moi, je reste à la maison ce soir. **b**

S. 101 ••

1. lui; **2.** moi; **3.** nous; **4.** Moi, toi / vous; **5.** elle; **6.** lui

S. 101 •••

1. Elle; **2.** il; **3.** Ils; **4.** tu; **5.** Elle; **6.** Je; **7.** il; **8.** je; **9.** nous; **10.** Tu; **11.** Ils; **12.** Nous; **13.** Tu; **14.** ils

S. 101 •••

1. Je, toi; **2.** Moi; **3.** Tu; **4.** moi, nous; **5.** vous, vous

18 OBJEKTPRONOMEN: DIREKTES UND INDIREKTES OBJEKT

S. 102 •

1. Tu cherches Nicole ? Oui, je la cherche, elle est là ?

2. Nicole promène lebébé des voisins. Elle le promène tous les jours.

3. Qu'est-ce que Paul montre à son frère ? Il lui montre sa voiture.

4. Est-ce que Martine dit bonjour à ses amis ? Oui, elle leur dit bonjour.

S. 102 ••

direktes Objekt: me / m'; te / t'; **le / l'**; **la / l'**; nous; vous; **les**
indirektes Objekt: me / m'; te / t'; **lui**; **lui**; nous; vous; **leur**

S. 103 ••

2. Je ne leur ai pas dit bonjour.
3. Tu ne veux pas les inviter ?
4. Papa ne peut pas vous conduire à l'école.
5. Vous ne m'attendez pas au café ?
6. Il ne leur a pas montré son bateau.

S. 103 •••

1. lui; **2.** le; **3.** les; **4.** t'; **5.** vous; **6.** leur

S. 103 •••

2. Ne **m'**attends pas devant le cinéma.
3. Ne **lui** donne pas le cahier.
4. Ne **te** lave pas les mains.
5. Ne **me** dis pas la solution.
6. Ne **m'**appelle pas ce soir.

19 STELLUNG DER OBJEKTPRONOMEN UND *Y / EN*

S. 104 •

1.g.; **2.**j.; **3.**b.; **4.**i.; **5.**h.; **6.**a.; **7.**c.; **8.**f.; **9.**e.; **10.**d.

S. 105 ••

2. Non, ils n'en viennent pas.
3. Non, je n'y reste pas.
4. Non, je ne te la montre pas.
5. Non, je ne vous les donne pas.

S. 105 ••

1.b.; **2.**d.; **3.**c.; **4.**a.

S. 105 •••

1. Pascal; **2.** le portable, Pascal; **3.** la police; **4.** les deux garçons; **5.** le portable, les parents de Pascal

S. 105 •••

2. le cadeau - à sa mère → le - lui
3. les cahiers - au professeur → les - lui
4. ma sœur - aux copains → la - leur
5. les tickets de métro - aux élèves → les - leur

20 FORM UND STELLUNG DER ADJEKTIVE

S. 106 •

Martine fait du shopping avec sa copine Clara. Dans une <u>petite</u> boutique où il y a des jeans <u>italiens</u>, Clara essaye un jean <u>rouge</u> et Martine regarde des jupes. Une jeune vendeuse lui montre une <u>belle</u> jupe. Mais elle est trop <u>chère</u>. Clara cherche encore des chaussures <u>blanches</u> pour le bal à l'école. Dans le magasin à côté, elle trouve des très <u>belles</u> chaussures qui ne sont pas trop <u>chères</u>.

S. 106 BOXENSTOPP

maskulin Singular	feminin Singular	maskulin Plural	feminin Plural
italien	italien**ne**	**italiens**	italien**nes**
rouge	rouge	rouges	rouges
cher	**chère**	chers	**chères**
blanc	blanche	blancs	**blanches**
beau / bel	belle	beaux	**belles**
petit	**petite**	petits	petites

Unveränderlich sind marron, orange und super! Sie haben nur eine Form.

S. 107 ••

1. nouveau; **2.** heureuses; **3.** bonnes; **4.** chères; **5.** petit; **6.** breton; **7.** difficile; **8.** romaines; **9.** petit; **10.** grande; **11.** fous

S. 107 ••

Land	Adjektiv maskulin	Adjektiv feminin
l'Allemagne	allemand	**allemande**
la France	**français**	**française**
l'Italie	**italien**	**italienne**
l'Autriche	autrichien	**autrichienne**
L'Algérie	**algérien**	algérienne
la Bretagne	**breton**	**bretonne**

Wenn das Adjektiv die Person bezeichnet, wird es groß geschrieben:
Il est Allemand. – *Er ist Deutscher.*

S. 107 •••

1. blanches; **2.** grandes; **3.** verte, bleu; **4.** nouvel; **5.** nouveau, difficiles;
übrig bleibt: beau

21 STEIGERUNG DER ADJEKTIVE

S. 108 •

Cette semaine, la classe de Sylvie fait un stage professionnel. Bien sûr, ce stage est plus intéressant que les cours à l'école. Sylvie travaille dans un restaurant. C'est le restaurant le plus cher de la ville. Les repas y sont meilleurs qu'à la cantine de l'école, mais ils sont aussi plus chers. Le travail de Sylvie commence plus tôt que l'école. Elle court toute la journée, et le soir elle est plus fatiguée qu'après une journée à l'école. Elle apprend beaucoup de choses. Elle sait maintenant que les verres à vin rouge sont plus grands que les verres à vin blanc. Et surtout le patron est très sympa, plus sympa que son prof de maths ...

Vergleiche: plus intéressant que, meilleurs qu', plus chers, plus tôt que, plus fatiguée qu', plus grands que, plus sympa que
Superlativ: le restaurant le plus cher

S. 109 ••

2. Karine est aussi grande que Sylvie.
3. La Belgique est plus petite que l'Espagne. / L'Espagne est moins petite que la Belgique.
4. L'avion est plus rapide que le train. / Le train est moins rapide que l'avion.

Je nach Sichtweise, kann es hier z.T. zwei richtige Lösungen geben - siehe Nr. 3 und 4. Hast du auch an die Angleichung der Adjektive an das Nomen gedacht: Karine - grande, la Belgique / l'Espagne - petite?

S. 109 •••

2. Pierre est le meilleur élève de notre classe.
3. Le Louvre est le musée le plus intéressant de Paris.
4. Paris est la plus grande ville de France.

S. 109 •••

- Pour moi, Strasbourg est la plus belle ville de France.
- C'est vrai, mais Paris est plus important que Strasbourg.
- À Paris, on trouve les meilleurs restaurants de toute la France.
- Les restaurants les plus chers se trouvent sur les Champs-Élysées.

22 VERNEINUNG

S. 110 •

1.h.; **2.**a.; **3.**f.; **4.**b.; **5.**e.; **6.**c.; **7.**g.; **8.**d.

a. Non, il n'y va pas.
b. Ils n'ont rien trouvé.
c. Je n'étais jamais au Maroc.
d. Rien ne marche à l'école.
e. Je crois qu'il n'y va plus.
f. Je n'y connais personne.
g. Personne n'a eu le temps de le préparer.
h. Je ne les ai pas encore faits.

S. 111 • •

1. Les maths ne m'intéressent pas du tout.
2. Je ne veux jamais passer les vacances en Espagne.
3. Pascal ne peut plus jouer au foot.
4. Personne n'a vu mon frère.
5. Nous n'avons rien trouvé pour l'anniversaire de Sylvie.

S. 111 • • •

1. Je ne pense à rien.
2. Il ne comprend rien du tout.
3. Nous n'avons vu personne.

S. 111 • • •

1. Je n'ai pas encore vu le nouveau film d'Astérix.
2. Je ne joue plus au foot.
3. Je n'ai pas trouvé de pull.
4. Je ne connais personne au club.
5. Personne n'a sonné à la porte.

23 IMPERATIV

S. 112 •

1. Cherchez les verbes dans le texte.
2. Traduis les phrases.
3. Posez des questions et répondez.
4. Ne parle pas avec ton voisin.
5. Faites un dialogue et jouez-le.

S. 113 • •

2. Corrigez les phrases.
3. Donne-moi ton cahier.
4. Appelez-moi ce soir.
5. Finissons le travail.
6. Levez-vous.
7. Attends-les ici.
8. Dépêche-toi.

S. 113 •••

1. regardez; **2.** Arrête; **3.** Prends, viens; **4.** Écoute; **5.** Donne; **6.** Excusez; **7.** Allons; **8.** Corrigez

24 FRAGEFORMEN

S. 114 •

quand, pourquoi, quel, comment, où, qui, que, combien

S. 115 ••

1.c. - Quand; **2.**e. - Qu'; **3.**d. - Pourquoi; **4.**a. - Où; **5.**b. - Qui

S. 115 •••

1. Qu'est-ce que nous achetons pour l'anniversaire de Claire ?
2. Pourquoi est-ce qu'il ne joue pas au foot ?
3. Combien d'eau minérale est-ce qu'ils ont acheté ?
4. Qui est-ce qui a sonné à la porte ?
5. Où est-ce qu'ils sont allés ?

S. 115 •••

1. Qu'est-ce que vous cherchez ?
2. Où est-ce que tu as trouvé ce pull ?
3. Comment est-ce qu'ils ont fait l'exercice ?
4. Pourquoi est-ce que vous êtes venus ?

Die Intonationsfrage wird überwiegend in der mündlichen Sprache verwendet. Die Inversionsfrage gehört eher der gehobenen Sprache an. Sie wird allerdings in der Umgangssprache oft bei kurzen, häufig gebrauchten Fragen verwendet: Où est-il ?

25 DIREKTE UND INDIREKTE REDE UND FRAGEN

S. 116 •

1. que, qu'; **2.** est-ce que; **3.** si

S. 117 ••

1. comment; **2.** quand; **3.** où; **4.** si; **5.** pourquoi; **6.** qui

S. 117 •••

1. ne peut pas aller à l'excursion avec nous.
2. qu'il a eu un accident.
3. qu'il a mal à la jambe.
4. qu'il ne peut pas marcher.
5. que son père a déjà informé notre prof.
6. quand nous rentrons de l'excursion.
7. si je peux venir ce soir chez lui.
8. qu'il a une question sur les devoirs de maths.

26 RELATIVSÄTZE

S. 118 •

1. l'aéroport; **2.** un professeur; **3.** les vacances; **4.** un chat; **5.** le marché; **6.** un billet

S. 119 ••

1. que; **2.** ce que; **3.** que; **4.** qu'; **5.** ce qui; **6.** que; **7.** que; **8.** qui

Que wird in **Lücke 3** als Konjunktion und nicht als Relativpronomen verwendet:
je dis à grand-mère **que** je n'ai plus d'argent – *ich sage Großmutter, dass ich kein Geld mehr habe.*

S. 119 ••

1.d.; **2.**a.; **3.**c.; **4.**b.

S. 119 •••

2. Montez au troisième étage de la tour Eiffel où on a une belle vue sur Paris.
3. Achetez le Pariscope qui vous donne le programme pour une semaine.
4. Circulez à pied dans le quartier que vous voulez découvrir.

27 ZAHLEN

S. 120 •

1.e.; **2.**d.; **3.**f.; **4.**a.; **5.**c.; **6.**b.

S. 121 ••

91: quatre-vingt-onze; **16:** seize; **6:** six; **30:** trente; **44:** quarante-quatre; **80:** quatre-vingts; **13:** treize; **70:** soixante-dix; **50:** cinquante; **75:** soixante-quinze

S. 121 •••

1.b.; **2.**c.; **3.**c.; **4.**a.; **5.**c.; **6.**a.

28 ZEIT- UND ORTSANGABEN, PRÄPOSITIONEN

S. 122 •

Pierre habite maintenant <u>à</u> Strasbourg. Aujourd'hui, c'est sa première journée <u>au</u> collège. Il va <u>dans</u> la salle de sa classe et s'installe <u>à</u> une table libre. La table se trouve <u>devant</u> le tableau. Il met ses livres <u>sur</u> la table. Le garçon <u>derrière</u> Pierre est sympa ...

in / im	à, au, dans
an	à
auf	sur
vor	devant
hinter	derrière

	zeitlich	örtlich
vor	avant	**devant**
nach / hinter	**après**	**derrière**

S. 122 •

1.d.; 2.a.; 3.h.; 4.l.; 5.k.; 6.j.; 7.i.; 8.e.; 9.f.; 10.b.; 11.g.; 12.c.

Beachte bei der Angabe der Jahreszeiten: es heißt en été, en automne, en hiver – aber: **au** printemps.

S. 123 ••

1. après; **2.** dans; **3.** à, depuis; **4.** en; **5.** après; **6.** Derrière; **7.** en; **8.** à; **9.** depuis; **10.** dans; **11.** derrière

Lösungen

S. 123 - 127

S. 123 •••

1. En été, je vais au collège à vélo.
2. La poste se trouve à deux minutes de la mairie.
3. Il a fait l'exercice en vingt minutes.
4. Ma sœur est dans sa chambre avec une copine. / Ma sœur est dans une chambre avec sa copine.
5. Après les cours, je suis rentré à la maison.
6. Il est dans notre classe depuis deux mois.

29 TEILUNGSARTIKEL

S. 124 •

C'est samedi après-midi. Pascal et ses amis veulent faire des crêpes. Ils regardent dans la cuisine.
Pascal : Il y a des œufs et du beurre. Qu'est-ce qu'il faut encore pour faire des crêpes ?
Nadine : Nous devons encore acheter de la farine, du sucre et du lait. Allez, on va au supermarché.
Pascal : Il nous faut aussi quelque chose à boire. Achetons de la limonade et de l'eau minérale.
Nadine : Prenons aussi de la confiture et de la crème chantilly pour la garniture.

S. 124 •

2. des stylos - kein Lebensmittel; **3.** des timbres - kein Lebensmittel; **4.** de la viande - kein Obst oder Gemüse; **5.** de la sauce - keine Beilage; **6.** de l'eau - ein Getränk, im Gegensatz zu den anderen Begriffen

S. 125 ••

1. des; **2.** du; **3.** de la, de l'; **4.** des; **5.** du, du, du; **7.** de la, des

S. 125 ••

1. du, le; **2.** du, le; **3.** des, les; **4.** La, de la; **5.** du, le

S. 125 •••

1. Tu bois ton café avec du sucre ?
2. Est-ce que nous avons encore du jus de fruits ?
3. Pour faire des crêpes, il faut de la farine.
4. Est-ce que tu as acheté de l'eau minérale ?

30 MENGENANGABEN MIT *DE*

S. 126 •

1.f.; **2.**j.; **3.**a.; **4.**c.; **5.**b.; **6.**h.; **7.**e.; **8.**d.; **9.**g.; **10.**i.

S. 127 ••

deux litres de lait; une douzaine d'œufs; 200 grammes de jambon; un pot de confiture; 1 paquet de sucre; 2 baguettes

S. 127 •••

1. trop de; **2.** beaucoup de; **3.** un peu de; **4.** une douzaine d'; **5.** assez d'

S. 127 • • •

Je voudrais…
un kilo de pommes,
un paquet de sucre,
un litre de lait,
une bouteille d'eau minérale,
une baguette
et 200 grammes de jambon.

3. LERNJAHR

1 *CONSTRUIRE, CONNAÎTRE, VIVRE, MOURIR*

S. 130 •

Au Moyen-Âge, on construisait des châteaux forts pour se protéger des ennemis. Des seigneurs, des chevaliers et des serviteurs y vivaient. Les chevaliers connaissaient beaucoup de techniques pour se battre. Souvent ils mouraient au combat, quelquefois même à cheval.

S. 130 BOXENSTOPP

Infinitiv	construire	connaître	vivre	mourir
je	construis	connais	vis	meurs
tu	construis	connais	vis	meurs
il / elle / on	construit	connaît	vit	meurt
nous	**construisons**	**connaissons**	**vivons**	**mourons**
vous	**construisez**	**connaissez**	**vivez**	**mourez**
ils / elles	**construisent**	**connaissent**	**vivent**	meurent
Passé composé	j'ai construit	j'ai connu	j'ai vécu	il est mort elle est morte

S. 131 ••

1. meurs, **2.** vit, **3.** vivent, **4.** ne connaissent pas, **5.** vous conduisez, **6.** construit, **7.** suis, **8.** suis

S. 131 •••

Waagrecht: **1.** meurs, **2.** suit, **5.** connaissions, **7.** vivait, **8.** construis
Senkrecht: **1.** mourait, **3.** connaissait, **4.** vivez, **5.** conduis, **6.** suivions

2 VERBEN AUF *-INDRE*

S. 132 BOXENSTOPP

1. plaignons, **2.** éteignez, **3.** rejoignent

	craindre	peindre	joindre
je	crains	**peins**	**joins**
tu	**crains**	peins	**joins**
il / elle / on	**craint**	**peint**	joint
nous	craignons	**peignons**	**joignons**
vous	**craignez**	peignez	**joignez**
ils / elles	**craignent**	**peignent**	joignent

S. 132 •

1. peint, **2.** craint, **3.** éteignez, **4.** joignent

S. 133 ••

1. Au football, les garçons ne craignaient personne.
2. Ils atteignent toujours le sommet.
3. Nous peignons nos chambres en bleu.
4. Ils se joignaient à nous tous les matins.
5. Vous avez éteint la lumière ?

S. 133 ••

1b, **2**a, **3**d, **4**c, **5**e

S. 133 •••

1. atteignait, **2.** craignaient, **3.** rejoignions, **4.** se plaignait, **5.** éteignaient

3 INFINITIVKONSTRUKTIONEN I

S. 134 •

1. Après, **2.** pour, **3.** avant de, **4.** sans

S. 134 ••

1. faire, avoir fait, **2.** aller, être allé, **3.** avoir, avoir eu, **4.** être, avoir été

S. 135 ••

1. Après, **2.** avant de, **3.** pour, **4.** sans, **5.** Avant de

S. 135 •••

2. Avant d'avoir de bonnes notes en physique, Aurélien doit beaucoup réviser.
3. Après avoir révisé la physique, Aurélien est allé dehors.
4. Théo va à l'école sans prendre ses gants.
5. Aurélien se dépêche pour ne pas rater son bus.
6. Ils vont à la pizzeria avant d'aller ensemble au cinéma.

4 INFINITIVKONSTRUKTIONEN II

S. 136 •

A. **1**f, **2**a, **3**b, **4**c, **5**g, **6**e, **7**d, **8**h
B. **1**i, **2**b, **3**a, **4**c, **5**d, **6**e, **7**f, **8**g, **9**h

S. 136 BOXENSTOPP

1. Il regarde partir le train.
2. Elle entend arriver la voiture de son père.
3. Je le vois courir dans le jardin !
4. Je sens venir l'orage.
5. Le policier laisse filer le voleur.
6. Il dit savoir toute la vérité.
7. Il croit connaître mon secret.
8. Elle dit avoir vu le cambrioleur.
9. J'espère avoir fermé la porte.
10. La directrice a fait venir Théo.

S. 137 ••

1. se met à, **2.** refuse de, **3.** permet d', **4.** renonce à, **5.** risquent de, **6.** réussis à, **7.** tiens à, **8.** continue à

S. 137 •••

2. Je les entends jouer de la clarinette.
3. Je le sens se mettre en colère.
4. Elle dit avoir vu le voleur.
5. Elle a vu le voleur s'échapper.

5 FUTUR SIMPLE – FUTUR ANTÉRIEUR

S. 138 •

Infinitiv	parler	acheter	finir	vivre
je/j'	**parlerai**	**achèterai**	**finirai**	**vivrai**
tu	parleras	**achèteras**	**finiras**	**vivras**
il/elle/on	**parlera**	achètera	**finira**	vivra
nous	**parlerons**	**achèterons**	**finirons**	**vivrons**
vous	**parlerez**	**achèterez**	**finirez**	**vivrez**
ils/elles	**parleront**	**achèteront**	finiront	**vivront**

S. 139 •

je dirai, tu partiras, nous ferons, vous fermerez, il aura, ils seront, tu iras

S. 139 ••

1. passera, **2.** ira, **3.** fera, **4.** pourra, **5.** seront, **6.** restera, **7.** devra, **8.** trouvera, **9.** viendront, **10.** s'amusera

S. 139 •••

2. aurai lu, **3.** seras rentré(e), **4.** aurai fait

6 PLUS-QUE-PARFAIT

S. 140 •

Avant de partir, maman s'était assurée de n'avoir rien oublié. Elle avait fermé les fenêtres et elle avait éteint le chauffage. Puis elle était allée à la cave et l'avait nettoyée. Elle avait rangé tout le linge, elle avait donné à manger au chat et avait arrosé les plantes. Elle avait préparé à manger pour son mari et elle lui avait écrit un petit mot. Après, elle était sortie de la maison et était montée dans sa voiture. Mais malheureusement, une fois arrivée en ville, elle a vu qu'elle avait oublié son sac à la maison !

S. 140 ••

1. était ... partie, **2.** avait oublié, **3.** n'était pas venu, **4.** avaient apporté, **5.** avait cassé

S. 141 ••

Infinitiv	Präsens	Passé composé	Plus-que-parfait
prendre	je prends	j'ai pris	**j'avais pris**
être	**il est**	**il a éte**	il avait été
aller	tu vas	**tu es allé(e)**	**tu étais allé(e)**
avoir	nous avons	**nous avons eu**	**nous avions eu**
venir	ils viennent	**ils sont venus**	**ils étaient venus**
savoir	elle sait	**elle a su**	**elle avait su**
pouvoir	**je peux**	j'ai pu	**j'avais pu**
devoir	vous devez	**vous avez dû**	**vous aviez dû**

S. 141 •••

1. Pour aller à l'école, ils avaient pris leurs vélos.
2. Elle était montée dans le métro numéro 4.
3. J'étais arrivé premier de la course.
4. Nous avions demandé la permission à nos parents.
5. Il avait neigé pendant des semaines entières.
6. Quand elle était petite, elle avait eu la varicelle.
7. Tu avais mis tes bottes pour sortir ?
8. Nous avions vraiment été en colère contre elle. / Nous avions été vraiment en colère contre elle.

7 IMPARFAIT ODER PASSÉ COMPOSÉ

S. 142 •

La cigale avait chanté tout l'été. Mais quand l'hiver est arrivé, elle n'avait plus rien à manger. Elle est alors allée chez sa voisine la fourmi pour lui demander quelque chose à manger. Mais la fourmi n'a pas voulu. Elle lui a demandé: « Que faisiez-vous au temps chaud ? » La cigale a répondu : « Je chantais, ma chère. » La fourmi a alors répliqué : « Vous chantiez ? Formidable, eh bien, dansez maintenant ! »

S. 142 BOXENSTOPP

Verbformen	Passé composé		Imparfait	
	einmalige, abgeschlossene Handlung	neue, aufeinander folgende Handlungen	Beschreibung, Zustand	Gewohnheit, Wiederholung
avait	☐	☐	☒	☐
est arrivé	☒	☐	☐	☐
avait	☐	☐	☒	☐
est allée	☐	☒	☐	☐
a voulu	☐	☒	☐	☐
a demandé	☐	☒	☐	☐
faisiez	☐	☐	☐	☒
a répondu	☐	☒	☐	☐
chantais	☐	☐	☐	☒
a répliqué	☐	☒	☐	☐
chantiez	☐	☐	☐	☒
Frage:	Was geschah?		Was war (schon)?	

S. 143 ••

1. sont arrivés, **2.** étaient, **3.** parlaient, **4.** se racontaient, **5.** a dit, **6.** jouaient, **7.** regardaient, **8.** ont voulu, **9.** a sonné, **10.** sont allés

S. 143 •••

1. pleuvait, sommes sortis, **2.** sonnait, courions, **3.** n'a pas pu, était, **4.** lisais, est arrivée, **5.** a aidé(e), comprenais

8 VERÄNDERLICHKEIT DES *PARTICIPE PASSÉ*

S. 144 •

1g, **2**a, **3**b, **4**c, **5**f, **6**d, **7**h, **8**e

S. 144 ••

2. La musique que j'ai écouté**e** était de Beethoven.
3. Les amis qu'ils avaient invité**s** ne sont pas venus.
4. La valise que j'avais pris**e** était vraiment lourde.

S. 145 ••

1. avait sauté, **2.** avait réussi, **3.** était arrivée, avait été, **4.** avait ... doublée, **5.** se sont changés, **6.** ai vus, **7.** ont pris

S. 145 •••

1. se sont retrouvées, **2.** ont regardé, **3.** ont préférée, **4.** a chanté, **5.** n'ont pas aimé, **6.** est tombé, **7.** ont mangé, **8.** a donnés, **9.** ont eu, **10.** est rentrée, **11.** a reconduite

9 FORMEN DES *CONDITIONNEL*

S. 146 •

j'aimerais, nous pourrions, il apporterait, vous devriez

S. 146 ••

Präsens	Conditionnel présent	Conditionnel passé
je parle	**je parlerais**	**j'aurais parlé**
tu vas	**tu irais**	**tu serais allé(e)**
il / elle répond	**il / elle répondrait**	**il / elle aurait répondu**
nous finissons	**nous finirions**	**nous aurions fini**
vous partez	**vous partiriez**	**vous seriez parti(e)s**
ils / elles font	**ils / elles feraient**	**ils / elles auraient fait**

S. 147 ••

1. aimerions, **2.** pourriez, **3.** voudrais, **4.** serait, **5.** préféreraient, **6.** aurais aimé

S. 147 •••

je / tu	(dvrsaie) **devrais**	(porrusai) **pourrais**	(draisouv) **voudrais**
il / elle	(rraituop) **pourrait**	(vradeit) **devrait**	(srteai) **serait**
nous	(riauons) **aurions**	(vrdesoin) **devrions**	(sionrrupo) **pourrions**
vous	(dezeirv) **devriez**	(prrzieou) **pourriez**	(zeiser) **seriez**
ils / elles	(sertenai) **seraient**	(autaiern) **auraient**	(prrtaienou) **pourraient**

S. 147 •••

1. voudriez, **2.** aimerions, **3.** devrions, **4.** pourrait, **5.** rentrerait, **6.** viendraient, **7.** intéresserait,
8. n'aurais pas dû

10 BEDINGUNGSSÄTZE

S. 148 •

2. Si Marie prenait des cours de musique, elle pourrait jouer de la flûte.
3. Si papa s'arrêtait au théâtre, il achèterait des billets.

S. 149 ••

2. Si tu mangeais plus de vitamines, tu serais moins souvent malade.
3. Si tu lisais des livres, tu aurais des meilleures notes en orthographe.
4. Si nous allions faire les courses au marché, les fruits seraient plus frais.

S. 149 •••

1. Si j'avais de l'argent, j'irais en Espagne. Si j'avais eu de l'argent, je serais allé(e) en Espagne.
2. Si nous pouvions venir avec vous, nous passerions des vacances super. Si nous avions pu venir avec vous, nous aurions passé des vacances super.
3. Si j'étais moins fatigué, je pourrais sortir avec toi. Si j'avais été moins fatigué, j'aurais pu sortir avec toi.
4. Tout serait plus facile à apprendre si tu m'aidais. Tout aurait été plus facile à apprendre si tu m'avais aidé(e).

11 FORMEN DES *SUBJONCTIF*

S. 150 •

Il faut que...	parler	acheter	finir	attendre
je/j'	**parle**	**achète**	**finisse**	**attende**
tu	**parles**	**achètes**	**finisses**	**attendes**
il/elle/on	**parle**	**achète**	**finisse**	**attende**
nous	**parlions**	achetions	**finissions**	**attendions**
vous	**parliez**	**achetiez**	**finissiez**	**attendiez**
ils/elles	**parlent**	**achètent**	**finissent**	**attendent**

S. 151 •

1. je pars	ils partent	il faut que je parte
2. on réussit	ils réussissent	il faut qu'ils réussissent
3. vous achetez	ils achètent	il faut qu'elle achète
4. tu connais	ils connaissent	il faut que tu connaisses
5. j'appelle	nous appelons	il faut que vous appeliez
6. vous payez	ils paient	il faut que tu paies

Lösungen

S. 151 - 159

S. 151 ••

	1. Person Singular Il faut que ...	1. Person Plural Il faut que ...
parler	je **parle**	nous **parlions**
croire	**je croie**	**nous croyions**
avoir	**j'aie**	**nous ayons**
tenir	**je tienne**	**nous tenions**
être	**je sois**	**nous soyons**
acheter	**j'achète**	**nous achetions**
prendre	**je prenne**	**nous prenions**

S. 151 •••

Il faut que / qu' ... je / il / elle fasse, tu ailles, je / tu sois, j'aie, je / il / elle parle, je / il / elle veuille, tu puisses, ils / elles sachent

12 GEBRAUCH DES SUBJONCTIF

S. 152 •

Théo voudrait que son ami vienne lui rendre visite. Il faut qu'ils révisent pour le contrôle de sciences naturelles. Cette fois, il est important qu'ils aient une bonne note pour que leurs parents ne les disputent pas. Aurélien doute qu'ils puissent réussir et craint que le contrôle ne soit trop difficile. Mais Théo est optimiste et aimerait bien que leurs efforts soient enfin récompensés.

vienne (a), révisent (g), aient (g), disputent (h), puissent (e), soit (c), soient (a)

S. 153 ••

1. Il faut que je prenne, **2.** avant qu'il parte, **3.** Je propose que nous allions, **4.** Nous ne voulons pas que vous regardiez, **5.** Je ne pense pas qu'il puisse, **6.** Stéphanie est contente que son amie vienne, **7.** Il est important que vous ayez, **8.** Tu attends que je finisse

S. 153 •••

2. Je ne sais pas mais je ne crois pas qu' il fasse froid au Portugal en février.
3. Nous ne savons pas mais nous ne trouvons pas que le sud de l'Allemagne soit une belle région.
4. Je ne sais pas mais je ne suis pas sûre qu'ils écrivent.
5. Je ne sais pas mais il ne me semble pas qu'il aille mieux.
6. Je ne sais pas mais je ne pense pas qu'il se plaise là-bas.

13 RELATIVSÄTZE

S. 154 •

1. un professeur, **2.** la télévision, **3.** la cantine, **4.** le portable, **5.** le week-end, **6.** le ski, **7.** un camarade, **8.** l'ordinateur

S. 155 ••

1. que, **2.** ce qui, **3.** où, **4.** dont, **5.** qui, **6.** avec laquelle.

S. 155 ••

1c, **2**a, **3**b, **4**e, **5**d

S. 155 •••

1. Nous avons fait un contrôle de maths qui était facile.
2. N'oubliez pas vos cahiers dont vous aurez besoin en cours.
3. Nous lisons des romans que nous n'aimons pas pour le cours de français.
4. Nous habitons dans une grande ville dans laquelle / où il y a 500 000 habitants.
5. La locomotive avec laquelle les enfants ont joué est cassée.

14 HERVORHEBUNG MIT *C'EST … QUI, C'EST … QUE*

S. 156 •

1. qui, **2.** que, **3.** qu', **4.** que

S. 156 ••

1. C'est … qui, **2.** Ce sont … qui, **3.** C'est … qui, **4.** C'est … que, **5.** C'est … que, **6.** Ce sont … que

S. 157 ••

1. Non, c'est Paul que j'ai rencontré.
2. Non, c'est vendredi qu'elle jouera.
3. Non, ce sont des galettes qu'elles ont faites.
4. Non, c'est à nos grands parents que nous en avons parlé.
5. Non, c'est l'après-midi qu'elles ont cours de sport.

S. 157 •••

1b, **2**a, **3**d, **4**c, **5**e

S. 157 •••

1. C'est lui qui me l'a dit.
2. C'est elle que j'ai vue dans le bus !
3. Ce sont eux qui ont (pour)suivi le voleur.
4. C'est moi qui l'ai vu la première.

15 VERNEINUNG

S. 158 •

Lucie n'est pas très gentille avec sa petite sœur. Elle ne lui prête pas ses affaires. Pourtant elle ne joue plus avec ses jouets car elle est grande maintenant. Elle ne veut jamais que sa petite sœur vienne dans sa chambre, elle ne doit rien toucher. La pauvre petite Chloé, personne ne joue avec elle, elle n'a plus qu'à s'occuper toute seule. Mais jouer seule, elle n'aime pas du tout cela, c'est tellement ennuyeux !

S. 159 ••

1. Il ne prend pas de petit-déjeuner le matin.
2. La récréation ne dure jamais assez longtemps.
3. Le professeur n'écrit rien au tableau.
4. Il ne parle de son secret à personne.
5. Elle n'aime pas non plus les champignons.

S. 159 ••

1. ne … jamais, **2.** n' … pas, **3.** Personne n', **4.** ne … plus, **5.** n' … pas encore, **6.** ne … rien

S. 159 •••

1. Il a des frères, mais il n'a pas de sœurs.
2. J'achète des fruits au marché, mais je n'achète pas d'œufs.
3. C'est une histoire triste, mais (ce n'est) pas (une histoire) très intéressante.
4. J'aime bien le rock, mais (je n'aime) pas le heavy metal.
5. Je prends du lait dans le café, mais (je ne prends) pas de sucre.

16 INDIREKTE REDE IN DER VERGANGENHEIT

S. 160 •

La semaine dernière, j'ai demandé à Anne si elle connaissait la dernière copine de Pascal. Elle m'a dit qu'elle les avait souvent vus au cinéma. Elle a aussi raconté qu'elle s'appelait Clara. J'ai demandé comment Anne allait la traiter alors. Anne a répondu qu'elle ne savait pas, mais qu'elle l'inviterait peut-être pour le lendemain.

S. 161 ••

1. avait, **2.** était, **3.** aurions, **4.** avaient fait, **5.** étaient allés, **6.** allait

S. 161 •••

2. Il m'a dit qu'elle viendrait sûrement me / le voir.
3. Ils disaient qu'ils avaient pris le bus de 7 heures.
4. Nous avons dit que vous aviez eu beaucoup de courage.

S. 161 •••

1. Il a dit qu'il habitait là depuis longtemps.
2. Elle a dit qu'il était arrivé la veille.
3. J'ai dit qu'ils nous rendraient visite ce jour-là.
4. Elle a dit que nous viendrions peut-être le lendemain.

17 BILDUNG DER ADVERBIEN

S. 162 •

1b, **2**a, **3**c, **4**e, **5**d

S. 162 BOXENSTOPP

seulement, sérieusement, pensivement, vraiment, terriblement, évidemment, impatiemment

S. 163 ••

1. sérieusement, **2.** probablement, **3.** Évidemment, **4.** vraiment, **5.** absolument

S. 163 ••

clair	claire	clairement
joli	**jolie**	**joliment**
régulier	**régulière**	**régulièrement**
actif	active	**activement**
heureux	**heureuse**	**heureusement**
doux	douce	**doucement**

mauvais	mauvaise	mal
bon	bonne	bien
différent	différente	différemment
énorme	énorme	énormément

S. 163 •••

1. Mon frère parle couramment le français.
2. Le temps est très mauvais, on ne voit pratiquement rien.
3. Viens directement à la piscine.

18 GEBRAUCH DER ADVERBIEN UND STELLUNG IM SATZ

S. 164 •

Caroline fait souvent du sport, trois fois par semaine. Et ce n'est pas seulement pour s'amuser. Elle en fait vraiment sérieusement. Elle va d'abord dans une salle de sport, puis à la piscine. Là-bas, elle nage longtemps, pendant une heure. Sylvain, lui, parle beaucoup de sport, mais en fait rarement. Il aime bien jouer aux fléchettes, ce n'est pas un sport très fatigant ! Naturellement, il aime bien regarder aussi le sport à la télé !

S. 165 ••

1d, **2**e, **3**a, **4**b, **5**c, **6**j, **7**k, **8**h, **9**f, **10**g, **11**i

S. 165 ••

1. Après le sport, il est complètement épuisé.
2. Heureusement, ils ont réussi à avoir leur train.
3. Elles se retrouvent souvent le samedi après-midi.
4. J'aime bien aller faire les boutiques avec ma sœur.

S. 165 •••

1. difficilement, **2.** ici, longtemps, mal, **3.** bien, généralement

19 ADJEKTIV ODER ADVERB

S. 166 •

	Adjektiv	Adverb
1. Ich lief **schnell** nach Hause.	☐	☒
2. Sie ist **verrückt** nach ihm.	☒	☐
3. Wie **schnell** ist dein Fahrrad?	☒	☐
4. Der Computer funktioniert **gut**.	☐	☒
5. Diese Straße ist **gefährlich**.	☒	☐
6. Die Busse fahren **regelmäßig**.	☐	☒

S. 167 ••

1. direct, directement, **2.** facile, facilement, **3.** prochainement, prochain, **4.** sûrement, sûr, bon, bien

S. 167 •••

1. vraiment, **2.** bien, **3.** pratiquement, **4.** faux, **5.** facilement, **6.** bonne, **7.** difficile, **8.** régulièrement, **9.** Naturellement, **10.** célèbre, **11.** grands, **12.** rapidement / vite, **13.** bons

20 STEIGERUNG DER ADVERBIEN UND VERGLEICH

S. 168 •

Komparativ / Vergleich	Adjektiv	Adverb
aussi ... que ...	aussi rapide que ...	aussi rapidement que ...
plus ... que ...	plus rapide que ...	plus **rapidement que ...**
moins ... que ...	**moins** rapide **que ...**	**moins rapidement que ...**

S. 168 ••

2. Non, elle arrive moins rapidement que sa sœur !
3. Non, elle danse aussi bien que son professeur !
4. Non, elle danse mieux que sa petite sœur !

S. 169 ••

1. aller plus vite, **2.** aller le plus vite, **3.** comprendre mieux, **4.** travailler le mieux, **5.** réagir plus gentiment, **6.** voir plus mal / moins bien, **7.** répondre plus poliment

S. 169 •••

1. l'escargot, **2.** le singe, **3.** le guépard, **4.** le chat, **5.** l'oiseau
Komparativ: **1**, **5** – Superlativ: **2**, **3**, **4**

S. 169 •••

1. plus confortablement qu', **2.** plus joliment que / mieux que, **3.** meilleur que, **4.** mieux que, **5.** plus facilement, **6.** plus souvent

21 UNBESTIMMTE PRONOMEN UND BEGLEITER

S. 170 •

Avant que Damien parte à l'école, sa maman lui a demandé s'il avait bien tout pris. Comme chaque jour, elle lui a préparé quelque chose à grignoter pour la récréation. Damien lui a demandé si elle avait aussi mis des bonbons, elle a répondu que oui, elle en avait mis quelques-uns. Chacun à l'école est content quand Damien apporte des friandises, comme cela tout le monde en profite ! Ils aiment tous cela, personne ne proteste quand il veut leur en donner !

S. 171 ••

1. Tout, **2.** tous, **3.** toutes, **4.** Tout, **5.** toutes, **6.** tous

S. 171 ••

1b, **2**a, **3**c, **4**d, **5**f, **6**e, **7**h, **8**g

S. 171 • • •

1. toute la, **2.** tous les, **3.** toutes les, **4.** Chaque, **5.** tout un, **6.** chaque, **7.** tout le, **8.** toutes vos

22 DEMONSTRATIV- UND POSSESSIVPRONOMEN

S. 172 •

celui, celle, ceux, celles

S. 172 • •

Possessivbegleiter	Possessivpronomen
mon / ton / son voisin	le mien, le tien, le sien
ma / ta / sa voisine	la mienne, la **tienne**, **la sienne**
mes / tes / ses voisins mes / tes / ses voisines	les miens, les tiens, **les siens** les miennes, les **tiennes**, **les siennes**
notre voisin / voisine	le nôtre, la nôtre
nos voisins	les nôtres
votre voisin / voisine	le vôtre, la **vôtre**
vos voisins / voisines	les **vôtres**
leur voisin / voisine	le leur, la leur
leurs voisins / voisines	les leurs

S. 173 • •

1. celui, **2.** celle, **3.** celles, **4.** ceux, **5.** celui, **6.** celle, **7.** celui

S. 173 • • •

1c, **2**h, **3**e, **4**b, **5**g, **6**d, **7**f, **8**a

S. 173 • • •

1. Quel sac? Celui que je peux prendre aussi pour faire les courses.
2. Je prends celles-ci.
3. Je ne lis que des bandes dessinées / je lis seulement des bandes dessinées, surtout celles avec Astérix.
4. Quel portable est-ce que tu veux / veux-tu ? Celui-ci ou celui-là ?

4. LERNJAHR

1 FALSCHE FREUNDE UND FALSCHE WORTWAHL

S. 179 •

1. est vraiment beau; **2.** numériques; **3.** écran; **4.** originale; **5.** la même chose; **6.** c'est la raison pour laquelle; **7.** me résigne

S. 179 ••

1. la manifestation; **2.** numérique; **3.** le capital; **4.** original; **5.** la tente; **6.** la tâche; **7.** la voix; **8.** la voie; **9.** la même chose; **10.** aider qn

2 WORTBILDUNG

S. 181 •

1. catastroph**ique**; **2.** init**ier**; **3.** optimis**er**; **4.** financ**ier**; **5.** méthod**ologie**; **6.** écolog**iste**; **7.** priori**té**; **8.** recycl**age**; **9.** nerv**eux**; **10.** individual**isme**

3 NOMEN: PLURALBILDUNG UND GENUS

S. 183 •

1. Jeux; **2.** alentours; **3.** stades; **4.** bals; **5.** journaux; **6.** détails; **7.** dépens

S. 184 ••

1. le classicisme (m.); **2.** le désarmement (m.); **3.** la complicité (f.); **4.** la condition (f.); **5.** l'influence (f.); **6.** le collaborateur (m.); **7.** la chercheuse (f.); **8.** l'effondrement (m.); la diversification (f.)

S. 186 •••

1. une vedette connue; **2.** un chiffre élevé; **3.** un ordre clair; **4.** un ananas mûr; **5.** un rôle important

S. 186 •••

1. auf -x, les bijoux; auf -aux, les travaux

2. maskulin; feminin

4 PRÄPOSITIONEN

S. 188 •

1. À cause du prix de l'essence, nous prendrons le train cette année.
2. J'aime me promener le long du fleuve.
3. Malgré la pluie je sors aussi aujourd'hui.
4. Je vais jusqu'à la gare.

S. 189 ••

1. viens d'; **2.** me décide à; **3.** y réfléchisse; **4.** songe au; **5.** me réjouis de; **6.** fini par

S. 189 •••

1. sur; **2.** chez; **3.** dans; **4.** en; **5.** à

S. 189 •••

à faire qc

5 TEILUNGSARTIKEL UND *DE*

S. 190 •

1. a. Teilungsartikel; **2.** c. Plural des unbestimmten Artikels; **3.** b. partitives „de" nach unbestimmter Mengenangabe; **4.** b. partitives „de" nach bestimmter Mengenangabe

S. 191 ••

1. du vin; **2.** de thé; **3.** sucre; **4.** des rêves étranges; **5.** de l'eau, du lait; **6.** d 'eau

S. 191 BOXENSTOPP

1. a. du, de la, de l'; b. Bezeichnung einer unbestimmten Menge; c. nach **sans** und Ausdrücken mit **de**
2. a. Verneinte Form des Teilungsartikels und Bindeglied zwischen bestimmter Mengenangabe oder unbestimmter Anzahl und „Gegenstand"; b. un kilo de pain, beaucoup de beurre
3. a. Plural des unbestimmten Artikels; b. des livres (Bücher)

6 ADJEKTIVE

S. 193 •

1. récente; **2.** fausse; **3.** européenne; **4.** longue; **5.** intéressants; **6.** belle; **7.** libre; **8.** nouveau; **9.** nationaux; **10.** internationaux

S. 194 ••

1. Quel avenir **européen** choisira l'Irlande ?
2. Je voudrais faire mes études dans une université **française**.
3. Son stage lui a apporté une **petite** expérience dans la vie **professionnelle**.
4. Je voudrais travailler dans une entreprise **internationale** pour pouvoir pratiquer les langues **étrangères**.
5. Les dossiers **orange** sont très **importants**.
(Oder: Les dossiers très importants sont orange.)

S. 195 BOXENSTOPP

1. importante; **2.** vieille; **3.** vive; **4.** heureuse; **5.** bonne; **6.** belle; **7.** folle; **8.** blanche

1. grands; **2.** géniaux; **3.** dangereux; **4.** beaux; **5.** nouveaux; **6.** épais; **7.** vieux; **8.** banals

7 ADVERBIEN

S. 196 BOXENSTOPP

1. vraiment (Regelnr. 1)
2. absolument (Regelnr. 1)
3. évidemment (Regelnr. 2)
4. élégamment (Regelnr. 2)

S. 196 •

1. Voici mon texte ou, **plus précisément** mon poème.
2. Je vous explique **brièvement** l'histoire.

S. 197 ••

1. **Malheureusement**, aujourd'hui je ne peux pas venir. / **Malheureusement**, je ne peux pas venir aujourd'hui.
2. Mon train est arrivé **trop tard**.
3. **De toute façon**, je n'aurais pas eu envie.
4. Géraldine a **souvent** pensé à lui.
5. Nous allons **bientôt** venir.

S. 199 •••

1. En 1936,; **2.** De nos jours,; **3.** Beaucoup; **4.** De telles; **5.** beaucoup; **6.** Malheureusement,; **7.** trop

8 VERBEN: RECHTSCHREIBUNG UND UNREGELMÄSSIGE VERBEN

S. 200 •

1. nous commençons; **2.** je mangeais; **3.** en menaçant; **4.** tu répètes; **5.** ils jettent

S. 201 ••

1. que j'atteigne; **2.** qu'ils réduisent; **3.** qu'il reconnaisse; **4.** que je coure; **5.** que nous devions; **6.** que tu écrives; **7.** que tu rejoignes; **8.** qu'elle vaille

S. 202 •••

1. tenir; **2.** naître; **3.** s'asseoir; **4.** joindre; **5.** vaincre; **6.** voir; **7.** savoir; **8.** fuir; **9.** croire; **10.** venir

S. 202 BOXENSTOPP

1. je mangeais; **2.** il a fini; **3.** tu achèterais; **4.** j'ai aperçu; **5.** qu'elle sache; **6.** ils gagnaient; **7.** vous diriez; **8.** tu comprendras; **9.** j'ai regardé

9 *PASSÉ COMPOSÉ: AVOIR* UND *ÊTRE*, ACCORD

S. 203 •

1. je suis arrivé(e) (Bewegungsrichtung)
2. je suis resté(e) (Bewegungsrichtung)
3. j'ai avancé
4. je suis intervenu(e) (Kompositum eines Verbs der Bewegungsrichtung)
5. j'ai voyagé (Bewegungsart)
6. je suis entré(e) (Bewegungsrichtung)
7. j'ai sauté (Bewegungsart)
8. je suis tombé(e) (Bewegungsrichtung)

S. 204 ••

1. il a sorti; **2.** il a décidé; **3.** il est descendu (du métro, daher nicht transitiv!); **4.** s'est rendu compte (reflexives Verb); 5. il a monté (transitiver Gebrauch); 6. a été

S. 205 •••

1. as observé**e** (direktes Objekt **me** vor dem Verb)
2. me suis levé**e** (reflexives Verb)
3. ai senti
4. aimé**e** (direktes Objekt **m'** vor dem Verb)
5. ai offert**s** (direktes Objekt **objets** (m.pl.) vor dem Verb)

S. 205 BOXENSTOPP

1. avoir; être
2. Subjekt; Objekt; direkten Objekt; Partizip

10 *IMPARFAIT* – *PASSÉ COMPOSÉ*

S. 207 •

	Hintergrund/ Rahmen	Gewohnheit/ Wiederholung	Erklärung/ Kommentar	Einmalige Handlung/ Ereignis	Handlungskette
1.	×				
2.		×			
3.	×				
4.	×				
5.				×	
6.			×		
7.					×
8.					×
9.	×				
10.				×	
11.					×

S. 208 ••

1. est arrivé (einmaliges, abgeschlossenes Ereignis)
3. attendait (*Imparfait* nach dem Auslöser pendant que)
4. a fait connaissance (einmaliges, abgeschlossenes Ereignis)
6. n'a plus su (*Passé composé* nach dem Auslöser tout à coup)

S. 209 •••

1. suis allé(e); **2.** voulais; **3.** était; **4.** se remplissait; **5.** suis arrivé(e); **6.** n'ai pas vu; **7.** était; **8.** ai compris; **9.** fonctionnait; **10.** était

S. 209 •••

1. Imparfait; **2.** Passé composé

11 MODI: *SUBJONCTIF* UND *SI*-SÄTZE

S. 210 BOXENSTOPP

1. *Indicatif:* il est clair que, être sûr que, trouver que, il est évident que, il est incontestable que
2. *Subjonctif:* il faut que, préférer que, être content que, trouver bon que, il est normal que, ne pas croire que, il est nécessaire que

S. 211 •

1. soit (*Subjonctif*); **2.** a (*Présent*); **3.** soit (*Subjonctif*); **4.** apprennent (*Subjonctif*); **5.** se mettent (*Subjonctif*); **6.** n'ont pas / n'auront pas (*Présent* oder *Futur*); **7.** connaissez (*Présent*)

S. 213 ••

1. c. apprendraient; **2.** a. gagnerai; **3.** b. aurais convaincu

S. 213 BOXENSTOPP

1. Im Folgenden findest Du als Lösungsvorschlag einige Beispiele. Wenn Deine Lösungsvorschläge sich davon unterscheiden, vergleiche noch mal mit dem Kapitel oder mit einer Grammatik, ob Deine Beispiele richtig sind.
a. j'aimerais que, je voudrais que; b. je propose que, je refuse que; c. je déteste que, ça me plaît que;
d. je ne pense pas que, je ne crois pas que; e. je suis heureux que, je trouve bizarre que;
f. il est important que, il est nécessaire que; g. sans que

2. a. Présent - Présent oder Futur; b. Imparfait - Conditionnel présent;
c. Plus-que-parfait - Conditionnel passé

12 KONJUNKTIONEN

S. 215 •

1. Depuis que; **2.** Dès que; **3.** tandis qu'; **4.** jusqu'à ce que

S. 216 ••

1. Tu voudrais de la glace ou des fruits comme dessert ? - Ni l'un ni l'autre.
2. Cet été, j'aimerais aller à Monaco, ou bien à Saint-Tropez.

S. 217 BOXENSTOPP

1. Comme (oder **Puisque**) je veux regarder le match de football, je vais allumer la télévision.
2. Je vais l'attendre jusqu'à ce qu'il **ne** fasse nuit.
3. Lorsque Paul est arrivé, nous étions déjà partis.
4. Prenez-vous du thé ou bien du café ? - Non merci, je **ne** veux **ni** thé **ni** café.

13 PERSONALPRONOMINA

S. 218 •

1. Je les vois.; **2.** Elle l'aime.; **3.** Elle la cherche.

S. 219 ••

1. Je voudrais lui offrir un livre.; **2.** Pourquoi tu leur as dit ça ?; **3.** Tu lui as rendu le journal ?

S. 219 •••

1. lui; **2.** lui; **3.** son; **4.** l'; **5.** l'; **6.** leur

S. 221 •••

1. Nous le lui avons demandé gentiment.
2. Ils y vont de temps en temps.
3. Elle m'en garde souvent une.
4. Je ne t'en veux pas.
5. Pierre ne nous l'a pas encore envoyé.

S. 221 BOXENSTOPP

1. vor dem Verb; **2.** vor, nach

14 DIE ADVERBIALPRONOMINA *Y* UND *EN*

S. 223 •

1. y; **2.** en; **3.** y; **4.** en; **5.** en; **6.** y

S. 223 BOXENSTOPP

1. Et si on y allait ensemble ?; **2.** Donnes-en à ton frère !; **3.** Il y en a assez pour demain ?;
4. J'en veux un, s'il te plaît !; **5.** Tu peux en reprendre encore si tu veux.

15 INDEFINITBEGLEITER UND -PRONOMEN

S. 226 •

1. certaines; **2.** plusieurs; **3.** Tel; **4.** autres

S. 227 ••

1. En tout cas; **2.** chacun; **3.** N'importe qui; **4.** on; **5.** toutes sortes de; **6.** certains; **7.** en quelque sorte

16 INTERROGATIVBEGLEITER UND -PRONOMEN

S. 228 •

1. Quel est ton prénom ?
2. Quelle est ta (oder votre) couleur préférée ?
3. À laquelle as-tu (oder avez-vous) parlé ?
4. Desquels avez-vous discuté ?

S. 229 BOXENSTOPP

1. quel, lequel; **2.** a. qui est-ce qui, qu'est-ce qui; b. qui est-ce que, qu'est-ce que

17 RELATIVPRONOMEN UND -SÄTZE

S. 230 •

1. qui; **2.** où; **3.** ce qui (qc. me plaît - qc. ist Subjekt!); **4.** ce dont (avoir envie **de** (faire) qc.); **5.** qui;
6. ce que („das, was" hier „über das, was")

S. 231 ••

1. Je te montre les photos que j'ai fait**es** en France.
2. Voici la ville dont je t'ai parlé récemment.
3. C'est la place où j'ai bien aimé me balader.
4. Ce séjour, dont j'avais rêvé depuis longtemps, a été formidable.

S. 232 BOXENSTOPP

1. qui, que, dont, où; **2.** ce qui, ce que, ce dont; **3.** lequel, duquel, auquel

Lösungen

S. 233 - 240

18 RECHTSCHREIBUNG UND AUSSPRACHE

S. 233 •

1. discussions	2. **et**	3. int**é**ressants
4. o**u**	5. **C**ivilisations	6. ex**e**mples
7. cher**ch**e	8. **g**arder	9. **s**e

S. 237 BOXENSTOPP

1. rythme; **2.** réfléchir; **3.** ressembler; **4.** réflexe; **5.** étape; **6.** nous mangeons

19 ZEICHENSETZUNG

S. 240 •

1. Je ne sais pas si je peux venir ce soir. (kein Komma!)
2. Ce serait bien que tu viennes ! (kein Komma!)
3. Depuis hier, je suis très fatiguée.
4. Je comprends. C'est le temps qui te fait ça. (kein Komma!)

S. 240 ••

1. nein; **2.** nein; **3.** nein; **4.** nein; **5.** ja

BILDNACHWEIS

Fotolia, New York: **48.2** (pryzmat); **53.2** (Fraenz Schintgen); **74** (Marta Szczesniak); Getty Images, München: **53.1** (macky_ch); **U1** (SDI Productions); iStockphoto, Calgary, Alberta: **10.2** (Mike Bentley); **10.4** (Bradley Mason); **32** (Scott Dunlap); **48.1** (Alexander Hafemann); **48.3** (Bernd Klumpp); **53.1** (Paul Cowan); **53.3** (Fraenz Schintgen); **64.5** (Claudio Baldini); **73** (Andrea Gingerich); PONS GmbH, Stuttgart: **64.1**, **64.2**, **64.3**, **64.6**, **64.7**, **65**, **124** (Philipp Ziegler); Shutterstock, New York: **10.1** (Freer); **10.3** (AddyTsl); **48.4** (Africa Studio); Thinkstock, München: **64.4** (HighLaZ)

GRAMMATIK IM ÜBERBLICK

ADJEKTIVE

Adjektive richten sich in Geschlecht und Zahl nach dem Substantiv, das sie beschreiben:
le **grand** garçon, la **grande** fille, les **grands** garçons, les **grandes** filles

Unregelmäßige Adjektive

Viele Adjektive bilden die weibliche Form oder den Plural unregelmäßig (→ S. 106), z.B.:
- Adjektive, die auf *-e* enden, sind in der maskulinen und der femininen Form gleich: **moderne**, **triste**
- Adjektive auf *-eux* enden auf ***-euse*** in der femininen Form: dangereux → **dangereuse**
- Adjektive auf *-al* enden auf ***-aux*** im Plural: international → **internationaux**

Die Stellung eines Adjektivs im Satz

Die meisten Adjektive stehen im Französischen nach dem Nomen (Ausnahmen: S. 106).
C'est un garcon allemand.

Steigerung von Adjektiven

Es gibt drei Möglichkeiten, den Komparativ zu bilden (→ S. 108):
aussi + Adj. + *que*, *plus* + Adj. + *que*, *moins* + Adj. + *que*
Der Superlativ wird gebildet mit *le* / *la* / *les plus* + Adj. (+ de)
Paris est **la plus grande** ville de France.

ADVERBIEN

Adverbien werden aus Adjektiven gebildet (→ S. 162).
- weibliche Form des Adjektivs + *-ment*: seul, seule → **seulement**
- wenn das Adjektiv im Maskulinum auf Vokal endet : männliche Form + *-ment*: facile → **facilement**
- Adjektiv auf *-ant* oder *-ent*: Endung auf -amment / -emment: évident → **évidemment**

Sonderformen

bon, bonne → **bien**
mauvais, mauvaise → **mal**

Orts-, Zeit- und Mengenadverbien

Diese werden nicht aus Adjektiven gebildet. Du musst sie auswendig lernen.
z.B.: là-bas, aujourd'hui

Steigerung von Adverbien

Der Komparativ des Adverbs wird gebildet, indem man *plus* / *aussi* / *moins* vor das Adverb setzt. Der zweite Teil des Vergleichs wird mit *que* eingeleitet.
Il travaille **plus sérieusement que** son frère.
Der Superlativ des Adverbs wird durch *le plus* + Adverb bzw. *le moins* + Adverb gebildet.
Il comprend **le plus rapidement**.

HILFSVERBEN

avoir	*être*
j'ai	je suis
tu as	tu es
il a	il est
nous avons	nous sommes
vous avez	vous êtes
ils ont	ils sont
Passé composé: j'ai eu	*Passé composé*: j'ai été